Thomas Lee Hazen

# Securities Regulation in a Nutshell

12th Edition

# 美国证券法

（第十二版）

[美] 托马斯·李·哈森　著
崔焕鹏　张剑文　肖岩　译

法律出版社
LAW PRESS·CHINA
北京

Securities Regulation in a Nutshell, 12th Edition
By Thomas Lee Hazen


著作权合同登记号
图字：01-2023-2937

# 序　言

继2021年和施汉博律师翻译出版《美国公司法》之后，崔焕鹏律师又联手张剑文律师、肖岩律师翻译了《美国证券法》一书。证券法与公司法本属“一家”。比如，英国只有公司法而没有单独的证券法，证券法的内容全部包含在公司法中。美国则将证券法从公司法中分离出来，单独成篇。我国在制定证券法的过程中较多地参照了美国的体例，所以也单独制定了证券法。无论分合，证券法与公司法的密切关系都是显而易见的。所以在《美国公司法》之后，几位译者紧接着翻译《美国证券法》，也是顺理成章的事。只是证券法比公司法专业性更强，专业术语也更多，翻译过程中自然需要克服更多的困难。现在译作完成，可喜可贺。

我在为《美国公司法》作序时提到，商法是我国诸多法律部门中较为薄弱的部分，应当借鉴外国的先进经验予以充实，几位译者所做的工作可谓雪中送炭。同时，商法规则都是技术性的，受特殊国情和文化差异的影响较小。发达国家在经济发展过程中经历的事情，我国大概也会经历。因此，他们经过长期摸索得出来的、已经成熟的商法规则，大都可以借鉴使用。相信这本《美国证券法》的出版，对于我国律师的相关业务、法院的审判工作和证券法的学术研究，都会产生良好的影响。

朱锦清

2023 年 4 月 13 日于杭州

# 前　言

本书目标读者群包括律师、法学院在读学生和试图了解美国联邦(和州)证券监管法律基本内容和主要架构的其他群体。

近年来,美国联邦证券监管立法及完善工作取得了显著进步。笔者试图通过本书对新监管法规出台的主要背景及监管法主要领域发展的现状进行总结,同时尽量减少细节描述和直接引用。当然,本书参考了相关具体法律条款、证券交易委员会规则及指引、政府规定以及体现前述监管规则的“首创判例”和其他领域释明性案例。本书没有引用任何更基础性辅助资料,原因是它们的数量太大。

本书无法回答证券监管法所有问题,但是涵盖了证券监管法最基本的内容。相信本书能帮助读者找到其他相关问题的答案。

出于研究目的想获取更详细分析和更多资料的读者,建议进一步参考托马斯·李·哈森所著的《论证券监管法案》(2016 年第 7 版)(七卷证券从业者版本)和《证券监管法入门》(2020年第8版),或者《证券监管的原则》(2020年第5版)。

在此专门向本书初版作者兼多年的共同作者戴维德·拉特纳先生(David Ratner)致意。

托马斯·李·哈森

2020年11月5日

# 目　录

第一章

# 引　言

证券在美国社会生活中扮演着重要且独特的角色。它可用以证明证券持有者享有公司的财产权,甚至在某些情形下享有公司的控制权。这些公司通常在美国或者全球拥有价值昂贵、数量庞大的生产设施。同时,证券也是众多投资工具中的一种,数以万计的美国人将自己的储蓄投入证券,期望获得养老的补助金、家庭教育资金,或者将获利用于改善自己和家人的生活条件。但是,有些无德的公司发起人和销售人员则可能趁机向投资人销售价格虚高或者一文不值的“证券”,此时证券变成了他们巧取豪夺投资人的工具。

传统意义上的证券投资区别于人们从事的大多数其他商品交易和投资。证券本身没有任何内在价值,它们仅代表享有存在于“他物”上的权利。债券、票据或者其他承诺支付凭证的价值取决于承诺支付人的财务状况。股票的价值取决于发行该股票的公司或企业的营利能力或者成长预期;股票以发行人盈利能力和成长预期的估值为基础,其交易价格取决于他人购买意愿的高低。

与其他商品交易的监管规则相比,证券的特殊性决定了其监管的独特性。普通商品被生产、分销,到最后被使用或消费,政府对其监管的重点在于保护消费者免受危险物品的伤害、防止误导性广告以及打击不公平或垄断性定价行为。但是,政府对证券的监管则完全不同。

第一,证券是因“创设”而产生,非被生产出来。因为证券本身毫无内在价值,只是一个对“他物”享有权利的证明。证券可以被“无限量”发行,且无须花费成本。因此,证券监管法的一个关注点,就是确保证券被创设出来销售给公众时,公众投资者能够知晓其权利所依附的这个“他物”到底是什么,且特定数量证券所代表的具体利益是什么。

第二,证券不能被购买者直接使用或者消费。证券是被安排在称为“二级市场”的地方,按照浮动价格进行交易的可流通物。这种“二次”交易在数量和频率上均远远超过其被创设时的公开发行。因此,证券监管法第二个关注点,即确保发行公司或其他发行人的持续信息披露,包括安排证券持有人就所持证券的特定事项表决或作出决定时,发行主体应作出关于该特定事项信息的披露。

第三,因为证券交易市场极易被操纵和实施欺诈,所有证券监管法律法规均包含了一般性“反欺诈”条款。这类条款用于防止证券价格被操纵、基于非公开信息的内幕交易以及各种虚假陈述和其他非公开信息接收人从事交易行为的发生。

第四,对投资人和证券交易商来说,证券的购入和卖出已经发展成一个庞大的产业。证券监管法关注的是有效监管从事该产业的群体和证券公司,包括证券经纪商—交易商、投资银行和投资顾问等。确保这些人不得利用自己的经验优势欺骗非专业投资者。

第五，证券监管法针对违反禁止性规则的行为规定了各种惩罚措施，以及须向受损失者承担的民事责任。此外，现行法没有明确规定的情形下，法院通过承认默示民事诉权，从而达到保护受损失投资者的目的。

## 第一节 证券交易市场

执行证券交易的场所称为“证券交易市场”。这些市场可以是有形实体场所，但是很多情形下，所谓证券交易市场仅是一个正式或非正式的通信系统，买方和卖方通过该系统可以获悉自己的获利情况并安排订单交割。借助互联网提供的便利，现在很多证券交易市场都在网络上而非在实体场所运行。

以美元流通量为衡量标准，目前美国最大的证券市场是政府债券市场，该市场交易的是美国联邦政府、州政府或地方政府发行的长期债务融资工具。但是，因为该类长期债券市场吸引的是专业机构投资者而非大众投资者，并且联邦政府、州政府和地方政府发行的长期债券享受联邦证券监管法大多数条款的监管豁免，所以近年来长期债券市场很少引起证券监管者的关注。

证券监管的主要关注点在于普通股票市场。目前在美国运营的股票交易市场有两种，即证券交易所市场和场外交易市场。在证券交易所市场中，纽约证券交易所是最大的一家，在该交易所设置的实体交易大厅为挂牌的每一只股票提供交易服务。交易订单通过连接会员公司与交易大厅中“交易专员”工位的“电子下单交易系统”进行传送。纽约证券交易所（最为典型，当然也有其他交易所)一直执行传统的、一成不变的运作模式,即限定会员公司数量和规定会员公司资质,许可会员公司履行的职能,且(直到1975年)对全部交易收取无差别费率佣金。相反,传统"场外交易"市场则结构松散,无任何实体交易场所,任何有资质的主体都可以自由交易各种"场外交易证券"。现在,大多数通过纳斯达克交易的证券已在"纳斯达克国家股票市场"挂牌。该交易所已经是一家美国注册的证券交易所。电子交换系统则作为这些实体证券交易市场的补充而存在。

对股票个人卖出者和买入者(以下简称个人客户)而言,在交易所、场外或纳斯达克交易的最大区别是与之打交道的证券公司所扮演的角色不同。在交易所发生的交易中,代表这些个人客户的证券公司担任的是"经纪商"角色,即个人客户账户的代理人,向获得服务的个人客户收取佣金。多年来,唯一获准在交易所大厅充当"交易商"或"做市商"(以自己账户买入或者卖出股票)的证券公司,是注册股票"交易专员"。经纪商把个人客户的订单指令传送到交易大厅,与"交易专员"完成买入或者卖出交易,或者与另一个将交易指令登记在该"交易专员""账簿"的个人客户完成该笔交易。大量交易通过电子系统操作以后,该"交易专员"操作模式已经获取了技术上的优势。此前担任"交易专员"的证券公司现在被称为"指定做市商"。纽约证券交易所从"交易专员模式"向"指定做市商模式"的转变,意味着该交易所比此前任何时候更像纳斯达克交易所。

与实体证券交易所相比,场外交易和纳斯达克股票交易所没有实体交易大厅,是只有计算机网络和电话沟通的电子证券交易场所。美国大公司股票场外交易的主要市场是纳斯达克(美国证券交易商协会自动报价表)市场系统。2006年,纳斯达克股票交易市场正式注册为国家级证券交易所。在纳斯达克交易所,允许大量证券公司担任某种股票"交易商"或"做市商",可以与个人客户直接交易该股票。如果客户向一家证券公司下达购买某支股票的指令,而该证券公司此时并不担任该股票的交易商,其通常会以该客户经纪商的身份从为该股票做市的交易商手里购入。但是,很多时候交易商会向个人客户推荐自己做市的股票,用自营方式以经纪商的当前报价为基础,加价卖给该个人客户。因为做股票零售的证券公司一般同时担任挂牌股票经纪商和场外交易及纳斯达克市场的交易商,因此,这种身份多重性往往会给个人客户造成困惑。

承销新发行股票(不管是在交易所挂牌还是在场外交易)的证券公司通常以自营方式,按照固定价格向客户出售自己所承销的股票(在该股票已经挂牌交易的情况下,该价格等于或者略低于当前市场价)。在此情形下,交易商的收入来自公开发行价和向发行人(或该分销行为的其他代理人)支付发行收入之间的差价。例如,交易商购买价格为每股 15 美元,卖出价格为 15.25 美元,这样就会有 0.25 美元的差价。

近年来,两个因素极大地模糊了交易所和场外交易市场的区别。第一个因素是当代计算机和通信技术的发展,导致场外交易发生了革命性变化,让人不免对实体证券交易大厅继续存在的必要性产生了质疑。20 世纪 90 年代,网上交易为个人客户提供了接入证券交易市场的工具。电子交易系统的发展开辟了新的交易平台,并增加了交易的竞争性。第二个因素是普通股票,特别是在纽约股票交易所挂牌的股票,随着个人投资者交易量占比的逐步降低,该交易所市场逐渐被"机构投资者"把控。该类机构投资者主要包括养老基金、共同基金、银行资产信托部和保险公司。

## 一、证券行业

证券行业由各种规模不等、功能不同的证券公司组成。注册为经纪商—交易商的可以是规模比较大的证券公司,其从事经纪、做市、承销、投资顾问、基金管理,以及大宗商品和房地产交易和其他的各种金融服务活动。该行业还包括另一个极端情形,即“一人证券公司”。一人证券公司可以从事基金份额销售或者经营某些专门类别的证券。

长期以来,一人证券公司经营失败的比例很高。该类公司在整个证券业交易放量的时候进入市场,在交易量下跌时成批倒闭。但是,1969 年至 1970 年,由于操作失误、资本结构畸形、证券交易量及价格迅速下降等原因,许多大的纽约证券交易所会员券商发生了史无前例的“倒闭潮”,几乎导致整个证券业的瘫痪。该次重创引起美国政府的极大关注,对证券公司承担财务风险的能力提出了更高要求。同时,也促进了更合理、高效证券交易结算系统的开发。

从 1933 年通过禁止银行业从事证券(政府发行长期债券之外)交易的《格拉斯—斯蒂格尔法案》到 1999 年,证券行业一直由相对独立、定义清晰的证券公司构成。然而,随着个人投资者不再以自己账户直接投资股票,而是通过机构间接投资股权类证券这一趋势的增长,证券公司正面临来自银行、保险公司和其他金融机构越来越激烈的竞争。证券公司开始更多地向客户提供金融服务,而这本是商业银行的服务范畴;与此同时,商业银行也开始进入原属于投行和证券公司的业务领域,这种竞争给现行监管架构带来极大压力,因为对证券公司、银行和保险机构而言,现行监管架构下对不同机构监管的重点和方法并不相同。为应对此种压力,1999 年美国国会通过了《格雷姆—里奇—比利雷法案》,并废除了《格拉斯—斯蒂格尔法案》的大部分条款,此举为金融机构向各自客户提供更多种类的金融服务时开展更广泛的竞争铺平了道路。《格雷姆—里奇—比利雷法案》采用了一种功能性监管系统。在该系统下,可提供多种服务的金融机构根据其业务活动性质,由不同政府部门施行监管。如此以来,银行和其他金融机构的证券业务由证券交易委员会监管;银行业务由联邦和州银行监管机构监管;保险业务由州政府监管。2008 年次贷危机导致政策制定者对监管的放松提出了质疑。尽管不能再回到《格拉斯—斯蒂格尔法案》将投资业务和商业银行业务"分而治之"的模式,但是应参考本书出版时大量关于增加监管措施和加大监管力度的现有建议,起码对金融机构的风险评估和风险管理采取更严格的监管。

## 二、信用评级机构

过去 30 年,市场和很多监管者包括证券交易委员会,基本上是依赖信用评级监测债券风险,监测有关投资银行业务、商业银行业务和保险公司等被监管对象和其他未被纳入监管的风险经营者,如对冲基金。在该时期,出于监管和立法目的,证券交易委员会通过出具无异议函,逐渐将几个信用评级机构评定为全国认可的统计评级机构。在 2008 ~ 2009 年的次贷危机之前很多年,高度依赖评级机构的可靠性就被质疑过。例如,很多于 20 世纪与 21 世纪之交破产的公司在陷入严重财务困难时,却仍然保持着良好信用评级。

2006 年,美国国会通过了《信用评级机构改革法案》,作为对《1934 年证券交易法案》的修订，授予证券交易委员会注册并监督全国认可的统计评级机构的权力。[①] 证券交易委员会执行评级机构监管法规[②]，并采纳了对其监管法规的精细化和拓展适用的建议。在 2008 年次贷危机造成的阴影下，对评级机构加强监管的呼声一直未断。

## 第二节 联邦和州证券监管法

证券及其交易同时受联邦和州证券监管法的监管。因为联邦证券法以国会监管州际商业活动为立法基础，该类法律管辖适用的商业活动一般涉及"使用了州际运输或交流的手段、设施，或州际邮件"。在是否使用了上述手段、设施或邮件存疑的情形下，法院一直倾向于认定案涉交易满足使用了州际商业设施的要求。比如，通过邮件来完成案涉交易的任一步骤，包括完成支付或对销售的确认，都足以认定联邦法律对其享有管辖权。[③] 使用州内电话交流足以被认定使用州际设施。[④]

1996 年以前，在州监管委员会监管规则与联邦规则不冲突的前提下，联邦证券监管法曾经专门保留了州监管委员会对证券交易和证券专业人员的监管权。但是，同年联邦监管法律作出修订，在诸多领域享有优先于州的监管权。

---

① 参见《信用评级机构改革法案》，Pub. Law 109－291120 Stat. 1327（2006）。

② 参见《1934 年证券交易法案规则》17g－1～17g－6。

③ 参考案例：Franklin v. Levy，551 F. 2d 521（2d Cir. 1977）。

④ 参考案例：Dupuy v. Dupuy，511 F. 2d 641（5th Cir. 1975）。

州监管法被普遍指代为“蓝天法”。对术语“蓝天法”有几种解释,其中最通常的解释为:堪萨斯州曾经通过一项立法,禁止工业企业家向堪萨斯农场主兜售一片片蓝天。同理,早期一份判决表明,州证券监管法立法目的就是阻止“没有比出售这么多英尺蓝天更有基础(更靠谱)的投机方案”这一行为。[①] 另一个解释是被称为“蓝天艺术家们”的市场营销者在 19 世纪 80 年代针对严重干旱所推销的解救方案,《堪萨斯州证券法》的一位起草者把该部法律称为一部“蓝天法”,目的是可以让人们追忆起这些“造雨者”。[②]

该类“蓝天法”概括性地规定了经纪商—交易商的注册程序,和拟在州内发行证券的注册和交易以及对欺诈行为的惩罚措施。尽管在 1956 年公布并于 1985 年修订的《统一证券法案》全部或部分被 30 多个州适用,但是各个州证券法对该法在语言表述和解释方面仍然存在很多不一致。《统一证券法案》被很多州适用后一直被修订,但是上述不一致仍然存在。同样地,1996 年美国国会通过立法(《全国证券市场改善法案》),剥夺了大量州政府原来享有的与联邦政府并行的证券监管权力,也严重削弱了州在证券公开发行方面的监管权力。但是,“蓝天法”保留了州政府对证券经纪商—交易商和投资顾问的监管权力。

联邦证券监管法主要由 1933 年至 1940 年通过并定期修订的五部法案组成,同时还包括分别于 1970 年和 2002 年通过的

---

① 参考案例:Hall v. Geiger – Jones Co. ,242 U. S. 539 ,550(1917)。

② 参见 Rick A. Fleming,100 Years of Securities Law: Examining a Foundation Laid in the Kansas Blue Sky,50 Washburn L. J. 583 ,584 –586(2011)。

两部法案。2002 年,为了应对很多被高调曝光的公司治理丑闻,联邦政府对现行证券监管法作了大量修订,并公布了很多单行条例。根据现实需要不时作出修订的现行证券法案包括:

《1933 年证券法案》(一般简称"1933 年法案")

《1934 年证券交易法案》(一般简称"1934 年法案")

《1939 年信托契约法案》(TIA)

《1940 年投资公司法案》(ICA)

《1940 年投资顾问法案》(IAA)

《1970 年证券投资者保护法案》(SIPA)

《2002 年萨班斯—奥克斯利法案》(SOX)

《1933 年证券法案》是证券公开发行的监管法。规定除了获得注册豁免的证券和证券交易之外,禁止发行和销售未在证券交易委员会注册的证券。该法案也禁止在证券发行和销售中实施欺诈和欺骗性行为。

《1934 年证券交易法案》将联邦监管延伸到已发行证券的交易。与《1933 年证券法案》是单一类别监管条款有所不同,《1934 年证券交易法案》针对证券交易过程的不同参与者,制定了几组不同类别的监管条款。其设立了"美国证券交易监督委员会"(也称"证券交易委员会"或"美国证监会"),并且向其移交了《1933 年证券法案》规定的行政监督权,该权力原来由"美国联邦贸易委员会"行使。《1934 年证券交易法案》其他条款规定了上市公司信息披露及其他要求,禁止各种与证券买卖相关联的"操纵性或欺骗性的交易架构或发明",限制以购买证券为目的的信贷额度,要求证券经纪商和交易商在证券交易委员会注册并规范其展业行为,并规范证券交易委员会对证券注册的管理,以及监督全国证券交易场所、联合会、清算机构和证券信息处理机构。

目前已失效的《1935 年公用事业控股公司法案》是为了纠正国会调查后揭露出的电力和天然气控股公司系统的融资及经营权利滥用行为而制定，目的是完成对该类系统的实体整合和精简。20 世纪 50 年代，该法案赋予证券交易委员会的功能得以落地实施，但该法案赋予的职能仅占目前证券交易委员会工作的一小部分。1995 年，证券交易委员会向国会提议废止《1935 年公用事业控股公司法案》，该法案赋予证券交易委员会的职能被移交到“联邦能源管理委员会”。最终，《1935 年公用事业控股公司法案》于 2006 年被废止。

《1939 年信托契约法案》一般适用于超过一定金额债券的公开募集活动。证券交易委员会目前将该金额锁定为 1000 万美元。该类资金募集活动除应按照《1933 年证券法案》进行注册外，依据该类契约创设的证券还必须符合《1939 年信托契约法案》的要求，对证券受托人的独立性和所承担责任规定强制性标准，并且要求契约中纳入其他保护债券持有人的相关条款。1990 年该法案作出修订，简化了契约准备过程并提高了证券受托人的利益冲突标准。

《1940 年投资公司法案》授权证券交易委员会对以证券投资和交易为主业的“公众持有公司”实施监管。该法案规定了投资公司管理层组成、资本结构和顾问合同批准以及投资政策的变更。另外，该法案要求，该类公司与其董事、高管或下属公司之间发生交易，须获得证券交易委员会批准。1970 年该法案做出修订，对管理层报酬和销售费用加强了管控。

《1940 年投资顾问法案》于 1960 年修订。该法案设立了与《1934 年证券交易法案》证券经纪商—交易商制度相类似，但适用范围较小的投资顾问注册和监管制度。1996 年,该法案修订,收回了州政府对经营规模在 2500 万美元以上投资顾问的监管权。对低于该金额投资顾问的监管权,则仍由其所在州政府负责行使。

《1970 年证券投资者保护法案》设立了"证券投资者保护公司",该公司有权监督清算陷入财务困难的证券公司,并安排向要求获得其支持的投资客户进行赔偿。

《2002 年萨班斯—奥克斯利法案》是为了回应安然和世通等公司财务丑闻而通过的法案。该法案在公司治理方面进行了综合性改革,其很多条款是关于信息披露的,同时并入了加重处罚的措施,其修订着眼点是改善公司治理。与此前证券监管法规相比,在关注公司治理这个方向,该法案的通过和修订更为深远,而传统上公司治理是州法关注的领域。例如,该法案强制推出公司财务和审计改革措施,加强了上市公司审计委员会的作用,加重了公司行政执行官和公司法务的责任,包括错误签署内部报告责任的承担。该法案也加重了触犯证券法的刑事责任。创设了会计监管委员会(全称:上市公司会计监管委员会)对会计行业进行监督,并对违反现行行业自律制度行为进行处罚。除上述专门条款,该法案可能是联邦法对公司治理及公司法其他领域开始施行监管的开端,此前该领域由州法监管。

联邦证券法只关注信息披露这一唯一主题,所涉公司治理事项则由州法管辖。《2002 年萨班斯—奥克斯利法案》引入公司治理重大改革,使公司治理成为联邦法律管辖事项。例如,现行联邦证券法要求公司对其遵循的商业伦理规则予以披露,提高了对审计人员和审计委员会的独立性要求。再如,限制了公司行政执行官报酬标准,以及禁止公司向高级别执行官提供借款。另外，在证券交易所和纳斯达克交易市场上市公司股票挂牌交易标准中，也增加了关于公司治理的强制性规定。

其他重要证券监管法。美国国会不时地对上述证券监管法进行修订。该类修订条款通常没有专属自己的名称。因为它们是对现行监管法的修订，所以通常不被命名为一部新法规。1968 年通过的《1934 年证券交易法案》修订案——《威廉姆斯法案》，规定了公司并购的竞买和竞卖规则。1995 年通过的《私人证券诉讼改革法案》和 1998 年通过的《证券诉讼统一标准法案》，是对《1933 年证券法案》和《1934 年证券交易法案》众多条款的修订，目的在于限制“令人烦恼”的证券集体诉讼。1996 年通过的《全国证券市场改善法案》也是对现行联邦证券法规的修订，将州管辖权从某些证券领域收回。2012 年通过的《创业企业融资法案》则放松了对小企业关于信息披露和报告的要求。

上述举例仅是获得单独命名的修订案立法。

处于立法提议阶段的《联邦证券法典》。20 世纪 70 年代，美国法学会起草并公布了一部《联邦证券法典》，用以替代上述的七部现行证券法规。该法典对上述法案并未做实质性修改，而是试图解决现行法规存在的“问题”：(1)因不同法规的定义、程序性和管辖性规定之间不一致而产生的“复杂性”；(2)过于强调证券公开发行时的信息披露，而对定期信息披露要求不高；(3)现行法规下，基于“私人民事诉讼权的广义司法含义”引发的民事责任发展的“乱象”。美国法学会终于在 1978 年 5 月批准了该法典。美国国会因对该法典缺乏兴趣，导致其并未正式进入立法程序。但是该“法典化”活动对证券法的发展产生了巨大影响。其很多方法论被吸收纳入证券交易委员会制定的规则中，也被法庭用于甄选和适用现行证券法规中“模棱两可”的条款,“法典”的“报告人”将该过程描述为“拆分后填补空白”。

## 第三节 证券交易委员会

证券交易委员会是主要负责联邦证券法的执行和监督的机构。《1934 年证券交易法案》规定证券交易委员会应当由总统任命的 5 名成员组成,任期 5 年(在该任期内每年更换 1 名成员)。每个政治党派的成员人数不得多于 3 人。

证券交易委员会在律师界和政府行政管理圈享有很高的声誉。一直以来,该委员会由令人瞩目的睿智且品行端正的成员组成,其业务流程兼具严谨性和灵活性,且从未陷入其他监管机构曾经陷入过的政治和经济陷阱。无论在美国还是在国外投资者中,证券交易委员会都因其披露和执法政策对美国公司证券和美国证券市场所做出的重大贡献而赢得了极高声誉。但是,证券交易委员会又一直因未充分考虑其所定规则及要求须付出的经济成本而广受诟病。1996 年,主要联邦证券法规做出修订,规定该委员会在制定规则时,除了考虑保护投资者之外还应考虑是否满足效率提升、增加竞争和资本募集的效率等。①

证券交易委员会由四个部门和众多办公室组成。其中,“公司融资部”的主要职责是审查向委员会递交的注册材料和

① 参见《1933 年证券法案》第 2 条(b)款;《1934 年证券交易法案》第 3 条(f)款;《1940 年投资公司法案》第 2 条(c)款。

报告。同时,“公司融资部”也起草了大多数证券交易委员会规则、披露表格和指引。“交易和市场部”负责监管市场运行和经纪商—交易商的活动。“投资经营部”负责监管投资公司和投资顾问业务活动。“执法部”负责调查涉嫌违规行为,并对认定违法、违规案件启动法庭诉讼程序或者行政调查程序。该部门也有权将案件移交美国司法部并由其提起刑事指控。该委员会的主要办公室包括总法律顾问办公室和首席会计师办公室等。

**证券交易委员会职员**。尽管证券交易委员会最终负责作出全部决定,但是对证券法规实施的各种日常监管活动,大部分会委托其职员执行。其大部分职员在华盛顿总部和分散于全美11个地区的办公室工作。证券交易委员会有一支非常精干的职员队伍,他们几乎不从事级别评定和特许经营权授予活动,而正是这些活动占用了其他监管机构职员的大部分精力。

**“自我监管”**。对证券业的监管并没有单独依赖于证券交易委员会,联邦证券法为证券业的“自我监管”保留了一个极其重要角色,该角色由证券行业和其他专业团队来担任。在《1934年证券交易法案》通过前的140多年里,证券交易所正是由其会员履行监管职责的。《1934年证券交易法案》将证券交易所纳入监管,其特定事项也由证券交易委员会监管。美国国会分别于1938年和1975年决定对场外交易商以及市政证券交易商实行综合性监管时,也采纳了类似“自我监管”的途径,授权成立“美国证券交易商协会”,后来该协会被“美国金融监管局”所取代;还设立“市政证券规则制定委员会”作为其各自组织的自我监管机构。

## 第四节　证券监管法渊源

分析研究联邦证券法律问题的起点是具体法条，但很多重要领域中具体法条又相当简约或模糊，这样就需要参考该类法规的补充渊源。该类渊源由两部分构成：证券交易委员会（或自我监管组织）发布的规则及其适用的一般解释；以及已决案例报告。

### 证券交易委员会规则制定权

证券交易委员会依据对其监督实施法案的授权，拥有至少三种不同的规则制定权。第一种为程序性和技术性规则（例如，关于提交注册材料文本份数的规则）；第二种为定义法律术语（例如，《1933 年证券法案规则》147，用于定义涉及证券州内公开发行的“安全港”）；第三种为依据国会授权获得制定实体法的实施规则（例如，按照《1934 年证券交易法案》第 14 条制定的表决权代理征集规则）。1996 年，国会扩大了证券交易委员会的规则制定权，授予其概括性权力，有权决定对任何个人、任何证券或者某项交易豁免适用《1933 年证券法案》和《1934 年证券交易法案》任何条款。①

### 规则制定权的转授

来源于立法机关直接授予的监管性规则制定权具有法律效力，前提是只要这些规则的制定在程序上符合《联邦行政程序

① 参见《1933 年证券法案》第 28 条；《1934 年证券交易法案》第 36 条。

法案》，在范围上不超出授予该监管性规则制定权的组织章程。

解释性规则制定权

证券交易委员会的规则制定权不限于立法机构的授权，该委员会也公布了大量解释性规则，以维持公司管理人和律师的业务活动合法合规。与按照专门法定授权发布的规则不同，解释性规则没有法律效力，仅是证券交易委员会对具体法规的解释。但是，该类解释性规则对指导证券业实操人顺利通过监管"迷阵"帮助极大。同样重要的是，一直以来联邦法院审理个案时，如涉及解释具体法规的适用范围，有遵从监管性解释的传统。

安全港规则

证券交易委员会发布的一类特殊解释性规则称为"安全港"规则。"安全港"规则是指为某种交易设定特定条件，只要满足这些条件，证券交易委员会就会承认该类交易符合法律规定。个人遵守"安全港"规则从事案涉交易时，可以保证其免予证券交易委员会的指控。

证券交易委员会制式表格

作为制定规则的补充，证券交易委员会按照各部证券法规要求制定固定格式表格，供证券发行人、交易商和其他从业人员提交资料时使用。鉴于信息披露是监管的重要内容，在界定披露义务范围上，这些制式表格也扮演了重要角色。

非正式立法

除了规则和制式表格，证券交易委员会也进行了大量"非正式立法"活动，即不以"立法形式"要求的方式，表达本委员会或其职员就当前关注问题的"观点"。表达该类"观点"的主要载体是证券交易委员会的"发布"，即仅是向媒体、公司和在证券委员会注册过的证券公司，以及其他利害关系人公布相关内容。

证券交易委员会解释性发布；职员法律公告牌和解释以及常见问题解答

如上文所述，证券交易委员会以委员会“公告”形式公布提供的咨询意见，可能包含对法律条款和规则的指导或建议性解释。除了定期性的“公告”，委员会每次提议制定新规则或对规则的修订，该提议也会伴随一个“公告”。同样地，当新规则或规则的修订被通过后，证券交易委员会正式通过时，往往同时公布说明性的“公告”。在说明性“公告”中反映的证券交易委员会立场，在作为先例和指示性价值上不及履行完制定流程的“规则”。对委员会定期发布在官方网站的“常见问题解答”，在指导性价值上也略逊于正式的“规则”。

无异议函

自证券交易委员会设立以来，作为对概括性的公开政策的补充，其职员就一直在回复“某项交易是否能以某种特定方式执行?”这样的个人咨询。因为咨询的某项交易被允许以该特定方式执行，该类回函中会习惯性地使用“本人建议证券交易委员会对此无异议”或类似的表述，所以这些回复被称为“无异议函”。该职员向委员会发出无异议函建议的前提是，被咨询的该项交易满足出具无异议函所预设的要求。

法律通识

除了前述制定规则和行使解释权这些途径作为证券法源之外，长久以来人们积累了大量涉及证券交易的实践经验可供借鉴。这些经验凝聚为证券业“法律通识”，构成了证券法规的补充。尽管这些法律通识可以反映在证券交易委员会的“公告”

和“无异议函”中，但很难查找。因为与正式规则不同，该类“法律通识”没有便于检索的索引。

在联邦证券法的某些领域，特别是在《1933 年证券法案》证券注册条款中，大多数“法律通识”是以规则、制式表格和委员会政策声明形式存在，少部分以已决案例的形式存在。但是，在其他领域，尤其是涉及《1934 年证券交易法案》一般性反欺诈条款的“法律通识”，极少体现为正式规则的形式，反而是以传统“普通法”的形式存在。法庭和其他裁判机构会参照既判案例进行个案审理。

证券交易委员会执法

证券交易委员会的裁决可以通过几种不同程序作出。证券交易委员会可以对自己查明和认定的违法行为，通过不同的程序予以追究。

证券交易委员会行政执法程序

如果认定的违法行为是违反了证券交易委员会关于注册的规定，那么该委员会可以启动程序，取消或中止证券交易商或投资顾问的注册申请，或作出其他形式的处罚。如果认定违法者是违反《1933 年证券法案》关于证券注册要求的公开发行人，那么该委员会可以启动程序中止其证券的注册效力。在上述任一情形下，该委员会的职员充当“指控人”，（职员先行查明后）由委员会作出最后决定。

1990 年，国会极大地扩充了证券交易委员会的权力。授权（1）颁发禁制令或终止令；（2）通过行政诉讼程序作出罚款或责令退回获利的处罚决定。在本次权力扩充之前，证券交易委员会只能向法院寻求救济，追诉未向其履行证券注册手续的发行人。

由证券交易委员会提起最常见的一种诉讼行动，即向联邦地区法院申请禁制令。该委员会发起的另一种诉讼是将违反证券法的刑事犯罪移交给美国司法部，由美国司法部对其提起指控。但是，该类诉讼极少被发起。

投资受害者认为自身利益遭受证券法违法行为侵害时，可以向法院起诉主张损害赔偿。可以依照证券法的特定民事责任条款提起诉讼，或者依照禁止争议行为条款行使“默示”民事诉权。自 1960 年开始，依照联邦证券法提起私人损害赔偿诉讼，特别是依照反欺诈通用条款主张“默示”民事诉权的案件数量大增。但是，自 1975 年开始最高法院对这些“默示”民事诉权有效性的认定控制更趋严格。

## 第五节　证券监管法规查明

全部联邦证券法构成一个综合性、便捷的证券法渊源。其中证券交易委员会规则、制式表格、解释和司法裁判以及涉及证券业务法院判决是由“商业票据交换所”出版的活页《联邦证券法判例汇编》进行记载，该出版服务一直以周刊的形式延续至今。追溯到 1941 年的司法裁判和说明，则以“transfer binders”年报或双年报形式持续发行。万律和律商两个查询网站也包括了联邦和州证券法规的专门化和综合性图书馆。《1933 年证券法案》、《1934 年证券交易法案》和证券交易委员会规则，以及按照上述两部法案制备的披露材料制式表格的单行册，均可以从专门印制该类文件的印制商处获取。

当然,联邦证券法的官方版本可以在《美国法典》第 15 篇第 77 ~80 章中查到(在《美国法典注释》中也可以查到)。不幸的是,负责为《美国法典》编号的人决定将《1933 年证券法案》(《美国法典》第 15 篇第 77 章)的各条款编号为第 77 章 a 条、第 77 章 b 条、第 77 章 c 条等。因此,该法案的第 5 条(b)款(1)项成为《美国法典》第 15 篇第 77 章 e 条(b)款(1)项,第 12 条(a)款(2)项 成为第 77 章 l 条(a)款(2)项。在《美国法典》第 15 篇第 78 章中,对《1934 年证券交易法案》作了相同的处理。如果想从《美国法典》中查找《1933 年证券法案》或《1934 年证券交易法案》某个具体条款,只需记住其首字母并能清晰地数到 26(《1934 年证券交易法案》第 26 条之后被标记为第 78 章 aa、第 78 章 bb……以此类推),便能轻松做到。此外,当国会对现行证券法做整体添加时,该整体添加部分可以并入相同字母下的现行法案中。例如,在《1933 年证券法案》中存在第 8A 条(被编为《美国法典》第 15 篇第 77 章第 h 条 -1),出现于该法案第 8 条和第 9 条。由于与证券监管相关人员均使用法案数字编号,而不使用《美国法典》的指引部分,下文便将后者省略。

证券交易委员会规则可以在《美国联邦法规》中找到官方版本,其数字编码系统更合理。《1933 年证券法案规则》可以按照规则号码在 17 C. F. R. Pt. 230 查到;《1934 年证券交易法案规则》可以按照相同方法在 17 C. F. R. Pt. 240 查到。例如,《1933 年证券法案规则》144 对应的是 17 C. F. R. § 230. 144,《1934 年证券交易法案规则》10b -5 对应的是 17 C. F. R. § 240. 10b -5。

证券交易委员会“公告”新规提案和适用情形,以及重要法律解释,可以在该“公告”作出当日的《联邦公报》上查阅。其他

“公告”则不以任何形式系统地、正式地公开发布，而是通过证券交易委员会下发，依照其相关的法案用数字序列编号。例如，证券法案公告第33－4434号。

证券交易委员会的“无异议函”是从1970年开始公开发布的。该类函由证券交易委员会华盛顿办公室审核，公众可以通过大量商业渠道查阅。在证券交易委员会的网站上也可以检索到大量的“无异议函”。

证券交易委员会行政诉讼形成裁决的正式文本在下达时，会以“公告”形式下发，最后以“证券交易委员会裁决和报告”作为名称编纂并印刷成册。

尽管与证券交易委员会正式的“公告”相比指引效果较差，但是委员会职员会随时发布“布告”或职员解释。这些布告或解释在委员会网站上可以检索，通常能提供对特定事项的解释。

涉及联邦证券法律的法院判决全文通常发布在万律和律商网站以及《商业清算所联邦证券法判例汇编》上。当然，上诉法院的判决也公布在《韦斯特联邦判例汇编》（联邦系列2和联邦系列3）上，更为重要的联邦地区法院判决则公布在《联邦案例补编》（联邦补编，联邦补编系列2，联邦补编系列3）。

除了规则、提议规则制定的“公告”和“无异议函”，证券交易委员会网站上还提供其他有价值信息。例如，证券交易委员会定期发布说明性指导、职员公告、专员会计公告和重要事项常见问题解答。

最新的法案、规则汇编和重要股票交易所和纳斯达克所作的解释可以在散页的股票交易所“指导”和“美国金融监管局手册”上查到，也可以通过网络查询。美国金融监管局、纳斯达克和纽约证券交易所的网站也是重要的信息来源。①

就州证券法来说，最新、最综合性的法案、规则和行政裁定以及司法裁判编纂是指《商业清算所蓝天法律判例汇编》，其中包括单列的美国50个州的法律。其中任一州的证券法也可以通过已经公布的法案、行政法规（如有）和官方及非官方公布的法院判决获取。

## 第六节　证券的定义

现实中联邦和州证券法适用的前提是证实该交易涉及证券。提到证券时，大多数人可能只关注股票和债券。《1933 年证券法案》第 2 条（a）款（1）项对术语“证券”的定义则宽泛得多。《1934 年证券交易法案》第 3 条（a）款（10）项与其他联邦法律所给出的定义实质上相似。除了股票、债券和“任何被普遍承认为证券的权益凭证或投资工具”之外，证券还包括出现在其他类别业务中的所有“投资合同”。该证券定义也被很多州证券法所接受。这些定义实际上是由法院作出的界定，目的是审理大量资金募集计划时保护公众投资者，在按照其他法律无法获得快速、有效的救济时，证券交易委员会或州监管者可以遵照该类定义寻求违法行为的禁制令。

由于联邦证券法的大多数执行条款按其表述仅适用于涉及“证券”的交易，所以一种投资工具是否被认定为“证券”，是联

① 参见 www.finra.org，www.nasdaq.com 和 www.nyse.com。

邦证券法是否对其适用的前提。按照《1933 年证券法案》第 2 条(a)款(1)项对“证券”的定义,证券包括“任何票据、股票、库存股票、债券、公司信用债券、债务凭证、盈利分享协议下的权益证书或参与证书、以证券作抵押的信用证书、组建前证书或认购书、可转让股票、投资契约、股权信托证、证券存款单,以及石油、煤气或其他矿产小额利息滚存权,换句话说,被普遍认为是‘证券’的任何权益和票据,和上述任一种证券的权益或参与证书、暂时或临时证书、收据、担保证书、认股证书、订购权或购买权”。在实质上相同的定义可以从其他的联邦证券法[①],以及大多数的州证券法[②]中查到。

这些条款的解释性问题通常涉及三种不同类型的投资工具:(1)技术上被称为“股票”“票据”的投资工具,但不以投资为发行目的;(2)由金融机构(如保险公司、存贷联合会)发行的特殊类型投资工具;(3)证明向营利项目投资的工具,但此类投资工具不具备股票、票据或其他传统“证券”的外在形式。

## 一、股票和票据

一般股票通常就可以被认定为“证券”。但是,在 United Housing Foundation v. Forman, 421 U. S. 837(1975)案中,最高法院认为一家合作制安居公司的股票不能被认定为联邦证券法意义上的“证券”,因为“购买该公司股票仅是为了得到政府补助的低费用居住空间,而非为了获取利润”。最高法院驳回了

---

① 参见《1934 年证券交易法案》第 3 条(a)款(10)项;《1940 年投资公司法案》第 2 条(a)款(36)项。

② 参见《统一证券法案》第 401 条(e)款。

"仅凭法定定义包含股票字样,案涉交易就必须被认定为证券交易"的说法,重新强调"该领域指导法院审判的基本原则是抛开形式关注实质,且重点应当放在经济事实上"。

自1981年开始,几家联邦地区法院认为,通过转让全部已发行股票的方式转让一家企业不属于出售"证券",因为此时的股票转让仅是用来向购买方让与所有权和控制权的支付方法。然而,在 Landreth Timber Co. v. Landreth,471 U. S. 681(1985)案中,美国最高法院否决了该"整体业务转让"法则。最高法院认为具备与"股票"相关联的共同属性的证券转让,就是联邦证券法意义上的"证券"销售,无须考虑交易目的和转让股票的占比。

与上述涉及股票的情形相反,法院一直以来认可存在某些不被认定为"证券"的"股票"种类。例如,以房屋按揭做担保的股票,以应收账款或其他商业资产做担保的股票,以及代表商业银行提供经营贷款的股票。直到1990年,几家联邦巡回法院进行了各种测试,以认定不应当纳入证券法管辖的票据类别。在 Reves v. Ernst & Young,494 U. S. 56(1990)案中,最高法院采纳了第二巡回法院的测试结论,即任何与"司法认定的例外清单"中某一种存在很明显"同类相似性"的股票,就不应当被认定为证券。认定"同类相似性"时考虑的因素包括:(1)执行交易时贷款人和借款人的动机;(2)该股票是否为"普通的投机或投资交易"的标的;(3)该股票如何被理性公众所看待;(4)该交易是否为一个无须适用证券法监管体系的监管对象。股票或其他债务工具能产生固定收益这一事实不妨碍其被认定为证券。[①]

---

① 参考案例:SEC v. Edwards,540 U. S. 389(2004)。

## 二、融资工具

金融机构发行的大多数专门投资工具，如健康险保单、年金、储蓄和贷款联合会“份额”及银行存款证明等，均被排除适用联邦证券法关于注册的条款（但适用反欺诈条款）。[①] 即使不存在上述条款适用的豁免，这些传统投资工具是否被认定为“证券”，仍然存在争论。但是，当上述金融票据的回报率随发行机构或证券投资组合的盈利波动时，它们就会被认定为“证券”。最高法院已经在两个判决中认定保险公司发行的“浮动利率年金”须按照《1933 年证券法案》进行注册。[②] 1987 年，证券交易委员会通过《1933 年证券法案规则》151，即“安全港”规则。该规则规定了认定年金合同归为《1933 年证券法案》第 3 条（a）款（8）项注册豁免债券的特征要素。

尽管“储蓄和贷款联合会”发行的可赎回资本金份额被《1933 年证券法案》注册条款豁免，美国最高法院仍认定其为《1934 年证券交易法案》反欺诈条款管辖下的“证券”。[③] 但是，银行出具的普通存款证明不是证券，因为持有人“已经获得了联邦银行法律的充分保护”。[④]

“金融衍生品”，是指期权、期货和互换交易。看跌期权、看涨期权和选择权被特地划入了《1933 年证券法案》和《1934 年

---

① 参见《1933 年证券法案》第 3 条（a）款（2）（5）（8）项；《1934 年证券交易法案》第 3 条（a）款（12）项。

② 参考案例：SEC v. Variable Annuity Life，359 U. S. 65（1959）；SEC v. United Benefit，387 U. S. 202（1967）。

③ 参考案例：Tcherepnin v. Knight，389 U. S. 332（1967）。

④ 参考案例：Marine Bank v. Weaver，455 U. S. 551（1982）。

证券交易法案》的“证券”定义之内。组织化期权交易所发展起来后，以已发行证券为基础资产的期权交易如雨后春笋般涌现，并被全部纳入证券交易委员会的监管范围。结果是证券交易所被认定为该类期权的发行人，并且该类期权须按照《1933 年证券法案》进行注册。衍生品投资的持续激增，使该类投资成为金融市场越来越重要的门类。

然而，未来交付证券合同是由商品交易所而非证券交易所制定，并在商品交易所进行交易。因为按照《商品期货交易委员会法案》，其“商品”的定义涵盖了“证券”。以个体证券和股票市场指数为标的的“期货合同”，由商品期货交易委员会而非证券交易委员会监管。分析一个新型投资工具应被认定为期货合同还是证券请参考案例：Chicago Mercantile Exchange v. SEC，883 F. 2d 537（7th Cir. 1989）。例如，股票指数期货合同是否具有足以认定由商品期货交易委员会专属监管的广泛基础？或者作为以证券为基础资产的期货，同时被证券交易委员会监管？[①]

2000 年通过的《商品期货现代化法案》厘清了证券交易委员会和商品期货交易委员会在监管衍生品和混合投资工具时，各自担任的角色。现在，允许以个体股票为基础资产的“期货”进入交易，并明确认定其为证券；在获取共同监管系统的“护照”后，该类期货合同由证券交易委员会和商品期货交易委员会共同监管。《商品期货现代化法案》的现代化立法，也将以证券为基础资产的“互换交易”排除在“证券”之外，但是却把该类

① 参考案例：Board of Trade v. SEC，187 F. 3d 713（7th Cir. 1999）；以及《商品交易法案》第 1 条（a）款（25）项。

“交易安排”置于证券法反欺诈条款的管辖之下。不以证券为基础资产的互换交易同样被排除在证券法的管辖之外，却未被置于证券法反欺诈条款的管辖之下，这一点与以证券为基础资产的互换交易不同。

在2010年《多德—弗兰克华尔街和消费者保护法案》（以下简称《多德—弗兰克法案》）生效之前，互换交易大多未被纳入监管，这成为2008年次贷危机爆发后的争议焦点，观察家们把未被纳入监管的互换交易违约作为此次危机的诱因之一。很多人提议要求对互换交易市场和衍生品市场施行监管，因此该领域存在监管变革的可能性。按照现行法律，互换交易在证券法的监管之外。按照联邦法，尽管以证券为基础资产的互换交易不归入“证券”，但是该类交易被明确纳入证券法反欺诈条款的监管。

## 三、投资合同

尽管不存在“某种债券、某种股票或某种融资工具被一致公认是‘证券’”的情形，但是出于募集资金而广泛使用的投资合同是否应被认定为“证券”，一直存在很多争议。难点在于投资该类募集资金计划既可以是“投资合同”，也可以是“利润分享协议的权益或参与证明”。这些术语由法院作出了准确说明，大量适用于募集资金计划，特别是证券交易委员会或州监管机构在缺乏迅速有效的救济措施时，可以依据该类术语申请交易禁令，以保护公众投资者。

在特定情形下被认定为“证券”的权益凭证种类包括：石油天然气钻探项目权益、合伙人权益、房地产集合权益、合作资格、农场或牲畜、商品期权合同、威士忌仓库存单、多层级分销权安排和商业营销计划。

最高法院通过案例 SEC v. W. J. Howey Co. ,328 U. S. 293 (1946)为是否属于“证券”设定如下基本判断标准,即是否属于“一个人将自己的资金投进一家普通初创企业,并被引导期望纯粹从该企业初创者或第三方的努力中获取收益”。按照上述标准,销售成排柑橘树的行为,再加上卖方培育、收获、销售柑橘树苗的服务合同,均可被认定为《1933 年证券法案》意义上的“证券”。

**“金钱投资”**。在 Teamsters v. Daniel,439 U. S. 551(1979)案中,最高法院认为由雇主支付的养老金计划不是证券,因为由雇主向该计划缴纳的资金不应被认定为雇员的“金钱投资”。此后,证券交易委员会认为,只有雇员自愿交纳资金的退休金计划才能被认定为证券。①

**“共同创业”**。法院在如下问题的认定上存在分歧,即共同创业的各投资人签署的协议被认定为证券的前提条件是否应当包括他们将会共享单一资金池(横向共享)?还是仅凭创始人与每个投资人之间单独做出收益分享的协议安排(纵向共享),即足以认定该协议为证券?最高法院认为:“仅基于各方一对一谈判签署的收益分享协议不应被认定为证券。”②

**“预期获利”**。如上文所述,最高法院在 Forman 案中认定合作制安居公司的股票不是联邦证券法定义的“证券”,此时“购买该公司股票仅是为了得到政府补助的低花费居住空间,而非为了获利”。同样,法院认定,如果退休金计划来源于雇主

---

① 参见 Sec. Act Rel. 33 –6188(1980)。

② 参考案例:Marine Bank v. Weaver, supra。

所缴纳资金，而非来自该计划所持资产收益，那么该退休金计划也不是“证券”。[①] 由企业的盈利能力决定，投资通常在可变回报的基础上分配利润。但是，可变回报不是获利的先决条件，因为固定回报也能满足对证券投资的获利要素需求，此时的投资合同足以被认定为证券。[②]

**“仅仅依赖第三方努力”**。按照 Howey 案确定的原则，“收益仅仅依赖于第三方努力”作为将某投资工具认定为证券的要素，导致法院支持证券法不适用于特许经营权许可，是因为此时投资人自己积极参与了商业活动。[③] 然而，法院对“仅仅”一词调整解释，使欺诈性传销这种销售方式也符合“仅仅依赖第三方努力”这一要求。在传销业务中，投资人确实自己投入了“努力”来发展下线参与销售，但是此时“除投资人之外的其他人所付出的巨大努力是无法否认的，正是这些最基础的经营精力的投入决定了企业的命运”。[④]

在界定“第三方努力”时，包括的关键要素如下：(1)投资人对企业的控制力有多大；(2)投资人对所涉业务经验及专业知识的缺乏程度；(3)“投资人是否必须‘依赖他们自己不能替代经理层的开创性管理能力，否则投资人不能维持合伙关系或实

---

① 参考案例：Teamsters v. Daniel, supra; Black v. Payne, 591 F. 2d 83 (9th Cir. 1979)。

② 参考案例：SEC v. Edwards, 540 U. S. 389 (2004)。

③ 参考案例：Wieboldt v. Metz, 355 F. Supp. 255 (S. D. N. Y. 1973)。

④ 参考案例：SEC v. Glenn W. Turner, 474 F. 2d 476 (9th Cir. 1973); SEC v. Koscot, 497 F. 2d 473 (5th Cir. 1974); SEC v. Aqua - Sonic, 687 F. 2d 577 (2d Cir. 1982)。

现控制企业'"。[①]

至于合伙关系,有限合伙人的收益权通常被认定为证券,因为有限合伙人没有权利参与企业管理。[②] 相反,普通合伙人收益权通常不被认定为证券,因为他们有权参与企业的管理经营。大多数法院遵照案例 Williamson v. Tucker,645 F. 2d 404(5th Cir. 1981)确认的原则,认定如果投资人对经营管理没有发挥有效影响力,普通合伙人的收益权则被认定为"证券",因为:(1)合伙协议对此有特别约定;(2)投资人对企业从事的业务无管理经验;(3)投资人须依赖企业发起人或管理人的特殊技能。[③]

有限责任公司投资人收益权与合伙企业的认定方式相似。如果投资是被动的,企业成功源于企业发起人的努力,则投资人的收益权会被认定为"证券"。[④] 如果投资人积极参与企业日常业务的管理,他们的收益权则不被认定为证券。[⑤]

有些州法院在对本州的证券法作解释时,遵循了加利福尼亚州最高法院在案例 Silver Hills v. Sobieski,55 Cal. 2d 811,13 Cal. Rptr. 186,361 P. 2d 906(1961)中确立的原则,即如果投资人投入企业的初始资金是"风险资本"的一部分,即使该投资人积极参与了业务管理,其收益权仍然被认定为"证券"。在 United Housing Foundation v. Forman,supra 案中,美国最高法院

---

① 参考案例:SEC v. Arcturus Corp. ,912 F. 3d 786,802 – 804(5th Cir. 2019);Williamson v. Tucker,645 F. 2d 404(5th Cir. 2019)。

② 参考案例:Goodman v. Epstein,582 F. 2d 388(7th Cir. 1978)。

③ 参考案例:Koch v. Hankins,928 F. 2d 1471(9th Cir. 1991)。

④ 参考案例:SEC v. Shreveport Wireless,1998 WL 892948(D. D. C. 1998)。

⑤ 参考案例:Great Lakes Chemical Corp. v. Monsanto Co. ,96 F. Supp. 2d 376(D. Del. 2000)。

明确拒绝表态该“风险资本”标准可否用于解释联邦证券法。

## 四、豁免注册证券

《1933 年证券法案》第 3 条(a)款和《1934 年证券交易法案》第 3 条(a)款(12)项列出了“豁免注册证券”名单。总体来说,豁免证券无须按照特定法律条款的要求进行注册和信息披露,但是仍被纳入概括性的反欺诈条款和民事责任条款管辖。“除非某某条款明确作出相反规定”,[①]《1933 年证券法案》不适用于豁免证券,但是《1934 年证券交易法案》对豁免证券行使管辖权,除非其注册和披露义务被明确排除[②]。

按照《1933 年证券法案》第 3 条(a)款和《1934 年证券交易法案》第 3 条(a)款(12)项的规定,最主要的豁免类别包括美国联邦政府、州政府、地方政府发行或者提供担保的债券,包括免税工业开发债券。《1933 年证券法案》(《1934 年证券交易法案》没有)也豁免了银行、宗教和其他慈善组织、储蓄和贷款联合会发行的证券以及适格破产者证书、保单和年金合同的注册和披露义务。

《1933 年证券法案》第 3 条(a)款免除了“基于当前交易发生的”期限在 9 个月以内票据的注册和披露义务,并且《1934 年证券交易法案》第 3 条(a)款(10)项将全部期限在 9 个月以下的票据不再归类为证券。很多法院已经将该被排除在“证券”之外的票据认定为高级“商票”,由大公司发行用于融入流动资

① 参见《1933 年证券法案》第 12 条(a)款(1)项和第 17 条(c)款。

② 参见《1933 年证券法案》第 12 条(a)款和第 15 条(a)款(1)项。

金。[①] 在 Reves v. Ernst & Young, supra 案中，最高法院拒绝承认该项限定条件，大法官们以 5:4 的表决结果认定，如果预计实际上持票人不会在出票 9 个月内提出支付请求，那么见索即付票据则不应被排除在“证券”之外。

《1933 年证券法案》也豁免了现实交易涉及的特定“等级”证券。该类证券包括作为与其他证券交换而发行的证券[②]，或州内公开发行的证券[③]，以及按照《1934 年证券交易法案》第 3 条(b)款符合证券交易委员会制定规则的小规模公开发行的证券（见本书第十节内容）。

多年来，有些豁免已经被取消或者限制适用。例如，1976 年《铁路复兴法案》取消了《1933 年证券法案》对铁路发行证券的豁免（设备信托证书除外）。[④] 1974 年对《1934 年证券交易法案》进行修订，督促“银行证券”发行满足该法案披露要求的银行代理机构执行的监督措施须与证券交易委员保持一致（另行做法存在正当理由的除外）。[⑤] 1975 年证券法案修订也要求仅从事州和地方政府债券交易的证券公司向证券交易委员会履行注册手续，以符合新设“市债券规则制定委员会”制定的规则。[⑥]

《1934 年证券交易法案》于 1986 年修订时再增补第 15C 条，建立了复杂的针对美国政府发行证券经销商和交易商的监管体系。因为很多银行从事该类证券发行业务，在证券交易委

---

① 参考案例：Zeller v. Bogue, 476 F. 2d 795 (2d Cir. 1973)。

② 参见《1933 年证券法案》第 3 条(a)款(9)(10)项。

③ 参见《1933 年证券法案》第 3 条(a)款(11)项。

④ 参见《1933 年证券法案》第 3 条(a)款(6)项。

⑤ 参见《1934 年证券交易法案》第 12 条(i)款。

⑥ 参见《1934 年证券交易法案》第 15B 条。

员会和三个联邦银行代理机构之间作出监管权力分配，把主要规则制定权授予了财政部长。

## 五、衍生品投资工具、股票期权、指数期权、期货交易

《1933 年证券法案》和《1934 年证券交易法案》明确规定证券不仅包括股票和债券，而且包括全部“以证券为基础资产的看跌期权、看涨期权、跨式期权、选择权或任何优先权”。因此，以证券衍生品为对象的投资就是证券投资。衍生品投资包括以证券和商品以及其他有价值资产为基础资产的衍生品，已经成为投资市场的重要部分。总体来说，衍生品监管规则相比证券监管规则更碎片化。以下的探讨涉及证券法对衍生品投资监管适用性分析。

衍生品投资工具概述

过去 40 余年，美国证券市场充斥了大量期权交易。期权交易可以作为变通手段实现对证券的短期投资。以个体股票为基础资产的看跌期权和看涨期权，可以被投资者用来对冲该支股票的仓位，从而降低持仓风险。降低风险可能是部分投资者的动机，但是大量的期权交易却是以投机为目的。自期权交易发端以来，证券交易所期权交易一直很活跃。以个体股票为基础资产的期权市场的成功，为以指数为基础资产的期权发展铺平了道路，两者均被纳入了证券交易委员会监管；以股票为基础资产的期货交易则被纳入商品期货交易委员会监管。指数投资市场允许投资者通过不绑定单支股票的投资方式，达到分散持仓的目的。指数期权和期货是以多种指数为基础资产的，其估价取决于指数构成的每一只股票的当前价格。投资者通过参与指数市场，即通过签订公开交易指数期权或期货合同，持仓相关股

票组合。指数市场也可以为投机者提供更多的套利机会。

期权为证券多头仓位提供了一个重要对冲手段。当投资者持有某种证券多头仓位时,可以建立空头仓位作为对冲,即卖出此证券的期权或者证券的同时,须绑定将来买入同等数量期权或证券的承诺。例如,某投资者持有1000股ABC公司的股票,当前每股价格12美元,投资者有控制股票价格下降风险的需求。此时,恰当的对冲风险策略应是买入每股行权价格10美元的看跌期权。该看跌期权将保证投资者在期限期满前,可以随时以每股10美元卖出股票。投资人购买看跌期权的成本是由市场确定的该期权的价格,该价格即为投资人增加的投资成本,作用是锁定了所持股票价格下降风险。

另一采取期权对冲策略的例证,即当投资者看空证券市场时,维持现金头寸。为了对冲证券市场看空失误的风险,该投资者须加仓特定股票的看涨期权或者指数期权,以避免市场上涨时的行情踏空。尽管买入某只股票的看涨期权所需资金大大低于购买该股票所需资金,但是期权期满后股票价格如果降到行权价之下时,该投资者将损失购买期权的资金。

2000年,国会给期货市场提供了与证券期权市场完全相同的待遇,将两者都纳入证券交易委员会的监管。《商品交易市场法案》在2000年修订时,首次授权商品期货交易委员会对以单只证券为基础资产的期货合同行使管辖权。期权合同和期货合同也可以以证券组合的形式作为基础资产。构建该类证券组合既可以参照已设立的股票指数,也可以参照一组工业或其他具备某种明显特征股票的指数。

衍生品投资工具的场外交易

《商品交易市场法案》的核心是该法案第4条规定的“交易

合同市场专营”。这意味着“商品相关投资工具”由商品期货交易委员会排他性监管,未被该法案豁免或排除管辖的该类投资工具,须在已注册的商品交易合同市场或交易所内进行交易。与证券市场不同,现实中不存在“与商品相关投资工具”的公开场外交易市场。如果某种投资工具归入该法案排他性管辖,但是被投资合同市场专营要求所豁免,那么该投资工具则可以在场外交易。但是,该类被豁免的投资工具仍受《商品交易市场法案》的专属管辖,证券交易委员会无权对其监管。2000 年《商品期货现代化改革法案》取消了合同市场专营,带给商品监管领域革命性变化。除了对商品期货交易委员会监管规则的各种豁免适用,还有对《商品交易市场法案》的排除适用,例如,对以期权合同为基础资产的远期合约的管辖豁免。远期合约是一种将来执行交付的合同,是签约各方利用基础商品所进行的业务和交易。如此一来,远期合约不被纳入该法案管辖,且可以进行场外交易,而无须通过组织化的合同交易市场来完成。

*互换交易和其他混合型交易*

20 世纪 80 年代,涌现出大量新颖而奇特的投资产品。即很多投资银行和商业银行开始为满足特定客户群体的投资目标,而专门开发新的金融产品。这些“新颖而奇特”的产品中,有一种是利率互换交易,后来又出现外币互换交易,最后还出现了以权益或商品为基础资产的互换交易产品。20 世纪 80 年代,兴起了该类混合和衍生投资工具,与各种可变收益金融工具交织,诞生出了复杂的对冲策略。同时,很多机构投资者在没有完全吃透交易架构前就参与其中。例如,1994 年加利福尼亚州橙县在该类交易中损失了十多亿美元后宣布破产。

时至今日,互换交易已经成为国际经济的重要部分。例如,利率互换交易经常被用于管理信用风险。互换交易的盛行意味着有大量资金被绑定在该类交易安排中，其中大部分并未被有效监管。最重要的是，这些奇特的衍生品未被当作证券来监管，因为他们涉及的是该产品设立者和投资者之间的合同关系，一方的收益正是另一方的损失，因而他们不涉及普通企业的盈亏。尽管这些衍生品工具的发起者投入了巨大精力来设计和营销，但该因素仍不足以将其划入证券类。

即使某些基础投资工具因为被认定为证券而被监管，但实际上监管规则并不能对互换交易或衍生品交易产生的复杂交易关系实施管辖。即使是最聪明的投资者也不易察觉该类复杂关系带来的风险。除了有效的监管规则（反欺诈规则除外）缺位以外，该类场外交易衍生品和互换交易通常也被排除在商品监管法律以外，或被其豁免监管。

2000 年，国会针对混合形式投资工具修改了证券和商品监管法律。其中，这些修改导致以证券为基础资产的互换交易被排除在证券定义之外，而被置于证券法反欺诈条款的管辖之下。另外，不以证券为基础资产的互换交易既未被纳入证券法注册条款，也未被纳入反欺诈条款的管辖。

互换交易，像其他任何包含商品交易成分的混合投资工具一样，极大概率被归类为商品期货交易委员会专属监管对象。然而，正如前文提及，商品期货交易委员会和国会规定，大量机构投资者和资深投资者参与的互换交易被《商品期货现代化改革法案》豁免管辖。上述规定导致，在参与跟特定商品交易相关联的互换交易的资深投资者之间形成了一个场外交易市场。该市场到 2010 年之前仍未被大规模监管。

作为 2008 年次贷危机的后遗症，未被监管的上述场外交易市场受到越来越多的关注和审视，将不可避免地面临被纳入某种形式监管的局面。2010 年修订的《多德—弗兰克法案》是应对次贷危机的立法，目的是对互换交易全方位加强监管。修订后的《多德—弗兰克法案》，拓展了《商品交易所法案》中“互换交易”的定义[①]，并且延续了此前法律所做的证券交易委员会监管的、以证券为基础资产的互换交易[②]与证券交易委员会未监管的其他类别互换交易的区别。除了拓宽互换交易的定义之外，该法案列明了一系列被排除在互换交易定义之外的交易类别。这些被排除的交易类别包括期货合同、以期货合同为基础资产的期权和“最后进行实物交割，后期运输或交付非金融性商品或证券的各种销售行为”。[③] 该立法历程清晰地表明，该类排除性规定目的是保持《商品交易所法案》与《商品期货现代化改革法案》对远期合约规定的一致性。

《商品交易所法案》将以证券指数为基础资产的互换期权和其他合同交易排除在“互换交易”定义之外，这类期权或合同受证券交易委员会监管。被排除在外的还有以单只证券为基础资产的期权和衍生品，以及以证券为基础资产的细分类互换交易。以证券为基础资产的互换交易，是指“以‘单只证券、证券组合或证券指数的价格、收益、估值或波动性为基础’的一个重要条款（体现在互换协议中）”。

证券监管涵盖了大多数类型的投资合同，但未包括以非证券为基础资产的衍生品合同，例如，信用违约互换交易和利率互

---

① 参见《商品交易所法案》第 1 条（a）款（47）项。

② 参见《1934 年证券交易法案》第 3 条（a）款（68）项。

③ 参见《商品交易所法案》第 1 条（a）款（47）项 B 目。

换交易。[1] 与其他风险转移合同不同,如保险信用违约互换交易的特殊之处,是在《多德—弗兰克法案》生效前,其未被纳入监管。很多人认为该类业务监管法规的缺位存在合理性,因为该类交易对减少风险作用巨大。然而,正是这类交易加重了2008 年次贷危机的严重程度,并且为《多德—弗兰克法案》的出台奠定了基础。信用违约互换交易是一种衍生品投资工具,其在过去几年里一直是人们热议的话题。

另外,《多德—弗兰克法案》创设了两类必须按照《1934 年证券交易法案》进行注册才能展业的专业人员。他们是:(1)从事以证券为基础资产互换交易的交易商;(2)以证券为基础资产互换交易的重要参与人。"以证券为基础资产互换交易的交易商"被定义为:(1)在以证券为基础资产互换交易中,表明自己是交易商,并参与业务的人;(2)以证券为基础资产互换交易的做市商;(3)用自己账户与该类互换交易的交易对手正常操作业务;(4)以交易商身份或者做市商身份参与被广为人知的与该类交易相关的交易活动。[2] "以证券为基础资产互换交易的重要参与人",是指除以证券为基础资产互换交易的交易商之外的交易参与人,他们在该类交易中维持未被对冲的重仓位,让交易对手暴露在足够大的风险中,该类风险可能威胁经济系统性安全。[3] 上述两类专业人员,须承担诸多责任,包括符合资本金和交易准备金要求、详细报告及记录、商业行为标准、披露义务、风险管理义务和大量其他强制性操作规范。该监管规则

---

① 参见《1933 年证券法案》第 2A 条。

② 参见《1934 年证券交易法案》第 3 条(a)款(71)项。

③ 参见《1934 年证券交易法案》第 3 条(a)款(67)项。

的细则和执行指引，由证券交易委员会根据职权进行制定，并公开发布。

在以证券为基础资产互换交易的强制性规定方面，《多德—弗兰克法案》与《商品期货现代化改革法案》对其他类别互换交易强制性规定保持了一致。

| 第二章 |

# 《1933 年证券法案》证券发行监管

公司或其他发行人发行并销售其证券所遵循的程序，是证券领域监管的主要内容。证券交易委员会（和从事证券实务的律师）的工作包括判断拟发行的证券是否须遵守《1933 年证券法案》关于注册的要求；如果需要，则须对本次证券的发行进行注册。按照《1933 年证券法案》开展的证券注册实务，奠定并形成了美国证券监管的独特方式和基调。

与很多州证券监管法规不同，《1933 年证券法案》本质上只是一部关于“信息披露”的法案，这一点与其他联邦证券法相似。证券交易委员会没有权力决定某只证券能否向公众发行，该委员会能做的仅是要求发行人须就重大事实向公众做完整、准确的信息披露。

《1933 年证券法案》核心部分是第 5 条。按照该条规定，一般情况下，没有向证券交易委员会注册的证券，不得公开发行并向公众销售。该法案第 6 条和第 8 条规定了注册流程，第 7 条和第 10 条规定了必须披露的信息。第 3 条和第 4 条列明了可以豁免注册的证券和可以豁免注册的交易类别。《1933 年证券法案》第 28 条则是对第 3 条和第 4 条的补充，授权证券交易委员会行使规则制定权,该委员会因此享有了宽泛的注册豁免权。

《1933年证券法案》第11条和第12条规定了民事损害赔偿责任。其中,第11条详细规定了注册报告书出现重大虚假陈述或事实遗漏应承担的责任。第12条(a)款(2)项规定,无论是否须向证券交易委员会注册,证券发行或销售中只要存在重大虚假陈述或事实遗漏,就须承担责任。美国最高法院已经将第12条(a)款(2)项责任追究范围,限缩在招股说明书[①]中存在重大虚假陈述或事实遗漏。[②]《1933年证券法案》另一具有实质意义的条款是第17条,规定在任何证券的发行或销售中如有欺诈或欺骗性行为,无论该证券是否被归类为须注册的证券,均构成违法。

## 第七节 《1933年证券法案》对信息披露的要求

《1933年证券法案》最基本的目的是确保对拟发行证券的信息做充分、准确的披露。为了实现这个目标,该法案明确规定,向公众发行和销售未向证券交易委员会注册的证券行为违法。发行人向证券交易委员会申请注册时须提交"注册报告书",该报告书应包含该法案以及证券交易委员会规则和制式表格所要求的全部信息。与《1934年证券交易法案》进行注册

① 如果发行的证券为股票,此时向证券交易委员会提交的应为"招股说明书";如果发行的证券为债券,此时向证券交易委员会提交的应为"募集说明书"。"招股说明书"和"募集说明书"合称为"发行通函"。为便于理解,本章统一使用"招股说明书"这一表述。——译者注

② 参考案例:Gustafson v. Alloyd,513 U.S. 561(1995)。

时规定须涵盖"整个同类别证券"的要求不同,《1933 年证券法案》的注册要求仅限于拟发行的那"部分证券",且注册目的也仅限于"注册报告书"记载的该"部分证券"的发行。因此,按照《1933 年证券法案》要求进行"证券"注册这一说法存在误导性。其实质是,按照该法案进行注册的是特定交易或发行行为。这意味着基于公开发行目的,已经按照《1933 年证券法案》完成注册的证券,如果通过新的交易再次公开发行,须再次按照《1933 年证券法案》进行注册(例如,涉及"控制权"股票的发行)。

"注册报告书"包括两个部分:第一部分是"招股说明书",须派发给证券投资人人手一份;第二部分包括的内容和附件则无须派发到每个投资人手中,但是应置于证券交易委员会档案处,便于公众查阅。

《1933 年证券法案》第 7 条规定了注册报告书应当包含的信息。[①]《1933 年证券法案》第 10 条(a)款(1)项规定了向投资人派发的招股说明书须包含的信息项。

《1933 年证券法案》第 7 条授权证券交易委员会有权要求增加披露信息项,允许特定类别证券或特殊发行人减少披露信息项。依照上述授权,证券交易委员会制作了大量适用于不同类别发行的制式表格。"表格 S-1"是注册报告书的基本表格,可用于对表格没有其他特殊要求的全部证券的发行。对证券已经公开交易的公司,"表格 S-1"允许已经提交过至少一次年报且正处在申报期的公司以引用的方式纳入先前已经向证券交易委员会提交年报中的信息,此等以引用方式纳入的信息需在该公司网站上公开可查。

① 参见该法案附件 A(或者证券是由外国政府发行时,参见附件 B)。

1982 年 3 月“整合披露系统”的采用，是证券交易委员会在整合《1933 年证券法案》和《1934 年证券交易法案》信息披露要求方面向前迈出的一大步。[①] 该披露系统包括如下要素：

（1）纳入《S－K 条例》中的《1933 年证券法案》和《1934 年证券交易法案》要求披露的全部基本资料，各种表格只需参照适用该条例对表格项目的要求。

（2）接受已经按照《1934 年证券交易法案》注册过证券的发行人使用此前的“表格 S－2”和“表格 S－3”申请发行，此时允许注册报告书的大部分信息可直接从按照《1934 年证券交易法案》提交的申请材料或者股东年报中引用。（《1934 年证券交易法案》的信息披露要求在本书第十三节阐述）

“表格 S－2”在 2005 年被废止。已经按照《1934 年证券交易法案》提交至少 3 年报告的发行人可以使用该表格。该表格允许发行人通过将最近一份股东年报复印件并入注册报告书和招股说明书，以及合并向证券交易委员会提交最新年报表格 10－K的方式，提供应提交的发行人信息。

已经按照《1934 年证券交易法案》提交报告不少于 12 个月的发行人，可以用“表格 S－3”注册：（1）高级证券的发行、存量发行以及某些特殊种类证券的发行；（2）有表决权流通股票市值不低于 7500 万美元的新股票发行。此时，不要求发行人在注册报告书和招股说明书中添加自己的信息，但允许发行人引用自己的最新年报表格 10－K。“表格 S－2”和“表格 S－3”的背后逻辑是该发行人信息已经在市场中流传，因此再通过注册报告书和招股说明书发布相同的信息显得多此一举。

---

① 参见 Sec. Act. Rel. 33－6383（1982）。

1997 年证券交易委员会在整合两部法规方面又迈进一步。提议按照《1934 年证券交易法案》注册过的发行人增发证券的，只要持续披露“增加”信息，则可以豁免《1933 年证券法案》对该增发证券的注册要求。[①] 该提议一直未获得执行，但是证券交易委员会明显增加了适用《1934 年证券交易法案》“表格 8 - K”提交临时报告的案例，因此进一步加快了以信息披露持续报告制度替代定期报告制度的节奏。

为了减轻小规模发行人注册带给审核工作的负担，1992 年证券交易委员会彻底修改了小规模发行人注册和披露所使用的制式表格。[②] 证券交易委员会采用了此前适用于“小规模发行人”进行任何规模发行的《1933 年证券法案》注册“表格 SB - 2”，此次限定仅适用于年销售收入低于 2500 万美元的“小规模发行人”。《S - B 条例》此前监管 SB - 2 表格的信息披露，该条例与《S - K 条例》并行，后者负责监管小规模发行人按照《1933 年证券法案》或《1934 年证券交易法案》提交的制式表格。1993 年，证券交易委员会采用了另一表格，即先前的“表格 SB - 1”，适用于在 12 个月区间内销售不超过价值 1000 万美元证券的小规模发行人。“表格 SB - 1”是简化版的披露文件，该文件中注册人可以采用传统的描述式或者问答式做信息披露，现在被许可用于《A 条例》下的证券发行（将在本书第十节第五部分讨论）。

2007 年，证券交易委员会取消了此前专门适用于小规模发行人的制式表格和《S - B 条例》。同时，证券交易委员会重新界定了小规模发行人的定义，目的是使更多的公司符合《1933

① 参见 Sec. Act Rel. 33 - 7314（1996）。

② 参见 Sec. Act Rel. 33 - 6949（1992）。

年证券法案》和《1934 年证券交易法案》对小规模发行人适用的新“精简披露要求”。现在,按照《S－K 条例》和现行的《1933 年证券法案》《1934 年证券交易法案》制式表格的要求,发行股票价值低于 7500 万美元的公司,可以适用该精简披露要求。发行股票价值无法衡量的公司,如果此前一年的收益低于 500 万美元,也可适用。此前有资格适用 SB－1 和 SB－2 制式表格的公司,可以适用“表格 S－1”修订版的精简披露要求。

为了减轻稍小规模公司的信息披露负担,2012 年通过的《创业企业融资法案》引入了新增类别报告公司:新兴成长型公司。① 新兴成长型公司是指最近一个财政年度销售总收入小于 10 亿美元的公司。该类公司可以充分利用“首次公开发行”的“过渡期”,减轻或者免除公司首次公开发行后 5 年内大量信息披露和报告的负担。

新兴成长型公司的“过渡期”,极大地减轻了该类公司《1934 年证券交易法案》要求的信息披露义务。例如,证券公开发行后的数年内,新兴成长型公司可以免于披露详细的行政执行官报酬计划、新会计准则合规以及免予将来强制执行的审计师轮换。该“过渡期”也重新引入了市场分析师这一职业,以加强证券的承销。此外,新兴成长型公司可以在提交注册报告书前,通过招徕潜在投资者推销证券,进行发行“试水”。

其他现行适用于特殊情形的《1933 年证券法案》制式表格,包括:“表格 S－4”,适用于企业兼并时的证券发行;“表格 S－8”,适用于员工持股计划的证券发行;以及“表格 S－11”,适用于房地产公司的证券发行。

---

① 参见《创业企业融资法案》106(a),H. R. 3606,112 Cong. 2d sess.(2012)。

由《1933 年证券法案规则》400 ~ 499 构成的证券交易委员会的《C 条例》,是制式表格应包含信息项和指导的补充。该部分规则规定了注册流程以及注册报告书和招股说明书的一般格式。

然而,对这些规则和制式表格的熟悉,仅仅是注册报告书准备工作的开端。《1933 年证券法案》被赋予的功能是要求发行人向公众"呈现"一份文件,该文件告诉潜在购买者作为投资人在购买该证券前应当知晓的事项。然而,该目标并不容易实现。阻碍该目标实现的因素包括:(1)如实告知投资者发行人的真实运营窘境将导致发行人利益难以实现;(2)将复杂的财务计划或经济要素转化为普通投资人能理解语言的表述难度。按照联邦证券法的要求进行信息披露的主要目的,是通过确保负面信息得以披露从而保护投资者不陷入交易陷阱?还是通过要求发行人提供一份包含正面和负面信息的均衡报告,以便投资者在证券投资时作出理性选择?这些问题让实现《1933 年证券法案》被赋予的上述功能变得更加复杂。

多年来,证券交易委员会一直坚持《1933 年证券法案》注册报告书应当仅包含"刚性"信息的立场,如当前或已经存在的事实记录和过去年度的财务报告等。该委员会反对包含诸如财产评估报告和盈利预估这样的"弹性"信息。但是,自 1970 年以来,证券交易委员会开始重新评估该立场,并在 1978 年发布了一个"公告",鼓励发行人将"展望、经济预测和其他前瞻性信息"置入注册报告书中。该政策在当前《S - K 条例》第 10 条中有陈述。

1979 年证券交易委员会通过了"安全港"规则,专门界定了"前瞻性陈述"不被认定为"欺诈性陈述"的情形。[①] 按照上述规

① 参见《1933 年证券法案规则》175 和《1934 年证券交易法案规则》3b - 6。

则,只要前瞻性陈述在作出时是准确的,即使在注册报告书生效时该前瞻性陈述的准确性已经动摇,发行人也不会被追究将该陈述纳入注册报告书中的虚假陈述责任。① 并且 1995 年证券法做出修订,规定当前瞻性陈述附加了"易于理解的警示性说明"时,即不会招致承担虚假陈述的责任。②

为向投资人提供协助说明注册报告书中的"刚性"信息,《S-K 条例》第 303 条要求注册报告书中须包含"管理层讨论和分析"作为补充资料,便于了解发行人资产流动性、资金来源、经营成果、资产负债表外交易、合同义务台账以及"注册人认为便于了解其财务状况、财务状况变化和经营成果所需其他资料"。③

1998 年证券交易委员会通过了《1933 年证券法案规则》421 的修订,要求招股说明书披露在表达方式上须采用"白话英语",包括使用:(1)主动语态;(2)短句子;(3)明白、地道的日常用语;(4)表格化或列表式;(5)非法律化语言或高难度技术、专业词汇;(6)非多重否定表达方式。④

## 第八节 注册程序

按照《1933 年证券法案》第 8 条(a)款的规定,注册报告书

---

① 参考案例:Wielgos v. Commonwealth Edison,892 F. 2d 509(7th Cir. 1989)。

② 参见《1933 年证券法案》第 27A 条和《1934 年证券交易法案》第 21E 条。

③ 参见 Sec. Act Rel. 33 - 6835(1989);In re Caterpillar, Exch. Act Rel. 34 - 30532,1992 WL 71907(SEC 1992)。

④ 参见 Sec. Act Rel. 33 - 7380(1997)。

在提交给证券交易委员会20天后自动生效。此后,发行人可以自由向公众销售证券。但是,该委员会享有特定权力可以推迟或者中止注册报告书的效力。《1933 年证券法案》第8 条(b)款规定,如果注册报告书看起来"在形式上不完整或者在任何重大事项上不准确",该委员会可以颁发命令"拒绝许可该报告书生效"。《1933 年证券法案》第 8 条(d)款规定,如果发现存在对重大事实的虚假陈述或者遗漏,证券交易委员会可以发出"效力停止令",中止注册报告书的效力。

实务中,证券交易委员会(因为时间节点和程序性问题)未曾发布过"拒绝生效令",且只在极端情形下使用过"效力停止令"。奇怪的是,"效力停止令"程序从未用于注册报告书生效后根据该报告书进行的证券销售。正常情形下,该停止令用于以下两种情形:(1)防止存在严重缺陷的注册报告书生效;(2)公布已经发行证券所依据的注册报告书中存在的缺陷。[①]

当然,对向其提交的大多数注册报告书来说,证券交易委员会并非只扮演一个被动接受角色。与之相反,该委员会职员相当一部分时间和精力用于审核注册报告书,以及通过"意见书"(也称为"缺陷函")的方式与发行人交换意见。证券法对该类非正式沟通未作明确规定。在这些非正式交流中,该委员会职员可以坚持对注册报告中原来的表述或建议修改、添加或删减,或要求增加信息项,便于以此为前提作进一步的探讨和沟通。

《1933 年证券法案》第 8 条(a)款是注册程序的法规基础,也是发行人完成注册程序遵循的基本规则。该条款授权证券交易委员会遵照公开标准,许可注册报告书在提交后 20 天之内生

① 参见 Universal Camera,19 SEC 648(1945);Franchard,42 SEC 163(1964)。

效。普通发行人或承销商都希望发行条款和发行价格确定后，立即开始销售。然而，在最初提交的注册报告书中发行条款和发行价格通常留白，该部分信息的确定是通过提交注册报告书的一份“价格补正”完成的。因为《1933 年证券法案》第 8 条 (a)款规定“价格补正”的提交会触发 20 天期间的重新计算，所以证券交易委员会如果同意“加速”生效日期，对每位一旦提交“价格补正”就打算进入发行阶段的发行人来讲至关重要。

在决定是否给予“加速”许可时，证券交易委员会需要充分关注并评估“公众获知信息的充分性、公众了解证券性质的便利性、证券持有人知晓所享权利的情形、公众利益和投资者保护的充分性”等信息。总而言之，证券交易委员会是否作出“加速”的决定，取决于发行人是否按照委员会职员要求配合对注册报告书作增加、删减和变更(或者说服委员会职员该等要求不正当)。但是，在该规则的“注”中，证券交易委员会规定了“加速”的实质性要件，最重要的要求是发行人承诺：公司的行政执行官和董事可能违反《1933 年证券法案》义务，且在法院没有作出其行为未违反公共政策的判决前，公司不向他们支付赔偿金。① 证券交易委员会以满足“公共利益和投资者保护”测试为理由，证明上述要求的正当性，但是证券协会会员们却提出批评，指责该委员会享有的“加速”自由裁量权没有边界。

尤其是发行人按照《1933 年证券法案》提交注册报告书数量大增时，证券交易委员会临时宣布，对表面上看起来没有出现问题的报告书只做“简略”或“概括性”审查，且会依照发行人请求的日期自动加速生效。几名批评者坚持要求证券交易委员会

---

① 参见《1933 年证券法案规则》461；《S－K 条例》第 512 条(h)款。

一并放弃"说明书"程序,并且"允许按照《1933 年证券法案》当初起草时的规定执行"。

多年来,证券交易委员会所持的立场是,发行人只有在其证券临近发行并销售时才能注册,不能注册计划将来销售的证券。但是,1982 年该委员会改变了上述立场,通过了《1933 年证券法案规则》415,增加了"储架注册"发行方式。按照该规则,发行人可以注册一只在两年内随时销售的证券,其发行条款可以随着市场行情和其他因素变化而重新设定。该规则让发行人避免了因每次销售须准备和提交新注册报告书所导致的困扰。"储架注册"发行方式获得了大公司的大力支持,因为他们经常做融资债券的公开发行,且有希望迅速完成的内在需求,便于更好地抓住优惠利率的窗口期。然而,该规则遭到某些大承销商的反对,他们害怕这会对其传统展业模式造成不利影响。1983 年该规则最终获得批准,仅适用于:(1)由其他人而非原发行人的发行;(2)已经构成传统发行证券的持续发行,如员工持股计划;(3)获得使用 S－3 表格资格注册证券的超大公司的债券和股票的发行(见本书第七节)。知名资深发行人有资格自动采用"储架注册"方式发行证券。

1987 年,证券交易委员会通过了《1933 年证券法案规则》430A。按照该规则,注册报告书生效时,相关证券定价和承销条款信息可以不体现在报告书中,只要在报告书生效后 5 天内将上述信息添加到按照《1933 年证券法案规则》424 提交的终版招股说明书中,即符合该规则要求。这种安排取消了注册报告书生效之前最后一刻须提交"定价补正"的要求。按照规则 430A(b),上述被遗漏的信息被认定为构成注册报告书不可或缺的一部分,须承担《1933 年证券法案》第 11 条的责任。但是,

1995 年,证券交易委员会允许使用包含证券发行特定信息的“条款单页”作为招股说明书初稿的补充,进一步放松了对提交招股说明书的限制。[①]

## 第九节 《1933 年证券法案》第 5 条的适用

如上文所述,《1933 年证券法案》立法目的是在信息未被充分披露之前,禁止发行或销售证券。该法案第 5 条是防止该类不合法发行和销售的基本条款。关于如何理解《1933 年证券法案》第 5 条的适用,牢记两个基本模式非常有必要。第一个就是证券从发行人到公众投资者的流动顺序:

*发行人—承销商—交易商—公众投资者*

这个模式并非一成不变,但该模式是《1933 年证券法案》据以作出限制性规定和追究责任的基础。“承销商”被定义为“为进行分销从发行人购入任何证券,或就分销为发行人发售或出售任何证券的任何人”。但是不包括“其利益仅为从经销商或交易商收取不超过分销商或出售人惯常佣金(或折扣)的交易商”。“交易商”是指任何一个作为代理人、经纪人或委托人从事由另外一个主体发行的证券的报价、买入、卖出或其他证券交易活动的人。

按照正常的“全部包销”的承销模式,承销商作为主承销商从发行人处购入证券,然后再卖给交易商,由其销售给公众。例

① 参见《1933 年证券法案规则》434,收录于 Sec. Act Rel. 33 – 7168(1995)。

如,发行人可能把股票按照每股 22 美元卖给承销商,该承销商按照每股 23 美元卖给交易商,再由交易商公开出售给公众,每股收取 24 美元。全部包销的承销商通常采用“固定价格”发行,每个交易商同意按照招股说明书标注的价格向公众诚信销售。与全部包销方式相反,在“最大努力承销”模式中,承销商仅承诺尽最大努力实现销售,从发行人处获得已完成销售部分的佣金。

应牢记的第二个基本模式是《1933 年证券法案》设定的时间顺序,即注册报告书须按照规定日期提交备案,且按照规定日期生效。

注册报告备案日期　　　　　　　　注册报告生效日期

前报告期间　　等待期间　　　　后生效期间

《1933 年证券法案》第 5 条规定了双重要求:(1)除了包含在注册报告书或法定招股说明书的内容外,禁止或限制对正在发行的证券作其他公开说明;(2)确保公众投资者可以获取法定的招股说明书。可惜的是,《1933 年证券法案》第 5 条的架构没有清晰地反映上述双重要求,也没有清晰地厘清注册报告书提交备案和生效日期所界定的三个期间。为了帮助读者更好地理解第 5 条的架构,下面的表格标注了五个次级分割期间,以及适用这五个期间的禁止性规定。

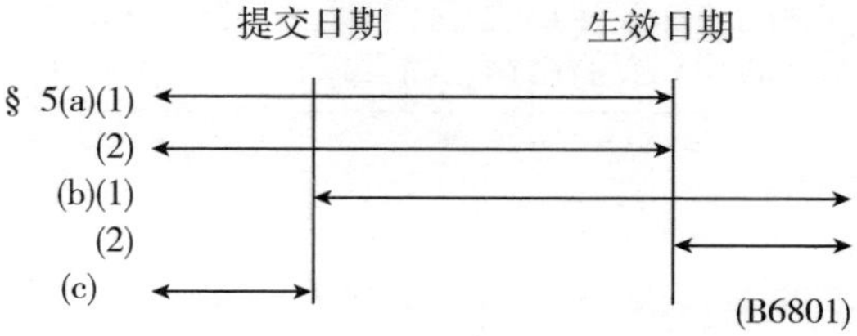

1954 年对证券法的修订导致了第 5 条现在呈现的复杂架构。此前,《1933 年证券法案》第 2 条(a)款(3)项中的“发售”包括发行证券和实际销售证券,而第 5 条禁止在注册报告书生效日之前发行或销售证券。1954 年修正案的目的是让在等待期内使用招股说明书初稿或“红鲱鱼招股说明书”(也称非正式招股说明书)进行书面报价的合法化,甚至鼓励这样操作。因此,第 5 条(c)款禁止在注册报告书提交之前“发行”证券,第 5 条(a)款禁止在注册报告书生效之前“销售”证券;第 5 条(b)款(2)项禁止未同时提供法定招股说明书的证券交付;以及第 5 条(b)款(1)项禁止使用不符合《1933 年证券法案》第 10 条要求的招股说明书,1954 年对第 5 条的修订特别列明了在等待期内使用招股说明书初稿时可以省略的信息。

2005 年证券交易委员会的发行规则改革,对已经发行过证券的公开公司面临的一些问题给予了更确定的答案。这些规则改革实质上将公开公司划分为资深发行人和知名资深发行人这两类,后一类发行人是体量巨大且其证券被更广泛持有的公开公司。①

下面的法规条款和证券交易委员会规则可以帮助读者理解《1933 年证券法案》第 5 条的要求:

| | 《1933 年证券法案》条款 | 证券交易委员会规则 |
|---|---|---|
| 预备案期间 | 5(c),4(a)(1),2(a)(3),2(a)(4),2(a)(11),2(a)(12) | 135,137 ~ 139,141,163 ~ 163A,168 ~ 169,433 |

① 参见《1933 年证券法案规则》405。

续表

| | 《1933 年证券法案》条款 | 证券交易委员会规则 |
|---|---|---|
| 等待期间 | 5(a),5(b)(1),2(a)(10),10(a),10(b) | 134,137 ~ 139,163A ~ 164,168 ~ 169,430,433,460,15c2 – 8 |
| 生效后期间 | 5(b),4(3),2(a)(10),4(a)(3),10(a)(3),17(a)(2),12 | 137 ~ 139,173,174,424,427,10b – 10 |

《1933 年证券法案》第 5 条的适用讨论如下：

## 一、前报告期间

允许包括首次发行的所有公司可以在不晚于注册报告书提交日 30 天前发布不涉及证券发行的信息，其前提为发行人能够采取恰当措施避免在证券发行前 30 日内无须再发布相同信息。对已经发行过证券的公开公司，也称资深发行人，另外设立了条件更宽松的“安全港”。该“安全港”明确许可其发布的信息可以包括“既成事实的商业信息和前瞻性信息”。[①] 该“安全港”的保护同样适用于公司已经在正常商业活动中发布的信息。

《1933 年证券法案》第 5 条(c)款禁止在注册报告书提交前进行任何要约发售或竞价申购活动。但是，《1933 年证券法案》第 2 条(a)款(3)项下的“发售”定义豁免了发行人和承销商以及承销商间进行关于证券发行的初级谈判或临时协议，便于他们在该期间内就发行条款进行谈判。

在此期间禁止向交易商做发售要约，也禁止交易商竞价申购证券，这样就保证在仍然缺少相关可靠信息的情形下，排除订

① 参见《1933 年证券法案规则》168(a)。

单优先权竞争的压力。

为了实现《1933年证券法案》第5条(c)款立法目的,证券交易委员会对“发售”的构成采取了宽松的认定标准。除了正式发售要约之外,由发行人或潜在承销商就发行人业务或发行人从事行业的前景,所做的任何非常规公开宣传“可事实上促成公众心态的形成或激发公众对发行人或其拟发行证券的兴趣,以及所采取的这种方式引发对该公开宣传是否构成部分销售努力的严重质疑”。[①] 在 Loeb,Rhoades,38 SEC 843(1959)案中,证券交易委员会认定,承销商发布佛罗里达州一家土地开发公司拟发行证券的新闻稿违反了《1933年证券法案》第5条(c)款规定,因为关于本次发行,“新闻”价值不足以支持该发布行为的正当性。

鉴于公众持股公司有及时披露重大业务进展信息的义务,《1933年证券法案规则》135允许发行人发布证券发行新闻稿或其他书面形式的宣传,但只允许列明发行人名字、发行目的和发行基本条款(不出现承销商名字)。1995年,证券交易委员会发布一项新规提案,即首次公开上市的公司在提交注册报告书之前,可以通过书面声明或广播稿的形式从潜在投资人中征求投资意向书。相应的书面或广播稿需包含特定具体信息并在首次使用前报送至证券交易委员会。[②] 只要潜在投资人被合理地认定为合格机构购买人或合格投资者,当初为了豁免适用《A条例》(见本书第十节第五部分)而通过的发行“试水”程序,就可以扩展适用到《1933年证券法案》管辖下的全部证券发行注册。

---

① 参见 Sec. Act Rel. 33-3844(1957)。

② 参见 Sec. Act Rel. 33-7188(1995)。

1970年通过、2005年修订的《1933年证券法案规则》137～139许可，即使同一发行人的证券处于公开发售中，经纪商—交易商仍可发布特定种类证券的推荐资料。2018年通过的规则139b将"安全港"拓展适用到对某些投资基金的可研报告。

但在特定复杂情形下，如公司以自己新发行的股票同另一公司股东做换股交易时，发行人关于其证券的陈述可能被认定为违反第5条(c)款，因为该陈述需要按照《1934年证券交易法案》披露条款的要求制作。[①] 1999年，证券交易委员会通过了《1933年证券法案规则》165，涉及要约收购或企业合并须按照《1933年证券法案》做发行股票注册时，放宽了规则对相关报告的限制。

《1933年证券法案规则》169(以下简称规则169)为"既成事实商业信息"提供"安全港"保护。该类信息的发布并非为吸引投资者，而是作为公司日常经营活动的一部分。例如，作为日常经营活动的产品广告受"安全港"保护。规则169的"安全港"保护适用于"非报告公司"[指的是不受《1934年证券交易法案》第13条或第15条(d)款管辖的公司]。该规则下"安全港"保护不适用于作为公开发行内容一部分的报告资料，仅限适用于公司在此前所做的该类报告资料。《1934年证券交易法案》规定的"报告公司"[指的是受《1934年证券交易法案》第13条或第15条(d)款管辖的公司]根据《1933年证券法案规则》168(以下简称规则168)可获得更宽松的"安全港"保护，不仅允许其发布既成事实信息，还可以发布前瞻性信息。与规则169

① 参考案例：Chris－Craft v. Bangor Punta，426 F. 2d 569(2d Cir. 1970)；及参见Sec. Act Rel. 33－5927(1978)。

相同，规则 168 提供给“报告公司”的“安全港”保护，仅适用于“信息的发布或散发在时机、方式和格式方面与过去散发和发布的类似信息无实质性差别的情形”，但同时将“包含作为发行活动一部分的关于注册发行、发布或散发信息的报告”排除在“安全港”保护之外。规则 168、规则 169 规定的“安全港”保护，均适用于第 5 条(c)款“抢跑”(“抢跑”是指新证券发行过程中，在未得到监管部门最终批准前，就已发出销售报价的承销机构的发布行为)以及在等待期间和后生效期间发布的资料信息，这一点与第 2 条(a)款(10)项涉及招股说明书定义的规则相同。

2012 年《创业企业融资法案》引入一个有限制的“试水”条款，适用于新兴成长型公司证券的注册发行。[①] 新兴成长型公司，是指在最近一个财政年度年主营业务总收入小于 10 亿美元的发行人。[②]《1933 年证券法案》第 5 条(d)款允许该类新兴成长型公司及其承销商进行发行“试水”，也就是在提交注册报告书之前通过接触合格机构投资者和合格机构买家，来测试是否存在足够的购买意向。《创业企业融资法案》也增加了一个条款，允许新兴成长型公司提交注册前的可研报告。这类可研报告仅限于向合格机构投资者和购买人提供。新兴成长型公司可以在保密条件下向证券交易委员会提交注册报告书草稿。公开提交注册报告书 21 天后，新兴成长型公司可以进行证券发行的路演。

---

① 参见《创业企业融资法案》第 106 条(a)项，H. R. 3606，112 Cong. 2d sess. (2012)。

② 参见《1933 年证券法案》第 2 节(a)款(19)项，《美国法典》第 15 篇第 77 章 b 条(a)款(19)项；《1934 年证券交易法案》第 3 节(a)款(80)项，《美国法典》第 15 篇第 78 章 c 条(a)款(80)项。

## 二、等待期间

《1933 年证券法案》第 5 条于 1954 年作出修订，允许证券在注册报告书提交和生效之间的等待期内“发行”，但不允许实际销售。在该等待期内，对证券口头上的“发行”没有任何限制。但是，《1933 年证券法案》第 2 条(a)款(10)项规定任何“发行”均须写入“招股说明书”，除非该说明书按照《1933 年证券法案》第 10 条的要求包含了相关信息，《1933 年证券法案》第 5 条(b)款(1)项规定在注册报告书提交后任何派发“招股说明书”的行为均为违法。第 10 条要求的某些信息通常在承销协议签署和发行价格确定之前并不存在。《1933 年证券法案》和其他规则针对这个问题提供了解决路径，在等待期内使用两种书面发行材料，即招股说明书初稿和“墓碑广告”。“墓碑广告”包含发行人的名称、发行数额、发行人简介、预估发行价格、主承销商名称等内容，其所包含的内容一般来说没有招股说明书初稿的内容详尽。因为在发布时周围要罩上黑框，形似墓碑，所以被称为“墓碑广告”。罩上黑框的目的在于提醒投资者，该股票发行尚处于等待阶段，注册尚未生效。

《1933 年证券法案》第 10 条(b)款规定，如果符合第 5 条(b)款(1)项的要求，证券交易委员会允许发行人使用省略版，或第 10 条(a)款要求的概括信息版招股说明书初稿。依据该授权，证券交易委员会通过了《1933 年证券法案规则》430，该规则允许在注册报告书生效前，招股说明书中可以省略发行价格和相关信息，但在该类招股说明书初稿上必须印制特殊标志。[①]

① 参见《S－K 条例》第 501 条(c)款(8)项。

该类招股说明书初稿也被称为“红鲱鱼招股书”。

基于《1933 年证券法案》第 19 条授予的概括性裁量权，证券交易委员会通过了《1933 年证券法案规则》134，按照《1933 年证券法案》第 2 条(a)款(10)项下“招股说明书”的定义，可以排除那些仅包含拟发行证券某些特定信息的告示。例如，关于发行人的事实信息和证券名称。按照该规则，该类告示也必须印有特殊标志。根据习惯，在该类告示的周边放置黑边框，即“墓碑广告”。

《1933 年证券法案规则》163、164 允许发行人使用的“自由撰写招股说明书”，实质上是一份包含发行后销售的书面通信资料(包括图标性和电子交流的资料)。① 然而，“自由撰写招股说明书”包含的信息，不得与向证券交易委员会提交的信息以及按照《1933 年证券法案》提交注册报告书中的信息相冲突。另外，作为概括性要求，公司使用“自由撰写招股说明书”的前提条件是其包含达到如下效果的声明，即正在按照注册报告书推动证券发行。“自由撰写招股说明书”也应当标明注册报告书和法定招股说明书获取的方法和途径。

按照其公开交易证券对公司所作的分类，将决定该公司是否可以使用“自由撰写招股说明书”。② 一般来说，不管其注册报告书是否已经提交，新兴成长型公司都可以自由使用。新兴成长型公司和资深发行人公司无须交付纸质版的法定招股说明书。当派发新兴成长型公司和资深发行人公司“自由撰写招股说明书”时，如果包含了代表告知接收人注册报告书已提交的

① 参见《1933 年证券法案规则》405。
② 参见《1933 年证券法案规则》163、164。

特殊标志、证券交易委员会的网址和链接,以及索取法定招股说明书的免费电话号码的,则被认为已经包含足够告知信息。对新兴成长型公司发行人,“自由撰写招股说明书”被限制在注册报告书提交之后方可使用。至于“非报告公司”和“非资深报告公司”发行人,在大多数情形下,由该发行人或其代表起草的“自由撰写招股说明书”,必须与纸质版最新法定招股说明书同时或者在其后发布。在很多时候,“自由撰写招股说明书”在使用之前,须提交给证券交易委员会。向证券交易委员会提交该报告时,非故意导致的非重大失误不会自动触犯《1933 年证券法案》第 5 条(b)款的规定。

与前报告期间相同,规则 168 和规则 169 为按照《1933 年证券法案》注册的发行人发布既成事实信息和按照《1934 年证券交易法案》提交报告的公司发布前瞻性信息,提供“安全港”保护。

按照《1933 年证券法案》字面表述,为了符合第 5 条(b)款的要求,发行人需要提交纸质版的招股说明书。然而,《1933 年证券法案规则》173 执行“链接法定招股说明书即等于交付该说明书”,发行人成功发布法定招股说明书的链接通知,即符合第 5 条(b)款对说明书的可及性要求。

上述规则允许发行人在等待期内将书面信息发布给潜在投资者,但并非这些规则要求发行人这样操作。20 世纪 60 年代,证券交易委员会关注到如下事实,即投资者购买证券后仍未看到招股说明书初稿,也未曾收到终版招股说明书。因而,在 Sec. Act Rel. 33 – 4968(1969)中,证券交易委员会宣布在加速生效注册报告书之前,主承销商必须提交一份书面报告,证明招股说明书初稿复印件在购买确认书返回 48 小时前,就已经邮寄给了全体潜在购买人。该要求现在已经并入《1934 年证券交易法案规则》15(c)(2)~(8),纳入该法的反欺诈条款,同时要求交易商采取合理措施,确保招股说明书初稿的复印件提供给每位从事发行的销售代表,并到达索要该材料的每个客户手中。

1999 年,证券交易委员会放松了规则限制,该类规则涉及基于要约收购和合并需求,要求按照《1933 年证券法案》进行股票注册的事前"报备"文件。按照《1933 年证券法案规则》165 的规定,先于提交《1933 年证券法案》规定的注册报告书而公开宣布合并或者要约兼并之前所做的事前"报备"文件,将不被认定为该法案第 5 条(b)款(1)项立法目的上的招股说明书。

### 三、后生效期间

注册报告书生效后,承销商和交易商可以报价并向任何人销售证券,问题是终版招股说明书在什么情形下必须交到证券购买者手上。一般来说,下列情形下招股说明书必须交付给投资人或保证投资人通过网络链接获得该说明书:(1)承销商初始承销额度项下未销售部分的继续销售;(2)公开发行开始后特定时间内,卖给公众的证券被交易商回购,在回购后再将其销售。上述操作源自下面复杂条款的规定。

按照《1933 年证券法案》第 5 条(b)款(2)项的规定,证券的每次跨州销售,招股说明书均须交到投资者手上。然而,《1933 年证券法案》第 4 条(a)款(1)项规定,由"发行人、承销商或交易商"之外任何人进行销售,豁免其交付招股说明书的义务。《1933 年证券法案》第 4 条(a)款(3)项豁免了"交易商"全部销售的交付招股说明书义务,但下列两种销售情形除外:(1)由发行人直接或通过承销商分配给交易商的初次证券销售，不管该交易商持有该证券的时间长短[《1933 年证券法案》第 4 条(a)款(3)项(C)目]；(2)交易商将公开发行中售给公众的证券回购后再销售，但仅限于发生在首次公开发行后特定时间内[《1933 年证券法案》第 4 条(a)款(3)项(A)目和(B)目]。第 4 条(a)款(3)项规定，此前发行人按照《1933 年证券法案》注册过的证券，在上述第 2 种销售情形下须交付招股说明书的责任期间为 40 天；此前发行人未做过发行注册的证券，则该期间为 90 天[《1933 年证券法案》第 4 条(a)款(3)项最后一句]。然而，证券交易委员会利用该条中获得的豁免授权，通过了另一个豁免《1933 年证券法案规则》174。按照该规则，如果在提交注册报告书之前，发行人已经是按照《1934 年证券交易法案》提交过报告的"报告公司"，其证券公开发行后再次销售不管经历了多长时间，交易商都不需要提供招股说明书。1987 年，《1933 年证券法案规则》174 作出修订，将在证券交易所挂牌或在纳斯达克系统交易的证券，其交付招股说明书的责任期间缩短至 25 天。《S－K 条例》第 502 条(e)款规定，对任何交易商必须交付招股说明书的再销售交易，该招股说明书必须列明交付期限的截止日期。

《1933 年证券法案》第 4 条(a)款(3)项(A)目是针对未经注册就向公众非法发行的证券。其发行满 40 天后，允许交易商从事该类证券的交易。在 Kubik v. Goldfield，479 F. 2d 472(3d Cir. 1973)案中，法庭认为"出于决定交易商是否享有第 4 条(a)款(3)项下豁免的目的，当证券首次出现在'粉页'时，即使是未做过注册的'非法'证券，仍可以向公众做'善意'发行"("粉页"是指关于柜台交易证券每日报价的出版物)。

如果招股说明书生效过了相当长时间后，仍要求交易商承担交付招股说明书的责任,则会产生以下两个问题:第一,《1933年证券法案》第10条(a)款(3)项要求,招股说明书生效日期满9个月后须更新,以保证其包含的信息不超过16个月;第二,不管9个月是否期满,交易商必须确保招股说明书内容准确,且是对公司最新状况的陈述。即使招股说明书在生效时完全准确,但在交付时因未做更新存在误导性,将触犯《1933年证券法案》第17条(a)款(2)项的规定,且招致交易商承担《1933年证券法案》第12条(a)款(2)项规定的责任;也可能被认定为构成违反《1933年证券法案》第5条(b)款(2)项,招致交易商承担《1933年证券法案》第12条(a)款(1)项规定的责任。[①] 交易商可以对招股说明书作出变更或补充,以反映其生效日后发生的事项;然而,如果发生的是"实质性"变更,则须在使用前按照《1933年证券法案规则》424的规定向证券交易委员会提交5份变更后的版本。如果是按照《1933年证券法案规则》415的规定(见本书第八节内容)为迟延发行的证券而注册的情况,则须以提交注册报告书后生效修正的形式披露变更,以符合《S-K条例》第512条(a)款的要求。

## 第十节 《1933年证券法案》证券注册豁免

按照《1933年证券法案》第10条的规定,除非获得了《1933年证券法案》第3条或第4条的专门豁免,否则任何人销售任何

① 参考案例:SEC v. Manor,458F. 2d1082(2d Cir. 1972)和 SEC v. Southwest, 624 F. 2d 1312(5th Cir. 1980)。

证券均必须进行注册。《1933 年证券法案》第 3 条(a)款(2) ~ (8)项和第 3 条(c)款豁免了特定种类证券的注册要求。《1933 年证券法案》第 3 条(a)款(1)项和(9) ~ (11)项,第 3 条(b)款和第 4 条豁免了特定种类交易下证券的注册要求。对后一种类型最重要的豁免条款是《1933 年证券法案》第 4 条(a)款(1)项,该项规定豁免"除发行人、承销商或交易商之外的任何人从事的交易"。该项规定连同《1933 年证券法案》第 4 条(a)款(3)项一起豁免了交易商在大多数交易项下的注册义务,即有效地免除了几乎全部二次交易(以已经发行的证券作为交易标的的交易)按照《1933 年证券法案》进行注册的义务。然而,按照该条款其余部分的规定,存在某些涉及发行人交易的重要豁免,也存在发行人之外他人销售证券却需要注册的情形。

应当注意的是,尽管以下描述的豁免来自或基于《1933 年证券法案》专门条款,但是 1996 年关于《1933 年证券法案》的修订案,授权证券交易委员会享有豁免任何证券交易或任何种类证券交易注册的权力。因此,未来发生的豁免不一定局限于这些已知的法定豁免类别。[①] 一直以来,证券交易委员会对《1933 年证券法案》第 28 条所赋权力的行使相对比较节制。然而,该委员会最近已经行使第 28 条的授权,提高了《A 条例》、众筹以及《1933 年证券法案规则》504 项下豁免的美元发行金额上限。[②]

注册豁免的证明责任由豁免申请者承担。要求豁免申请者承担举证责任的目的,就是要求他们在事实上必须尊重并满足

---

① 参见《1933 年证券法案》第 28 条。

② 参见《通过改善私人市场的资本准入促进资本形成和扩大投资机会》。Sec. Act Rel. No. 33 – 10884, Sec. Exch. Act Rel. No. 34 – 90300, Inv. Co., Act Rel. No. IC – 34082(SEC Nov. 2, 2020).

豁免的成立条件且从严把控。鉴于豁免条款的适用条件苛刻以及沉重的举证责任,为了确保豁免成立,发行人必须仔细设计交易架构并做好记录。在设计交易架构时须非常仔细,因为豁免极易被否决。例如,只要发行对象或购买者存在一个不合格者,就可能毁掉全体购买者本该享有的本次豁免。

"一体化"规则是《1933 年证券法案》注册豁免成立的另一个障碍(见本书第十节第十部分)。按照该规则,多笔从形式上可以区分开来的交易将被严格认定为属于同一笔交易,以确定豁免是否成立。例如,看起来可以获得豁免的两笔交易可能被合并,而合并的后果是本来的两个豁免交易机会就此不复存在。"一体化"规则不限于整合连续的豁免交易,也可用于整合一笔豁免交易和一次注册发行。

一旦豁免被剥夺或者不再适用,除非获得其他的豁免,否则本次全部发行和销售即被认定为一次注册豁免失败的发行,将被认定违反《1933 年证券法案》第 5 条。按照《1933 年证券法案》第 12 条(a)款(1)项的规定,已销售证券但违反第 5 条规定的购买人,享有为期一年的交易撤销权。

## 一、私募

对有募集资金需求但不希望进行证券注册的普通公司发行人,《1933 年证券法案》第 4 条(a)款(2)项规定"发行人不涉及任何公开发行的交易"享受注册豁免,这是他们最重要的豁免机会。相当数量的证券发行和销售就是依据这项豁免规定实现的。

由机构投资者投资的"私募"占该类发行的大部分,最典型的就是向一家或几家保险公司或养老基金销售的票据、债务契据。通常,证券交易委员会不反对该类交易享受《1933 年证券法案》第 4 条(a)款(2)项的豁免,因为此时购买者要求发行人向自己提供的信息比注册报告书还要详细,且能获得注册证券普通购买人不享有的其他保护。

私募发行豁免当然也适用于符合基本认定标准的其他种类证券的发行。有效利用该豁免的两种情形包括:(1)向公司重要雇员的定向发行;(2)采用换股方式获取关闭公司股票的发行。

难度最大的情形是适用《1933 年证券法案》第 4 条(a)款(2)项豁免,是向有限人数做的促销发行。证券交易委员会和法院关于可以采用哪种方式以及可以向哪些人做“非公开发行”的限制性解释,加上如果豁免条件没有被严格遵守,则须承担《1933 年证券法案》第 12 条(a)款(1)项的严格责任,使很多律师怀疑第 4 条(a)款(2)项的豁免在该情形下是否曾被顺利适用过。

在 SEC v. Ralston Purina,346 U. S. 119(1953)案中,美国最高法院拒绝接受如下建议:《1933 年证券法案》第 4 条(a)款(2)项的适用应当取决于发行对象的人数,或者限制为仅向确定的一类人发行(向发行人的“关键”雇员发行就属于该种情形)。相反,美国最高法院认为,该豁免应取决于证券发行对象是否“需要获得《1933 年证券法案》的保护”。此前的情形是,美国最高法院裁定,案涉的雇员“没有被证明有权接触注册发行须披露的信息”,因此他们“有权获得《1933 年证券法案》第 5 条的保护”,所以不给予该次发行豁免。

证券交易委员会随后进一步阐述了由最高法院明确的判断标准,表示除了其他因素之外,将考虑发行对象身份和他们与发行人的关系、发行规模和发行计量单位、依赖投资银行和证券交易所的程度以及首发投资人持有证券的时间等。[①] 然而，第五巡回法庭于1971年和1972年作出的两项限制性判决（其中一例证券交易委员会采取了极端限缩性豁免观点）导致对如下情形产生疑问，即除发行对象凭借“内部人”身份有权获得发行人全部重要信息情形之外，为新项目募集启动资金而向小数量人群的发行，是否可以获得豁免？[②] 这些判决增加了探索更具有“客观性”标准的压力，以便认定什么因素构成的“私下”发行可获得《1933年证券法案》注册豁免。

1974年4月，证券交易委员会通过了《1933年证券法案规则》146（随后被废除，《1933年证券法案规则》506替代之），规定了更具有“客观性”的标准。然而，由于《1933年证券法案规则》146特别复杂、技术性极强，很多人抱怨该规则给通过非公开发行方式募集资金的小型或成长型公司造成了极大负担。作为《D条例》（见本书第十节第三部分）的一部分，证券交易委员会用稍微简化的《1933年证券法案规则》506替代了《1933年证券法案规则》146，并借助于《1933年证券法案》另一条款［第3条（b）款］向该类融资提供便利。

## 二、小规模发行

《1933年证券法案》第3条（b）款授权证券交易委员会查明发行“所涉金额很小或者存在公开发行局限性”，并认为没有必要进行注册时，有权“按照其规则和条例”豁免注册不超过特定

---

① 参见 Sec. Act Rel. 33 –4552（1962）。

② 参考案例：Hill York v. American Int’l,448 F. 2d 680（5th Cir. 1971）；SEC v. Continental Tobacco,463 F. 2d 137（5th Cir. 1972）。

金额的发行。一直以来，由国会决定豁免的美元金额上限从最初的10万美元开始定期调涨，最近一次调涨发生在1980年，从原来的200万美元调高到500万美元。[①] 根据该授权，证券交易委员会通过了大量规则，连同《A条例》（见本书第十节第五部分）规定的通用豁免规则一起，豁免某些特定种类证券发行。1996年国会通过了《1933年证券法案》第28条，授予证券交易委员会更多概括性豁免权，500万美元上限额已经被证券交易委员会制定的《1933年证券法案规则》504突破了，从而失去了限制作用。《1933年证券法案》第3条（b）款（2）项作为第3条（b）款（1）项规定的500万美元上限的补充条款（下文将讨论），使依据《A条例》发行的豁免上限提高到5000万美元。《A条例》规定的二级发行上限也从此提高到了7500万美元。

为了向小额发行提供简化的豁免，1975年证券交易委员会通过了前《1933年证券法案规则》240，随后又通过了前《1933年证券法案规则》242。1980年美国国会通过了《1933年证券法案》第4条（a）款（5）项，豁免了仅面向"合格投资者"（由证券交易委员会通过规则认定的、包括特定类别机构和其他等级的投资者）不超过金额500万美元的证券发行。

上述立法发展为现在由《D条例》管辖的私募和小规模发行豁免协调运作搭建了平台。

### 三、《D条例》

1982年，证券交易委员会在简化和协调有限规模发行的豁免方面采取了重大举措，废除了前《1933年证券法案规则》146、

---

① 参见《1933年证券法案》第3条（b）款（1）项。

240、242，取而代之为《D 条例》，由《1933 年证券法案规则》501～508构成。

《D 条例》不是单一的豁免规则整合，而是由两个独立又相互关联的豁免规则构成。《1933 年证券法案规则》504 豁免 12 个月内不超过 1000 万美元的特定发行。依据《1933 年证券法案》第 4 条（a）款（2）项发布的豁免《1933 年证券法案规则》506，允许仅面向合格购买人进行非公开发行，其注册义务可被豁免且不受发行金额限制。

**定义**。《1933 年证券法案规则》501 界定了《D 条例》使用的术语。其中最重要的术语是“合格投资者”，其定义包括：（1）银行、经纪公司、保险公司、投资公司和雇员特定受益计划主体；（2）私人业务开发公司；（3）资产超过 500 万美元的慈善机构或者教育机构；（4）发行人的全体董事、执行官或普通合伙人；（5）净资产超过 100 万美元的自然人；（6）年收入超过 20 万美元的自然人（或与配偶或共同居住人的总收入超过 30 万美元的自然人）；（7）由“高级管理人才”经管的超过 500 万美元的信托；（8）全体股东均符合前述“合格投资者”条件的实体企业；（9）投资超过 500 万美元的非基于证券发行目的成立的实体；（10）任何拥有证券交易委员会批准的专业证书的信誉良好的人；（11）《1940 年投资公司法案规则》3c－5（a）（4）认定的发行人的知识型雇员；（12）掌管超过 500 万美元的家族财富管理办公室；（13）《1940年投资顾问法案规则》202（a）（11）（G）－1 定义的“家族客户”。

《1933 年证券法案规则》502 规定了所有按照《D 条例》进行发行的条件。

**整合**。间隔超过 6 个月的分次发行不被认定为单次发行的部分发行。在 6 个月之内的两次发行是否被认定为单次发行，取决于证券交易委员会传统上认定其是否具备五个要素，即本次发行是否为：(1)单次融资行为的一部分；(2)涉及同一类别证券；(3)发行时间是同时或临近；(4)相同的购买对价；(5)基于相同的融资目标。

**信息披露**。如果发行人按照《1933 年证券法案规则》504 销售，或者仅向合格投资者销售，则没有向发行对象或购买者提供信息的特别要求。按照《1933 年证券法案规则》505、506 的规定，如果发行人仅向非合格投资者销售，那么如下信息须向全体非合格购买者披露。

如果发行人未按照《1933 年证券法案》进行注册，关于发行人的信息应作如下区分：(1)如果该次发行金额不超过 200 万美元，按照《A 条例》发行通函执行(见本书第十节第五部分)；(2)如果本次发行金额介于 200 万美元至 750 万美元之间，则允许使用“表格 S－1”作有限披露；(3)如果发行规模超过 750 万美元，则发行人有权使用表格形式的注册报告书。

如果发行人按照《1934 年证券交易法案》注册，则应提供其最近的股东年报和表决权代理征集声明，或最近向证券交易委员会提交的年报信息，以及专门更新和补充的信息。

**发行方式和转售限制**。不允许进行公开募集和一般公开发行。按照《D 条例》销售的证券被认定为购自非公开发行的证券，除非按照《1933 年证券法案》第 4 条(a)款(1)项或《1933 年证券法案规则》144(见本书第十节第九部分)获得豁免，否则在未注册的前提下不允许转售。发行人必须采取某些专门预防措施，以确保购买者不进行转售。

**通知**。《1933 年证券法案规则》503 要求，按照《D 条例》作出的任何销售通知必须同步提交证券交易委员会。如没有通知不丧失本次豁免,但是按照《1933 年证券法案规则》507 的规定,因为未通知而受到惩罚的发行人将丧失按照《D 条例》再次发行证券的资格。

**《1933 年证券法案规则》504**。按照《1933 年证券法案规则》504 的规定,在任一 12 个月期间内不需要向购买人披露任何信息的情况下,发行人可以向任何数量的购买者、合格或非合格投资者销售累计不超过 1000 万美元的证券。此前,《1933 年证券法案规则》504 是根据《1933 年证券法案》第 3 条(b)款获得的豁免,但是按照《1933 年证券法案》第 28 条的规定,豁免上限金额从第 3 条(b)款(1)项规定的 500 万美元提高到现在的 1000 万美元。若州法对招股说明书的信息披露要求与《1933 年证券法案》类似的,则《1933 年证券法案规则》502 对发行方式的限制和《1933 年证券法案规则》144 对购买者转售的限制均不适用。除投资公司、《1934 年证券交易法案》管辖的注册公司和"空白支票公司"(对使用发行证券所得资金缺乏任何明确商业规划的公司)之外的任何发行人,均可获得豁免。

**《1933 年证券法案规则》506**。按照《1933 年证券法案规则》506(以下简称规则 506),发行人可以向任何数量的合格投资者和最多 35 名非合格投资者销售不限金额的证券,此时不被认定为"公开发行"。在销售之前,该发行人必须合理地相信每一名非合格投资者或者他的"购买代表"(《1933 年证券法案规则》501 已对该术语作出界定),具备相应的财务或商业事务的知识或经验,并足以保证他们能够评估本次投资的优势和风险。如果存在非合格投资者,《1933 年证券法案规则》502 规定的信息必须提供给投资者。全部发行人均可享受豁免。规则 506 不允许通过公开渠道召集投资者。但是,证券交易委员会于2013年作出对招徕的对象限于合格投资者的规定,排除了规则506中禁止通过公开渠道召集投资者的适用。规则506禁止任何其他形式的通过公开渠道召集投资者的行为。

《1933年证券法案》第4条(a)款(2)项认定按照规则506发行的为非公开发行。规则506规定的发行方式并不是排他性的非公开发行方式。《D条例》的注解专门声明,未能满足规则506的全部条款和条件的,不应当假定《1933年证券法案》第4条(a)款(2)项规定的豁免不存在。因为规则506是根据《1933年证券法案》第4条(a)款(2)项发布的,符合《1933年证券法案规则》506的发行可以获得州注册和披露豁免。[①]

**《1933年证券法案规则》508**。《1933年证券法案规则》508规定,发生"非重大偏离"《D条例》要求时,只要发行人作出过合理、善意的合规努力,且该偏离不涉及违反保护投诉方的条款或条件,则不导致丧失豁免。

**第4条(a)款(5)项**。回顾一下《1933年证券法案》第4条(a)款(5)项,其豁免的仅是以合格投资人为目标的发行,合格投资人不是发行人通过公开渠道召集投资者的一部分。基于《1933年证券法案》第4条(a)款(5)项的适用目的,证券交易委员会也在1982年通过了《1933年证券法案规则》215,对术语"合格投资人"作出定义,包括了《1933年证券法案规则》501列出的各个类型的投资者。因此,《1933年证券法案》第4条(a)款(5)项规定,是仅向合格投资者作上限500万美元发行的豁免替代。2020年,证券交易委员会将该定义扩展到13类合格投资人。

① 参见《1933年证券法案》第18条(a)款、(b)款(4)项(D)目。

## 四、州内证券发行

《1933 年证券法案》第 3 条(a)款(11)项豁免"证券发行人公司成立于本州且其业务范围限于本州,仅向本州居民发行或销售其发行证券部分的任何证券"的注册要求。注意该豁免与《1933 年证券法案》涉及适用州际商业设施的司法管辖条款不同。即使使用了邮递或其他州际通信设施,只要发行人和全体发行对象和购买人与该州存在符合要求的联系,即可以获得州内发行豁免。

在决定是否豁免时,因为存在对所涉发行对象的严格要求,除非将公开发行限制在远离州界的区域,否则州内豁免实际上很难落地。不仅要求每一个购买者,而且要求每一个发行对象,都必须是本州"居民"[通常被认定为等同于"居所",因为一个人可能仅存在一个第 3 条(a)款(11)项意义上的居所]。这就意味着只要向一名非居民发行,就足以丧失豁免资格。另外,在证券"静止"之前,由原购买者向非居民转售,将会回溯性地丧失豁免。但是,在一个案例中,向非州内居民首次销售发生在公开发行 7 个月后,法院判定销售者获得了初步的豁免权,但还须由购买者证明原购买者(本案的销售者)当初购买证券时即有转售意图。[①] 就发行人而言,证券交易委员会和法院已经对其"从事业务"的要求作出解释,要求发行人在本州内开展的不只是部分业务,更应是"主要"业务。[②] 证券交易委员会的基本立

---

① 参考案例:Busch v. Carpenter,827 F. 2d 653(10th Cir. 1987)。

② 参考案例:SEC v. Truckee Showboat,157 F. Supp. 824(S. D. Cal. 1957);Chapman v. Dunn,414 F. 2d 153(6th Cir. 1969)。

场一直是提供豁免，目的是让“当地企业在当地融资，通过当地人的投资来实现融资”。[①]

在认定何时满足《1933年证券法案》第3条(a)款(11)项的要求时，为了给发行人提供更大的确定性，证券交易委员会在1974年通过了《1933年证券法案规则》147(以下简称规则147)作为“安全港”，对本条中的特定术语作出定义。按照第3条(a)款(11)项的法定要求，规则147要求公司有合理理由相信全体发行对象均为发行所在州居民。按照规则147，只有满足以下条件，发行人才可以被认定为在该州“从事业务”：(1)从该州获得了80%以上的营业收入；(2)其总资产的80%以上位于该州；(3)计划将发行所得资金的80%以上投入该州；(4)在该州拥有主办公场所。另外，关于本次州内发行是否已经“静止”在州内，或者仅是跨州发行第一步的问题，该规则明确，如果首次发行完成后至少9个月内没有向该州的非居民转售，本次发行将被认定为“州内”发行。

《1933年证券法案规则》147A(以下简称规则147A)是为了向州内众筹发行提供便利，但又不限于该类发行。该规则是一项独立的豁免规则，不受第3条(a)款(11)项的限制，除非这些限制被并入该规则。规则147A与规则147并行，但是允许发行人的设立地址在其主营业地所在州之外。另外，只要实际购买者限制为发行所在州的居民，规则147A允许州外发行对象的存在。规则147A对购买者身份的要求并没有注明发行对象必须全部是该州居民，因为其主要目的是便于州内众筹发行。规则147A对州内发行的其他要求，与规则147及第3条(a)款

---

① 参见Sec. Act Rel. 33－4434(1961)。

（11）项规定的“安全港”要求一致。

## 五、《A 条例》

最初的同时也是一段时间内最广泛利用《1933 年证券法案》第 3 条（b）款对小规模发行的豁免，是按照《A 条例》享有的适格豁免。

对小规模发行来说，经过多年发展的《A 条例》演变成了不像是豁免，更像是一种简化版的注册。与前述的豁免不同，该豁免不是通过证明特定条件的存在而获得，而是因为发行人已经遵循的程序在诸多方面与《1933 年证券法案》注册程序相似而获得。

《A 条例》豁免的证券使用发行通函发行，其方式与注册发行时使用招股说明书发行相类似。为了能适用《A 条例》规定的豁免，发行人在任何 1 年内发行的证券总金额不可超过 7500 万美元。正如第 3 条（b）款的情形，《A 条例》豁免发行的美元金额上限随着时间的推移而逐渐提高。鉴于被强加的信息披露负担和此前 500 万美元的发行金额上限，与《D 条例》规定的豁免相比，《A 条例》的豁免适用频率相对较低。然而，如前文所述，《创业企业融资法案》提高《A 条例》豁免上限金额至 5000 万美元后，《A 条例》焕发了活力。2015 年 3 月，证券交易委员会修订了《A 条例》，划分了两个级别的豁免：“级别一”为每年发行额度不超过 2000 万美元的发行豁免；“级别二”为每年发行额度不超过 5000 万美元的发行豁免。2020 年 11 月，证券交易委员会又将《A 条例》“级别二”的豁免金额提高至 7500 万美元。此前，《A 条例》不向公众持股公司提供豁免，但是目前已经通过扩大豁免范围将其纳入。

为了满足《A条例》的豁免要求，发行人（以及销售股东，即在股东做进一步分销情形下）必须满足《A条例》关于通知和披露的要求，包括发行通函的交付要求。如此一来，在实质上与“小型注册”有了相同的效果。《A条例》要求的披露报告包含正常注册报告书中的大部分信息，并且《1933年证券法案规则》253对发行通函的交付要求与《1933年证券法案》第5条（b）款关于招股说明书的要求相似。同样地，在满足《A条例》证券销售条件的日期之前，《1933年证券法案规则》255允许使用发行通函初稿。与正常注册发行相比较，《A条例》对前注册期间招徕投资者的“抢跑”行为，规定得更加宽泛。尤其是，《1933年证券法案规则》254允许发行声明公布之前即可以招徕投资者。该程序被通俗地称为“试水”。

由此可见，《A条例》在诸多方面的要求与正式注册发行的要求相似。但是，需要注意的是，《A条例》的确规定了注册“豁免”，而不是另一种形式的注册规定。尽管其最终不被认定为一种正式的证券注册，但依据《A条例》制备的通知表格和发行通函中如果存在虚假陈述，仍然会触犯《1933年证券法案》中的反欺诈条款。只是此时无须承担第11条规定的责任，因为第11条只追究正式注册报告书中发生重大虚假陈述或事实遗漏的责任。

## 六、众筹

众筹是一种较新的资金募集方式。社交网络成为被用于资助电影制作或其他形式艺术以及募集慈善资金的媒介。该类及其他类似募集资金的手段被称为众筹。众筹类似于借助大量人群集体合作式的“众包”，通常需要借助社交媒体或者互联网完成。众筹通常用于为其他国家的创投企业募集资金，但在2012

年国会出台《创业企业融资法案》和新增《1933 年证券法案》第 4 条(a)款(6)项前,众筹需要根据《1933 年证券法案》的规定在美国注册。新规定出台后,每年募集金额 500 万美元以下的众筹可豁免注册。众筹规则也对单一投资者单次投资的上限作出了限制。众筹规则被收集入《CF 条例》中,并被编纂为 17 C. F. R. § § 227. 100 et seq。

作为联邦法对众筹豁免的补充,越来越多的州对《1933 年证券法案》第 3 条(a)款(11)项规定的适格联邦注册豁免的州内众筹,提供本州豁免。[①]（发行人可以借助其他豁免向合格投资者和机构投资者发行并销售证券。如上述讨论,如果每项豁免的条件均满足,则可以同时向各类投资者发行证券。)如前文所述,规则 147A 适用于州内众筹发行的豁免。

根据《1933 年证券法案》第 4 条(a)款(6)项的规定,每年豁免上限金额为 100 万美元的众筹发行,条件是向投资人做信息披露。证券交易委员会把众筹上限金额提高到 500 万美元。新豁免规定增加了提交注册众筹手册的要求,并且收走了大量州对众筹行为的监管权力。该豁免要求限制一家公司向单个投资人的募集资金金额上限。即在 12 个月内,对年收入或者资产净值低于 10 万美元的投资人群体,一家众筹公司向该群体单个投资者销售的证券不得超过 2000 美元或者其年收入或资产净值的 5%;对年收入或者资产净值超过 10 万美元的群体,12 个月内众筹认缴额最高占其年收入或资产净值的 10%,但金额不得超过 10 万美元。现在一家公司在 12 个月内豁免众筹募集的

---

① 参见 Sec. Act Rel. No. 33 – 9974, Sec. Exch. Act Rel. No. 24 – 76324, 2015 WL 7273273(SEC Oct. 30, 2015)。

资金上限为 500 万美元。

众筹豁免注册的条件是向投资者披露某些信息，同时也须向证券交易委员提供该部分信息。这些须披露的信息包括众筹发行目的、拟募集资金金额、完成募集最后时间以及募集发行价格。重要的是，必须披露投资者风险以及证券交易委员会要求的其他信息。《1933 年证券法案》明确要求披露的信息涵盖关于公司、高管、董事和重要股东的信息，以及公司业务简介、商业规划、资本构成和财务状况。超过 50 万美元以及证券交易委员会设定了其他门槛的众筹，还须提交经审计的财务报告。唯一允许做的广告是引导投资者获取募集手册，或者关于如何联系经纪人的广告。公司不得向推销人提供已被披露之外的任何额外报酬。除了众筹的信息之外，《1933 年证券法案》还强制要求了关于其他事项的报告义务。对没有按照《1934 年证券交易法案》定期提交报告的公司，在获得众筹资金后必须提交年报，并且向投资者提交详细的经营成果和财务状况年报。《创业企业融资法案》进一步要求证券交易委员会有条件或无条件地豁免资金来自众筹的公司，使其无须履行《1934 年证券交易法案》要求的注册和定期报告的义务。

众筹发行经纪人必须向证券交易委员会注册，要么注册为记名经纪商—交易商，要么按照新类别注册为众筹门户。证券交易委员会还制定规则，要求经纪商或众筹门户除了向证券交易委员会注册外，还应向投资者提供关于投资风险的披露信息和投资者用教育资料。这些规则同时要求记名经纪商或者众筹门户采取措施，确保投资者阅读过披露信息，并向投资者解答各类问题，以及确认投资人知晓投资风险。还要求记名经纪商或者众筹门户调查公司高管、董事和重要股东的合规背景。记名经纪商或者众筹门户必须在众筹发行前21天内，向投资者和证券交易委员会提供特定信息。记名经纪商或者众筹门户也必须遵守证券交易委员会规定，即确保购买者在12个月内累计众筹的全部认购不得超过个人的投资上限。《1933年证券法案》还进一步要求，记名经纪商或者众筹门户确保只有当本次私募资金的募集目标完成后，才能将募集到的资金交付给发行人。

2013年10月末，证券交易委员会"提议"适用于众筹的规则。2015年10月，证券交易委员会通过了其"提议"的众筹规则，其生效日期为2016年5月16日。该部分规则收集于《CF条例》，并被编纂为17 C. F. R. § § 227.100 et seq。

## 七、雇员薪酬计划

按照《1933年证券法案》第3条(b)款的规定，1988年证券交易委员会通过了对某些雇员薪酬计划的注册豁免。按照《1933年证券法案规则》701(以下简称规则701)，股票没有被公开交易的公司可按照雇员的薪酬计划向雇员发行股票，且无须向发行对象提供任何专门信息。根据公司的规模和已发行股票的数量，薪酬计划被批准后，公司按照规则701募集的最大金额从50万至500万美元不等。然而，根据《1933年证券法案》第28条获得新的综合性豁免授权，1999年证券交易委员会废除了规则701关于500万美元的金额上限，但是公司的规模和已发行股票的数量仍然是限制因素。基于《1933年证券法案规则》144，按照规则701销售的雇员薪酬计划项下的证券是"受限证券"。

## 八、合并和重组

当发行人发行证券的目的不是募集资金，而是同其他证券

（自己发行的或另一发行人发行的）交换时，该发行及随后的交换行为被认定为《1933年证券法案》意义上的“发行”和“销售”。当然，该类交易可以作为非公开发行或州内发行获得豁免，或者按照如下条款获得豁免：(1)根据《1933年证券法案》第3条(a)款(9)项的规定，由发行人与自己证券的持有人交换，此时无须向任何推荐人支付促成交易的佣金；(2)根据《1933年证券法案》第3条(a)款(10)项的规定，由州银行或保险专员或其他政府机构经过听证会后批准的交换。

特定多数股东依据州法以赞成票迫使全体股东接受合并、资产出售或资本重组交易而进行换股时，是否存在《1933年证券法案》意义上的“发行”和“销售”，《1933年证券法案》对此无明确规定。近40年来，证券交易委员会所持立场是该类交易中未涉及《1933年证券法案》意义上的“销售”，所以至少到目前为止，不涉及《1933年证券法案》第5条要求的注册。因此，公司无须提交注册报告书，同时，其表决权被征集用于投票赞成合并或其他交易的股东，公司亦无须向他们送达相应交易的说明书。证券交易委员会按照《1934年证券交易法案》制定的表决权代理征集规则，明确要求股东们所持证券如果是按照该法案要求注册的某类别证券，则公司应该向股东们提供相关交易的详细信息。

1972年，证券交易委员会放弃了其长期坚持的立场，并通过了《1933年证券法案规则》145。按照该规则，向股东征集代理权以表决重组、兼并、出售资产，被认定为《1933年证券法案》意义上的“发行”，要求提交注册报告书并向股东派发招股说明书。为了兼容《1934年证券交易法案》业已存在的信息披露要求，证券交易委员会启用了一份新的“表格S－14”，其中要求填写的信息基本上是发行人依据《1934年证券交易法案》项下代理法规要求，向正在被征集表决权的股东们所提供或将要提供的信息。1986 年“表格 S－14”被“表格 S－4”代替。

“股票分拆”和“壳公司”

**“股票分拆”**。证券交易委员会采取了特殊措施，处理发起人未按照《1933 年证券法案》的要求注册而向公众发行股票的两种“重组”。[①] “股票分拆”涉及由较少或没有业务活动的公司向一家公众持股公司发行自己的部分股票，象征性收取对价。然后，该公众持股公司将收到的股票作为对股东的分配进行“分拆”，创设出内部人可以卖出剩余股票的“公开交易市场”。法院认为即使向公众持股公司股东的分配不是《1933 年证券法案》中严格意义上的证券“销售”，整个交易也须按照《1933 年证券法案》进行注册。[②] 1997 年，在某些“股票分拆”是否须注册的问题上，证券交易委员会明确了自己的立场：满足以下五个条件的“股票分拆”无须按照《1933 年证券法案》进行注册：（1）母公司的股东不提供被分拆股票的对价；（2）按照相同比例将母公司每个股东股票进行分拆；（3）母公司向其股东和交易市场提供充分信息；（4）母公司对分拆交易存在正当的商业目的；（5）如果母公司分拆的证券属于《1933 年证券法案规则》144 规定的受限类，则必须持有该部分证券至少 1 年。

**壳公司**。“壳公司”是指已经停止经营活动且没有资产或拥有少量资产，但相当数量股票被公众持有的公司。发起人控制该公司后通过一系列“收购”或其他交易的操作，导致公开市

---

① 参见 Sec. Act Rel. 33－4982（1969）。

② 参考案例：SEC v. Datronics，490 F. 2d 250（4th Cir. 1973）；SEC v. Harwyn，326 F. Supp. 943（S. D. N. Y. 1971）。

场上其股票价格大幅上涨,然后趁高价卖掉其收购的公司股票。法院接受证券交易委员会的立场,认为该类交易同时违反了《1933 年证券法案》规定的注册要求和反欺诈条款。①

## 九、非发行人的证券销售

如前文所述,《1933 年证券法案》第 4 条(a)款(1)项豁免了"发行人、承销商、或交易商之外的他人进行证券交易"的注册,《1933 年证券法案》第 4 条(a)款(3)项豁免了交易商执行的大多数交易。因此,仅剩的不涉及发行人但要求注册的交易便是涉及"承销商"的交易。

《1933 年证券法案》第 2 条(a)款(11)项对术语"承销商"的定义为"任何为了证券的分配从发行人手中购入证券,或就证券的分配为发行人提供或出售证券,或以直接或间接的形式参与任何这类事情,或参与任何这类事情的直接或间接认购的人"。就本定义而言,术语"发行人"被界定为包括任何"控制"该发行人的人。按照《1933 年证券法案规则》405,"实控"被定义为"无论是通过拥有表决权证券的所有权、通过合同还是其他途径,能够决定或引起一个人经营和政策方向改变的权力"。"实控"是事实问题。即某个特定公司可能被证实是由一个或几个股东、首席执行官、部分或全体董事、其他人或者上述人员的组合体所控制。按照这些定义,尽管在正式公开发行中,没有投行扮演"承销商"的常规角色,仍然可能存在两种类型的交易被认定涉及"承销商"。

---

① 参考案例:SEC v. North American,424 F. 2d 63(2d Cir. 1970);SEC v. A. G. Bellin,171 F. Supp. 233(S. D. N. Y. 1959)。

（1）当“实控”发行人的人通过经纪商或交易商销售发行人的证券，该经纪商或交易商被认定为“在为发行人销售证券”，则该控制人可以被认定为“承销商”。

（2）当一个人直接从发行人处购买了证券，随后又转卖了。其会被认定为“从发行人处购买证券是以分销为目的”，因此，他自己也成了“承销商”。

第一种情形的典型案例是 Ira Haupt，23 SEC 589（1946）。Park & Tilford 公司的实际控制人 Schulte，通过他的经纪商 Haupt，在纽约证券交易所出售了 93，000 股 Park & Tilford 公司的股票。证券交易委员会认定上述股票出售交易应当注册，因为 Haupt 是“承销商”。Haupt 抗辩说他执行的上述交易不存在“分销”行为，实际控制人 Schulte 只是下达了每次卖掉 200 股或 300 股的一系列指令。证券交易委员会驳回了其抗辩意见。很显然，根据交易实情，Haupt 应当明确意识到存在“分销”的故意。Haupt 又抗辩说，即使其扮演了“承销商”的角色，该交易也应根据《1933 年证券法案》第 4 条（a）款（4）项的规定获得豁免，即豁免“经纪商按照客户指令在交易所执行的交易”。证券交易委员会坚持该类豁免不适用于经纪商—交易商担任“承销商”的情形，设立该类豁免的目的是在经纪商—交易商被禁止以交易商身份使用其自有账户进行交易时，为普通零售客户执行经纪交易。执行交易的经纪商—交易商须承担合理的调查义务，决定所执行的交易是否来自“实际控制人”，或者是否满足《1933 年证券法案》第 4 条（a）款（4）项的豁免要求。[①] 在此情

① 参考案例：World Trade Financial Corp. v. SEC，739 F. 3d 1243（9th Cir. 2014）。

形下,经纪商不仅仅是“交易指令的接收者”,还必须对交易背后的真实交易背景做合理调查。

第二种情形的发生与大量类似实例有关,即投资人通过私下交易从发行人处买入证券并打算转售。因为判断一个人是不是承销商,取决于他是否存在“以分销为目的购买证券”的意图。必须对其购买时的主观意图做探究,尽管该投资者最初买入的目的是“投资”,仍须探寻是否存在“情势变更”以证明其转卖的合理性。证券交易委员会的立场是,持有证券届满某个特定期间并不能证明其具有“投资目的”。因此,证券交易委员会接到纷至沓来的“无异议函”申请,要求允许在特定条件下转售证券。

最后,1972 年证券交易委员会通过了《1933 年证券法案规则》144(以下简称规则 144),将一套相对客观的规则适用于两种“承销商”进行的交易。[①]

规则 144 多年来一直被普遍适用,并大大放宽了适用条件。按照修订后的规则 144,发行人(控制人)的“关联方”进行的全部证券销售,必须符合以下要求:

(1)在 3 个月内,任何人按照规则 144 的证券销售,不能超出(a)发行证券总数量的 1%,和(b)前 4 个星期的平均交易量。

(2)如果一个人是通过非公开发行的途径从发行人处获得证券,则必须持有至少满 1 年方可转售;如果证券是来自《1934 年证券交易法案》的报告公司,则须满 6 个月。基于该目的,证券不被认为是种类物。即使该投资者最近从同一发

---

① 参见 Sec. Act Rel. 33 –5223(1972)。

行人处另行购入同类别证券，仍须持有满1年才可以转手。1年（或6个月）的持有期间从证券自发行人或发行人“关联方”手中购得之日开始计算。因此，从另一个非“关联方”手中购得受限证券的非“关联方”，可以将前手持有人的持有时间与自己的持有时间合并统计。规则144关于“受限证券”定义，包括按照《1933年证券法案》第4条(a)款(2)项，或者规则506（非公开发行“安全港”）（见本书第十节第三部分）下的非公开发行证券。1999年，证券交易委员会把规则144扩大适用到按照《1933年证券法案规则》504发行的证券（除非发行是按照州法的披露要求，类似于《1933年证券法案》对招股说明书的要求）。1999年修订也将规则144关于受限证券的定义延伸到按照《S条例》发行的离岸证券（见本书第四十四节）。

(3)发行人必须遵守，且当时符合《1934年证券交易法案》报告公司的定期报告要求，或者公布类似可在上述报告中包含的公开信息。

(4)证券须以正常的经纪交易方式出售，或者直接出售给“做市商”，不涉及任何特殊报酬支付或招徕活动。

(5)每笔交易的通知必须在订单下达到经纪商时向证券交易委员会登记。

按照《1933年证券法案规则》145的规定，规则144的转售限制也适用于通过兼并或资产收购获得证券的任何人。按照《1933年证券法案规则》145(c)，兼并或资产收购交易的被收购方实际控制人被认定为收购方公司证券的“承销商”，他们获取证券后再通过公开交易转手。《1933年证券法案规则》145(d)允许上述控制人无须注册即可转手证券，前提是他们符合规则

144对证券的数量限制和其他限制条件(不包括他们无须遵守2年持有期的要求)。

证券交易委员会总结规则144如下:

| | 代表关联方的个人销售者或者关联方销售者 | 非关联方销售者(且在3个月前为非关联方销售者) |
|---|---|---|
| 报告公司发行人的限制类证券 | 6个月的持有期内,按照规则144,不允许转售。<br>6个月的持有期届满后,可以按照规则144的要求转售,条件包括:<br>·公开符合要求的信息;<br>·遵守数量限制;<br>·遵守权益类证券的销售方式,以及提交表格144。 | 6个月的持有期内,按照规则144,不允许转售。<br>6个月的持有期届满但不足1年,除规则144要求的提供当前公开信息仍然适用外,对转售无限制。<br>持有期满1年后,按照规则144的要求转卖无任何限制;无须遵守规则144的任何要求。 |
| 非报告公司发行人的限制类证券 | 1年的持有期内,按照规则144,不允许转售。<br>1年的持有期届满后,可以按照规则144的要求转卖,条件包括:<br>·公开符合要求的信息;<br>·遵守数量限制;<br>·遵守权益类证券的销售方式,以及提交表格144。 | 1年的持有期内,按照规则144,不允许转售。<br>1年的持有期届满后,按照规则144,可以无限制转售;无须遵守规则144的任何要求。 |

规则144没有涉及的一个问题是通过非公开交易从发行人处买入的证券是否可以通过另一个非公开交易卖掉。如果可以,对该类交易有何限制?因为该类交易严格来讲既不符合《1933年证券法案》第4条(a)款(1)项,也不符合第4条(a)款(2)项规定的豁免,但有时其会被认为符合"第4(1.5)条"规定

的豁免。[①]

证券交易委员会在1990年通过了《1933年证券法案规则》144A,作为要求将“第4(1.5)条”豁免“规则化”的部分回应。然而,该规则并没有解决个人购买者向另一可能符合初次发行购买资质的个人转卖证券的问题。相反,该规则确实允许从未按照《1933年证券法案》注册的证券不受限制地进行转手交易,只要该类交易出售的对象是特定类别的“合格机构购买人”。该类购买人一般定义为“包括持有超过1亿美元投资额的机构”。该豁免仅授予不在证券交易所或者纳斯达克系统进行交易的证券类别。它不要求在机构之间进行直接交易。允许证券公司以代理人身份或主承销商身份执行该类交易,且允许这些证券有一个活跃的交易市场,其中参与交易的相当部分证券是来自不愿意遵守美国信息披露要求下的外国发行人发行的证券。

2015年,国会增加了新的豁免条款,即《1933年证券法案》第4条(a)款(7)项。该豁免是第4(1.5)条豁免的补充。第4条(a)款(7)项豁免了很多发行人之外的人向合格投资者的转售。发行人或发行人的子公司或间接控制子公司不享有第4条(a)款(7)项规定的豁免。另外,针对那些无真实业务、破产或被接管的公司,第4条(a)款(7)项对公司的“业务要求”使其无法获得该豁免。该类证券的发行或销售不能通过广告或公开方式招徕投资人来完成,并且必须是同一个证券类别的一部分,该证券在执行第4条(a)款(7)项下交易时已经获得授权且已经发行至少90天。部分未售罄的发行配额的再次分销或二次发

---

① 参考案例:Ackerberg v. Johnson,892 F. 2d 1328(8th Cir. 1989)。

行不适用该规定的豁免,承销商认购或参与的二次发行的销售也不能获得该规定的豁免。州法对依据第4条(a)款(7)项销售的证券不享有管辖权,因为按照该规定发行的证券被认定为属于《1933年证券法案》第18条(b)款定义的"担保证券"。

## 十、整合发行

在决定某次发行是否适格特定豁免时,有必要判定其是一次事实上的独立发行,还是一次大规模发行中的一部分。该问题通常源于发行人或一组关联发行人从事一系列"非公开"或"州内"发行,或上述两者相结合的情形。

证券交易委员会已经明确,在判定多次发行是否应当整合为一次发行时,考虑的因素包括:(1)多次发行是否为单个融资计划的一部分;(2)是否涉及同一类别证券;(3)是同时发行还是在某个密集时间段内发行;(4)是否涉及相同种类的支付对价;(5)发行是否为了相同的总目的。[①] 在SEC v. Murphy,626 F. 2d 633(9th Cir. 1980)案中,法院在认定出售30份独立有限合伙权益行为构成一次发行时,采用了上述标准。在按照《D条例》所做的有限发行和按照规则147所做的州内发行中,证券多次发行,相邻两次发行之间间隔不少于6个月,且间隔期间未就同类型证券进行发行或销售的,则前述多次发行不能被整合为一次发行。如果没有达到该测试要求,则按照上述5项标准判断。

按照《A条例》的规定,即使连续融资系预先确定的融资计划的一部分,发行人每年销售的证券金额也不得超过75,000,000

① 参见Sec. Act Rel. 33-4552(1962)。

美元。然而，如果按照证券交易委员会的明确标准被认定为是同一次发行的部分发行，为了获得另一个豁免，有目的实施密集发行可能减少按照《A 条例》享有的发行金额上限。

规则 144 规定了通过或由“承销商”销售的限制政策，只要不突破 6 个月滚动周期的上限金额，可以执行预先安排的销售计划。然而，该规则包含复杂条款，由一致行动人或者相互之间存在特定关系的人所执行的销售“合计”，计算得出许可销售的最高金额。

上述整合规则既不限制适用于连续的豁免交易，也可以适用于公开发行之后的私募发行。[①] 2001 年，证券交易委员会通过《1933 年证券法案规则》155 提供“安全港”保护，防止以下两种情形中的发行被整合，即(1)后接公开注册发行的私募发行被终止或放弃的，(2)后接私募发行的公开发行被放弃的。

## 十一、豁免之间的关系

一次发行必须完全符合单个豁免的全部要件，才可以享受豁免注册。例如，发行人不可在其所在州公开发行的同时，又将同一证券有选择的向其他州的居民“私下”销售，因为如果该次发行是单次发行，那么它既不是“州内”发行，也不是“私募”发行。从另一角度来说，一次发行可能符合多项豁免的要件。设法满足私下发行豁免要件的发行人，在不确定全部发行对象均符合现行标准时，可通过只向所在州的居民发行的方式来保护自己，因为该次发行即使不是“私募”发行，也可以被认定为“州内”发行。

---

① 参见《1933 年证券法案规则》152。

## 十二、豁免失败的后果

证券交易委员会和法院始终认为,《1933 年证券法案》注册豁免应当从严控制,并且豁免申请人承担举证责任,列明全部所需事实来支持自己可以享受豁免的主张。该举证责任特别繁重,因为豁免一般来说涉及完整的发行过程,而非同某个投资者发生的单笔交易。因而,如果是通过"私募"安排方式向单个不合格投资人发行,或如果发行人的一名董事所受到的证券交易委员会处罚导致发行人丧失适用《A 条例》的资格,那么适用豁免的基础就被破坏了,则意味着发行人从事的发行或销售行为已经违反了《1933 年证券法案》第 5 条。按照《1933 年证券法案》第 12 条(a)款(1)项的规定,任何违反《1933 年证券法案》第 5 条的发行人,须向购买者承担全额返还购买价款的责任。因此,如果发行人不能证明据以获取豁免的所需条件的真实性,购买人购买的证券价值降低后,在无须举证存在虚假陈述和重大遗漏的情况下,仍然可以索回购买时支付的对价。① 证券交易委员会通过了《1933 年证券法案规则》508(见本书第十节),规定向某特定购买人销售时"轻微"不满足《D 条例》豁免要求,并不必然丧失涉及其他购买人的豁免,成为突破该严厉规则的尝试。

---

① 参考案例:Henderson v. Hayden, Stone, 461 F. 2d 1069(5th Cir. 1972)。

## 第十一节　虚假陈述的民事责任

《1933 年证券法案》第 5 条的禁止性规定,用于确保证券在未注册时不可向公众发行,所以为了保证注册报告书中信息的完整性和准确性,需要设置责任追究措施。

《1933 年证券法案》第 11 条是对认真准备注册报告书最有力度的督促条款,规定了所有重大虚假陈述和事实遗漏须向证券购买人承担相应的民事责任。与普通法欺诈责任的模糊表述相反,第 11 条详细规定了谁可以起诉、应出示什么证据、谁可以被判定承担多少赔偿责任,以及各类被告可以享有的抗辩和对被告的交叉索赔权利。

在制定《1933 年证券法案》并成为生效法律时,其第 11 条被认为是一项过于严厉的措施,有些专家认为该条款会使全国证券承销业务垮掉,从而导致"华尔街杂草丛生"。然而,颇具讽刺意味的是(或许仅成为那些准备注册报告书的人谨慎从事的一个证明),直到该条生效 35 年后,第一份关于第 11 条项下民事责任的完整诉讼判决才出现,在此期间各发行人已经累计依据 2.7 万份生效注册报告书向公众销售了超过 3840 亿美元的证券。然而,当该判决最后落地,[①]他们才认识到,20 世纪 60 年代早期新发行潮后从事的发行业务,并没有达到第 11 条(b)款规定的"尽职调查"标准,新的一波担忧在发行人、董事、承销

---

① 参考案例:Escott v. BarChris Construction Corp. ,283 F. Supp. 643(S. D. N. Y. 1968)。

商以及他们的顾问和会计师中间传播开来。

因为《1933年证券法案》第11条规定的责任可以压倒一切,所以,哪些条款和条件纳入发行人和承销商的协议,以及在注册报告书各制作参与方之间分配责任时,第11条是一个主要影响因素。因此,服务承销工作的律师应当对该条款有精准的理解,即理解第11条规定及其与联邦证券法其他民事责任条款之间的法律关系。

《1933年证券法案》第11条仅适用于按照该法案的注册发行,《1933年证券法案》第12条只是作为第11条的补充而存在,但适用范围更广。关于第11条和第12条项下责任的区别和联系也将在本节中讨论。

## 一、《1933年证券法案》第11条:索赔构成要件

按照《1933年证券法案》第11条的基本要求,如果一份注册报告书在生效时"含有对重大事实的不真实陈述,或漏报了应报的信息,或漏报了为使该报告书不至于被误解所必要的重大事实时",任何获得该注册报告书项下证券的人,均可以起诉特定人要求赔偿购买时支付的对价(但不得高于公开发行价)和其抛售时卖出价格之间的差价;如果仍然持有该证券,则可要求赔偿与起诉时市场价格之间的差额。

关于谁可以起诉的问题,《1933年证券法案》第11条给予了"任何获得该类证券的人"起诉的权利。尽管此处没有对"该类"作出注解,但是按照法院已对此作出的解释,任何依据案涉注册报告书所发行的全部证券均包括其中。在1995年之前,法院始终认为,作为原告可以不是证券首次发行中的购买人,如果从首次发行购买人转售的二级市场买入,只要该股票可被追溯

来自首次发行，股票持有人均有权起诉。[①] 针对 1995 年最高法院 Gustafson v. Alloyd 案（见本书第十一节第三部分）的判决，有些联邦地区法院阐明如下：《1933 年证券法案》第 11 条的民事责任保护只提供给首发时买入证券的购买者，不提供给从二级市场买入该证券的人。[②] 这些判决看起来与第 11 条保护二级市场购买者的规定明显不一致。例如，《1933 年证券法案》第 11 条(a)款要求，如果购买行为发生在发行人提供注册说明书生效后 12 个月的会计损益报表之后，原告须对此产生信赖。《1933 年证券法案》第 11 条(e)款规定依据“购买证券支付的对价金额（不高于当时证券向公众发行时的价格）”计算原告的损失。如果这些判决被沿用，正常情形下首发购买者转卖证券获利并退出后，当虚假陈述事情败露时，将由从二级市场上购入证券的人承担全部所购证券的损失，被告可能会避免承担《1933 年证券法案》第 11 条规定的民事责任。令人欣慰的是，最近更多的判决否定了对原告的上述限制。[③]

如果注册报告书涵盖其他已经公开交易类别的证券，原告须证明他在二级市场购买的证券属于新发行销售的部分，不属于此前已经发行的部分。[④] 这将给证券已经在交易所挂牌案件中的原告带来不可逾越的障碍——此时购买者通常无法确认将股票卖给自己的卖家身份。

---

① 参考案例：Barnes v. Osofsky, 373 F. 2d 269 (2d Cir. 1967)。

② 参考案例：Gould v. Harris, 929 F. Supp. 353, 358 (C. D. Cal. 1996); Van de Walle v. Salomon, 1997 WL 633288 (Del. Ch. 1997)。

③ 参考案例：Joseph v. Wiles, 223 F. 3d 1155 (10th Cir. 2000); Hertzberg v. Dignity Partners, Inc., 191 F. 3d 1076 (9th Cir. 1999)。

④ 参考案例：Barnes v. Osofsky, 373 F. 2d 269 (2d Cir. 1967)。

**重大性和产生信赖**。为了获得赔偿，购买者必须要同时证明以下事实：(1)注册报告书中存在重大虚假陈述或事实遗漏；(2)自己作为投资者遭受了损失。正常情况下，原告不需要证明自己对虚假陈述和事实遗漏产生了信赖，甚至不需要证明购买者曾经收到过招股说明书。然而，如果原告是在发行人公布注册报告书生效后至少12个月的会计损益表之后购买证券，原告须证明对虚假陈述和事实遗漏产生了信赖。但是，证明该信赖的产生并不需要通过证明真正阅读过注册报告书来实现。①

《1933年证券法案规则》405将术语“重大”定义为“在决定是否购买某注册证券时，对一名理性投资人来说，极有可能会认为重要的那些事项”。基于满足《1933年证券法案》第11条的立法目的，“重大”被解释为“一个事实如果被正确说明或披露，将吓阻或可能会吓阻一名普通而谨慎的投资者购买该争议证券”。②

**积极抗辩**。按照《1933年证券法案》第11条(a)款的规定，如果被告能证明购买者在购买争议证券时已经知晓虚假陈述或事实遗漏，则购买者提出索赔的主张可能被驳回。

按照《1933年证券法案》第11条(e)款的规定，索赔在以下情况下可能被驳回或减少金额：被告能够证明争议证券价值的降低是除注册报告书所载虚假陈述或事实遗漏之外的因素导致。如果被告能够证明发行人证券价值的下降与同行业其他证券降低的幅度接近(特别是，如果证券价值下降发生在注册报告书中虚假陈述或事实遗漏被揭发之前)，被告可以不承担该

① 参见《1933年证券法案》第11条(a)款。

② 参见 Escott v. BarChris Construction Corp. ,supra。

价值降低的赔偿责任。① 若能证明“虚假陈述不够重大且公众没有对其被揭露后采取规避损失的行动”，这样的抗辩也可以使其免除责任。② 从另一角度来看，发行人因与注册说明书中虚假陈述或事实遗漏无关的原因破产的，单凭该破产事实并不能完全驳回购买人的起诉权，原告仍然可以追偿购买者支付的对价与购买行为发生时假定做过充分披露的证券价值之间的差额。

## 二、责任承担者

《1933 年证券法案》第 11 条(a)款规定，购买者有权起诉下列人员：(1)在注册报告书上署名的全体人员(《1933 年证券法案》第 6 条要求该报告应当有发行人的署名，同时有主要行政执行官、财务和会计主管以及董事会多数成员的署名)；(2)全体董事；(3)全体同意被提名为董事或将来担任董事的人；(4)每一位同意被任命为已编制或认证注册报告书某一部分的会计师、工程师、评估师或其他专家；(5)每一名承销商。

全体上述人员须承担连带责任(也就是说，购买人可以起诉上述人员的任一个，向其追偿自己的全部损失)，除了以下两种例外：第一，专家只对自己负责编制或者认证的那部分注册报告书所涉及虚假陈述或事实遗漏承担责任；第二，只承销发行证券中一部分的承销商(或没有从发行人处收到任何特别报酬的承销商)其承担的责任仅限于其所承销部分证券的总发行价款。例如，股票数量为 100 万股，每股单价为 10 美元的一次公

① 参考案例：Beecher v. Able，435 F. Supp. 397(S. D. N. Y. 1975)。

② 参考案例：Akerman v. Oryx，810 F. 2d 336(2d Cir. 1987)。

开发行,10 个承销商约定非连带性地每人购买 10 万股,则根据《1933 年证券法案》第 11 条(e)款的规定,每个承销商的责任限定为 100 万美元。

**“勤勉尽责”抗辩。**发行人须对注册报告书中重大虚假陈述或事实遗漏承担绝对民事责任,对发行人之外的其他被告,只要能证明注册报告书中记载信息的准确性达到了规定的勤勉尽责标准,根据《1933 年证券法案》第 11 条(b)款的规定即认可其积极抗辩的效力。基于此,注册报告书被划分为两个部分:“专业性”意见部分和“非专业性”意见部分。其中,“专业性”意见部分,是指那些“基于专家的权威发表的意见部分”,也就是指注册报告书中由专家发表的专门意见或作出的认证。在 BarChris 案中,法院驳回了如下主张:编制注册报告书主体部分的律师是第 11 条意义上的“专家”,或者对注册报告书中除了审计财务报告之外的其他部分内容均是“专业性”意见。多年前Escott v. BarChris 案列明的认定标准直到现在仍然有效。[①]

关于注册报告书中“专业性”意见部分,被告(除编制该部分的“专家”之外)的“勤勉尽责”义务是以否定性文字表述的:被告“没有合理的相信理由且没有相信”注册报告书中存在重大虚假陈述或事实遗漏。关于注册报告书中“非专业性”意见部分(以及关于“专家”就其发表“专业性”意见部分所承担责任)的“勤勉尽责”义务是以肯定性文字表述:被告“在合理调查后有理由相信且相信”注册报告书中不存在重大虚假性陈述或事实遗漏。

---

① 参见 In re WorldCom, Inc. Securities Litigation, 2005 WL 638268 (S. D. N. Y. 2005)。

《1933年证券法案》第11条(c)款规定,"在决定合理调查和合理相信基础的构成时,合理性标准是一个谨慎的人对自己财产管理所尽注意义务的标准"。BarChris案的判决清晰地表明:被告不能通过证实其信赖了他人代表自己所做的调查,证明已经尽到"合理调查"义务。但是,该判决还表明,构成某特定被告"勤勉尽责"抗辩成立的调查类别和深度,取决于被告所在专业领域和他与发行人之间的关系。举例说明,准备注册报告书的"律师"董事被理所当然地认为会核查全部公司会议笔录、合同和其他法律文件,而一名非律师"外部"董事则被认为正常情况下不会这样做。后续的评论和判决表明"内部"董事,就是那些密切接触公司事务和交易的董事,可能发现事实上无法证实自己已尽到"勤勉尽责"义务,并且发现"在担保招股说明书的准确性上,他们和发行人承担相似的义务"。[①] 然而,后来的一些判决表明外部董事可以直接信赖管理层,而不被要求通过自己的独立调查来证明他们尽到了"勤勉尽责"义务。[②]

1995年,美国国会通过了《1933年证券法案》第11条(f)款(2)项,规定外部董事的责任是按照《1934年证券交易法案》第21D条(g)款(见本书第二十节第二部分)来认定。按照这个条款,只有证实存在故意触犯了证券法的情形,才可以要求外部董事对全额损失承担连带责任。在全部其他案例中,被告"只对其对应比例的部分承担责任",具体比例由事实的认定者决定。

---

① 参考案例:Feit v. Leasco,332 F. Supp. 544(E. D. N. Y. 1971)。

② 参考案例:Weinberger v. Jackson,1990 WL 260676,CCH ¶ 95,693(N. D. Cal. 1990)和Laven v. Flanagan,695 F. Supp. 800(D. N. J. 1988)。

1982 年证券交易委员会通过了符合《1933 年证券法案》和《1934 年证券交易法案》申报要求的"整合披露系统",提出了新的关于承销商和其他人员的"勤勉尽责"义务问题,特别是关于将以前按照《1934 年证券交易法案》提交的报告直接并入《1933 年证券法案》注册报告书中的那部分信息。因此,证券交易委员会通过了《1933 年证券法案规则》176,在认定特定个人是否做过合理调查或者是否发现合理相信的依据方面,列明了需要考虑的特定"相关情形"。该类情形包括:(1)发行人类别;(2)证券类别;(3)人员类别;(4)所在部门(针对行政执行官);(5)与发行人的其他关系(针对董事);(6)对相关人员的合理信赖;(7)承销安排(针对承销商);(8)就通过引用合并的另一份文件而言,在该文件提交时该人是否对该文件负有任何责任。

**赔偿和赔偿款分担**。很多州的公司法、公司章程和章程细则,允许本公司向在履行公司正常职责中招致其需承担责任的执行官和董事作出赔偿。承销协议通常包含发行人和承销商协商一致的条款,约定双方须就注册报告书的虚假陈述承担责任时,向对方赔偿。

很长一段时间以来,证券交易委员会所持的立场是,发行人向违反《1934 年证券交易法案》中规定的义务而承担责任的执行官、董事或实际控制人(或任何有关联的承销商)支付赔偿违反公共政策。在实务中,除非该发行人承诺在做出实际赔偿支付之前向法院提交"该类赔偿是否违反公共政策"并获得否定答复,否则证券交易委员会拒绝为其注册报告书加速生效。[①] 在赔偿执行官和董事条款的效力问题没有获得司法上的明确认

① 参见《S－K 条例》第 512 条(h)项。

定之前,法院已经表明了支持证券交易委员会在涉及向承销商赔偿案例中的立场。

在 Globus v. Law Research Service,418 F. 2d 1276(2d Cir. 1969)案中,因一次被豁免《1933 年证券法案》项下注册要求的发行所使用的发行通函中存在虚假陈述,一家承销商因此而承担了《1933 年证券法案》第 12 条(a)款(2)项规定的赔偿责任,该承销商随即向发行人追索承销合同约定的补偿金。法院认为,若承销商被认定"实际知晓"虚假陈述的存在,则证券交易委员会列明的公共政策禁止承销商按照承销合同向发行人追索补偿金。法院扩张解释了证券交易委员会的前述观点,拒绝向没有与发行人存在其他隶属关系的承销商进行补偿。另外,法院只想处理责任人"犯的错误比普通疏忽更严重"时的赔偿问题。

在 Eichenholtz v. Brennan,52 F. 3d 478(3d Cir. 1995)案中,法院认为证券法中的公共政策应禁止向承销商就其因《1933 年证券法案》第 11 条承担的责任进行补偿。理由是"如果法院认定向承销商赔偿条款的法律效力,结果就会消除承销商履行调查义务的动力"。

关于赔偿款分担,《1933 年证券法案》第 11 条(f)款规定,如果追偿分担赔偿款的人对欺诈性陈述有过错,而对方无过错,那么被认定承担责任的人可以向被认定为承担相同责任的人追偿自己已分担的赔偿款部分。在 Globus 案的后续程序中,法院采取了《1933 年证券法案》第 12 条(a)款(2)项规定的处理方法。[①]

① 参考案例:Globus v. Law Research Service,318 F. Supp. 955(S. D. N. Y. 1970)。

## 三、《1933 年证券法案》第 12 条项下责任

《1933 年证券法案》第 12 条规定证券销售者在以下两种情形下承担民事责任：(1)证券的销售违反了《1933 年证券法案》第 5 条的规定(也就是未注册不享受豁免的证券)；(2)用于销售的证券招股说明书和口头交流中含有重大虚假陈述或事实遗漏。与《1933 年证券法案》第 11 条关于原告和被告的复杂规定不同，第 12 条只规定“发行或销售”证券的人对“向其购买证券的人承担责任”。证券购买人(假定其不知晓重大虚假陈述和事实遗漏)有权起诉追偿所支付的对价与起诉时证券报价之间的差额，或者在原告不再持有证券时要求赔偿相关损失。

《1933 年证券法案》第 12 条(a)款(2)项中规定的承担虚假陈述责任的标准与第 11 条相似，但适用范围不同。在 1987 年之前，假定在交易过程中使用了邮递或州际商业设施，无论是否须遵守《1933 年证券法案》注册条款，第 12 条(a)款(2)项规定都被假定基本可适用于任何形式、任何交易中存在的重大虚假陈述或事实遗漏。[①] 然而，自 1987 年开始，众多法院认为第 12 条仅适用于初次发行，不应适用于二级市场中荐股的经纪商。[②]

1995 年该案件上诉到美国最高法院，大法官以 5∶4 的表决比例通过了令所有人吃惊的判决，认定《1933 年证券法案》第 12 条(a)款(2)项不仅不适用于二级市场交易，而且不适用于除

---

① 参考案例：Franklin v. Levy，551 F. 2d 521(2d Cir. 1977)。

② 参考案例：Ballay v. Legg Mason，925 F. 2d 682(3d Cir. 1991)。

通过法定招股说明书公开发行以外的其他初次发行。[①] 除非该立场被后来的判决所限制,根据《1933 年证券法案》注册豁免的证券发行中,就书面的或口头的虚假陈述来说,似乎不会承担责任。作出虚假陈述的责任人只会被按照《1934 年证券交易法案规则》10b－5 起诉(见本书第十八节)。在 Gustafson 案判决后,一些联邦地区法院判定《1933 年证券法案》第 4 条(a)款(2)项豁免的非公开发行中所用发行备忘录中存在虚假陈述的,不承担第 12 条(a)款(2)项规定的责任。[②]《创业企业融资法案》将豁免扩展到小规模发行,并明确将豁免延伸到第 12 条(a)款(2)项下,适用条件为对投资者披露的两个豁免。新创设一项众筹发行豁免时,国会授权沿用第 12 条(a)款(2)项对众筹发行中的重大虚假陈述和事实遗漏进行私力救济。[③]《1933 年证券法案》第 3 条(b)款扩展为要求证券交易委员会对每年高达 5000 万美元的发行采取豁免,此规定与现行《A 条例》的要求相似。此后,证券交易委员会将《A 条例》规定的二级监管的豁免上限提高至 7500 万美元。第 12 条(a)款(2)项的救济措施现在明确适用于被扩展的第 3 条(b)款(2)项豁免的发行。[④] 该救济也应当适用于较小规模的按照《A 条例》的发行。

**责任人**。按照《1933 年证券法案》第 12 条的规定,购买人只能起诉向其卖出证券的人。发行人将证券卖给承销商,再由承销商卖给公众,因此发行人对公众购买人不直接承担责任。[⑤] 然而,

① 参考案例:Gustafson v. Alloyd,513 U. S. 561(1995)。

② 参考案例:Glamorgan v. Ratner's,1995 WL 406167(S. D. N. Y. )。

③ 参见《1933 年证券法案》第 4A 条(c)款。

④ 参见《1933 年证券法案》第 3 条(b)款(2)项(D)目。

⑤ 参考案例:Collins v. Signetics,605 F. 2d 110(3d Cir. 1979)。

最高法院不仅已经将《1933 年证券法案》第 12 条规定的责任拓展适用于实际出售人,而且是包括全部"成功促成销售的人,至少部分是为满足自己或者证券所有者经济利益欲望的人"。[①]

**《1933 年证券法案》第 12 条(a)款(1)项规定的赔偿。**原告要获得第 12 条(a)款(1)项规定的赔偿,不仅要证明被告向其销售了证券,还应证明该证券未被注册。继而举证责任转移到被告方,由其证明该证券符合注册豁免情形。

**《1933 年证券法案》第 12 条(a)款(2)项规定的赔偿。**原告要获得第 12 条(a)款(2)项规定的赔偿,必须证明招股说明书或口头通信交流中存在重大虚假陈述或事实遗漏。然而,有一家法院认为如果交易商的评估缺乏充分依据,那么该交易商关于某个证券价值的隐含表述便是可被诉的虚假陈述。[②]

**因果关系和信赖的产生。**按照《1933 年证券法案》第 12 条(a)款(2)项的规定,证券销售的完成必须是"借助"误导性招股说明书或口头通信进行的。购买者无须证明该通信对他的购买决定产生了"决定性影响",但必须证明上述内容和其购买决定之间存在因果关系。[③] 同时,不要求购买者证明自己对上述内容产生了信赖,[④]甚至无须证明投资者曾经真正阅读过上述内容。[⑤]

1995 年之前,美国大多数法院的立场是,依据《1933 年证券法案》第 12 条(a)款(2)项提起的诉讼,原告不需要证明虚假陈

---

① 参考案例:Pinter v. Dahl,486 U. S. 622(1988)。

② 参考案例:Franklin v. Levy,551 F. 2d 521(2d Cir. 1977)。

③ 参考案例:Jackson v. Oppenheim,533 F. 2d 826(2d Cir. 1976)。

④ 参考案例:ohns Hopkins v. Hutton,422 F. 2d 1124(4th Cir. 1970)。

⑤ 参考案例:Sanders v. John Nuveen,619 F. 2d 1222(7th Cir. 1980)。

述或事实遗漏实际上对自己造成损失。[①] 1995 年国会增加了《1933 年证券法案》第 12 条(b)款的规定,改变了上述规则,要求被告应当通过积极抗辩,证明证券价值的全部或部分降低是由与虚假陈述或事实遗漏不相干的其他因素导致。

**善意抗辩**。如果被告能证明不知晓,且在尽到合理注意义务后也不可能知晓虚假陈述或事实遗漏的存在,则可认定被告实现了有效辩护。一家上诉法院认为,证券交易商只有在证明其履行了《1933 年证券法案》第 11 条规定的"勤勉尽责"调查义务时,其辩护才能有效成立,但是最高法院的两名大法官对该立场持强烈反对意见。[②]

① 参考案例:Caviness v. Derand Resources Corp. ,983 F. 2d 1295(4th Cir. 1993)。

② 参考案例:Sanders v. John Nuveen,619 F. 2d 1222(7th Cir. 1980)。cert. denied 450 U. S. 1005(1981)(Powell and Rehnquist,JJ. ,dissenting)。

| 第三章 |

# 《1934 年证券交易法案》公众持股公司监管介绍

## 第十二节 《1934 年证券交易法案》概览

《1934 年证券交易法案》包含大量涉及不同领域的条款，且做过实质性修改和新增。著名的包括 1964 年、1968 年、1975 年和 1995 年的修改，这与主要关注单一领域条款且生效后极少修改的《1933 年证券法案》不同。以下为该法案的关键条款列表，可以帮助大家更好地理解这部法案的管辖范围和组织结构：

### 一、证券交易委员会

1. 证券交易委员会的设立及其章程　第 4 条
2. 证券交易委员会职能的委托行使　第 4A 条
3. 证券交易委员会职能的转授　第 4B 条
4. 调查和禁制令　第 21 条
5. 行政程序中的民事赔偿　第 21B 条
6. 禁制令程序　第 21C 条

7. 举行听证　第 21 条
8. 规则和条例　第 22 条
9. 信息公开　第 24 条
10. 命令和规则的法院审查　第 25 条
11. 概括豁免权　第 36 条

## 二、交易市场规则

1. 信贷展期　第 7 条、第 8 条
2. 市场操纵和欺诈　第 9 条、第 10 条
3. 会员交易　第 11 条
4. 暂停交易的权力　第 12k 条
5. 全国证券市场系统　第 11A 条
6. 全国证券清算系统　第 17A 条
7. 低价股报价系统　第 17B 条

## 三、注册及监管

1. 经纪商—交易商　第 15 条
2. 市政证券交易商　第 15B 条
3. 联邦政府证券交易商　第 15C 条
4. 清算机构和转移交付代理商　第 17A 条
5. 证券信息处理商　第 11A 条

## 四、行业自我监管

1. 全国证券交易所　第 5 条、第 6 条
2. 全国证券业协会　第 15A 条
3. 市级证券规则制定理事会　第 15B 条

4. 清算机构　第 17A 条
5. 政府对自律机构的监管　第 19 条

## 五、公众持股公司的监管

1. 公司类型
(1)上市公司　第 12 条(a)款
(2)场外交易公司　第 12 条(g)款
2. 公司的义务
(1)注册　第 12 条(b)(j)款
(2)定期报告　第 13 条(a)款
(3)记录留存　第 13 条(b)款
(4)审计的要求　第 10A 条
(5)证券的回购　第 13 条(e)款
(6)向股东的披露
a)表决权代理征集　第 14 条(a)(b)款
b)公司年会　第 14 条(c)款
c)更换董事　第 14 条(f)款
(7)证券的转让
a)证券交易委员会制式表格　第 12 条(i)款
b)证券的清算和交割　第 17A 条
(8)外国腐败行为　第 30A 条
3. 股东的义务
(1)内幕交易
a)报告要求　第 16 条(a)款
b)“短线交易”牟利应承担的责任　第 16 条(b)款
(2)收购大宗证券　第 13 条(d)(g)款

(3)竞价收购　第 14 条(d)(e)款

(4)机构投资经理人　第 13 条(f)款

## 六、责任和惩罚措施

1. 误导性陈述的责任　第 18 条
2. 实际控制人的义务　第 20 条
3. 内幕交易的责任　第 20A 条
4. 内幕交易的民事责任　第 21A 条
5. 私人证券诉讼　第 21D 条
6. 前瞻性陈述　第 21E 条
7. 违法陈述　第 26 条
8. 合同的无效　第 29 条
9. 刑事处罚　第 32 条

## 七、效力范围和司法管辖

1. 违法和诉讼的管辖　第 27 条
2. 对现行法律的影响　第 28 条
3. 本法案的域外适用　第 30 条

《1934 年证券交易法案》第 12 ~ 14 条和第 16 条规定了股票挂牌交易公司的强制披露等义务。

《1934 年证券交易法案》第 12A 条规定，只要有一个类别的证券在全美任何一家证券交易所挂牌交易，发行人须向证券交易委员会注册。某类别证券按照《1934 年证券交易法案》进行的注册，与按照《1933 年证券法案》进行的发行注册是不同的：若《1933 年证券法案》有明确规定的，即使公司依据《1934 年证券交易法案》注册了某类证券，其仍需就该类证券项下具体的发行行为进行注册。

《1934年证券交易法案》除了对交易所挂牌的证券要求履行上述提及的注册、报告和其他披露义务外，还对某些特定场外交易证券规定了注册义务。直到2012年4月，根据《1934年证券交易法案》第12条(g)款(1)项和前规则12g-1的规定，拥有不低于500名在册股东，同时持有不低于1000万美元的权益性证券的发行人需要进行登记。2012年，《创业企业融资法案》对第12条(g)款作出修订，将在册股东人数的最低限额从500人增加到2000人，但是针对投资人不是合格投资者的股东，仍然保留了500人的最低门槛。除了富裕自然人(是指在购买证券时，拥有或与配偶共同拥有净值超过100万美元的所有自然人；或最近两年每年个人收入超过20万美元的所有自然人；或在过去两年中每年与配偶共同收入超过30万美元，且在本年度合理预期能达到同等收入的所有自然人)，[①]合格投资者还包括董事、行政执行官和发行人的普通合伙人。

在册股东人数将排除如下股东，即其获得的股票是《1933年证券法案》豁免注册的雇员报酬计划的一部分。第12条(g)款也作出修订，规定将通过豁免注册的众筹发行获得身份的股东排除在册股东计数之外。如此前说明，第12条的注册规定，公司应按照《1934年证券交易法案》定期提交报告并遵守其他规则，如表决权代理征集规则、竞价收购和兼并规则以及内幕交易公司股票报告制度。

当注册证券的在册股东人数少于300人，或者过去3年每

① 参见《1933年证券法案规则》215,501(a)和17 C.F.R. § § 230.215,230.501(a)。

一年最后一天的在册股东人数少于 500 人时,《1934 年证券交易法案》第 12 条注册条款停止执行。人们可能对第 12 条(g)款(1)项关注在册股东数量有些费解。这是因为,很多股票被以街道名字命名的经纪商持有(或者被如赛德公司和美国存管信托公司存管),受益人(每个独立作出自己投资决策的人)人数远远超过在册股东的数量。在当前的所有权模式下,要搞清楚一家公司的股票真正被多大范围地持有,受益所有权似乎是一个更准确的衡量标准。

《1934 年证券交易法案》第 12 条(j)款授权证券交易委员会在履行通告并经过听证程序后,如果认定发行人触犯《1934 年证券交易法案》任一条款或者与依据其制定的规则和条例相悖时,有权撤销或者中止其证券的注册效力。

按照《1934 年证券交易法案》第 12 条(k)款,证券交易委员会可以采取如下措施:(1)立即暂停任一证券的交易不超过 10 天;(2)经过委员会主席的批准,暂停全部证券的所有交易不超过 90 天;(3)当发生"重大市场波动"时,以维护公共利益和保护投资者为目的,可以采取一切尊重市场的行动。在 1975 年之前,当证券交易委员会认为当前公开信息不足以保证投资者就股票真实价值作出明智判断时,通常会一次性下达"10 日暂停交易"的连续命令,禁止某特定证券数月甚至数年的交易。但是,在 SEC v. Sloan,436 U. S. 103(1978)案中,最高法院认定证券交易委员会的上述行为超出了现行法律法规的授权,在任何特定情形下可以暂停交易的最长期限应当是 10 日。

《1934 年证券交易法案》第 13 条规定,按照该法案第 12 条注册证券的发行人须向证券交易委员会提交定期报告和其他报告。《1934 年证券交易法案》第 14 条规定,向该类注册证券持有人征集表决权代理时,每一例均须遵守证券交易委员会规则。1968 年《威廉姆斯法案》新增的第 13 条(d)(e)款,第 14 条(d)(e)(f)款规定,监管的事项为要约收购、竞价收购和购买自己公司股票。

《1934 年证券交易法案》第 16 条规定,每一名公司高管、董事和持有发行人《1934 年证券交易法案》第 12 条注册证券 10% 以上的股东,须报告以该发行人任何股票为标的的全部买入或卖出交易。该条还要求公司高管、董事和股东向公司交回短于 6 个月的短线交易所得获利。

有些公众持股公司,尽管不要求按照《1934 年证券交易法案》第 12 条进行注册,其仍应遵守上述定期报告义务。《1934 年证券交易法案》第 15 条(d)款规定,按照《1933 年证券法案》注册报告书发行的证券且有 300 名在册持有人时,发行人须遵守《1934 年证券交易法案》的要求。相比按照《1934 年证券交易法案》注册的公司,符合该法案第 15 条(d)款的报告公司只需遵守较低水平的监管规则,例如,与按照《1934 年证券交易法案》第 12 条注册的公司不同,符合第 15 条(d)款的报告公司不必遵守《1934 年证券交易法案》第 14 条表决权代理征集规则、《威廉姆斯法案》关于要约收购和竞价收购条款,也不必遵守《1934 年证券交易法案》第 16 条关于股票内幕交易和报告的规定。

## 第十三节 定期披露要求

《1934 年证券交易法案》的一个主要立法目的是确保公众

能获悉关于公众持股公司的充分信息。按照1964年的修订,《1934年证券交易法案》关于信息披露的要求既适用于其证券在全国证券交易所挂牌的公司,也适用于有超过500名股东且资产超过100万美元的公司(前规则12g-1将该金额上限提高到1000万美元)。[①] 如前文所述,2012年第12条(g)款(1)项作出修订,将资产的法定上限提高到1000万美元,且要求在册股东达到2000名,或者非合格投资者的在册股东达到500名。

某些特殊类型的发行人被豁免定期披露,包括投资公司[②]和须遵守州类似披露要求的保险公司[③]。银行须遵守该披露要求,但是行使监督其遵守该要求的管理权和行政执法权的机构是联邦银行机构,而非证券交易委员会。[④] 证券交易委员会于1982年通过了规则12g-1,其部分目的是减少对小规模公司的行政监督负担,目前豁免《1934年证券交易法案》规定的全部资产规模少于500万美元的发行人披露义务。1996年5月,证券交易委员会将该资产门槛提高到1000万美元。

《1934年证券交易法案》第12~14条专门规定了发行公司披露信息的要求。其中,第12条规定,当公司首次按照《1934年证券交易法案》进行注册时,应提交关于公司的详细报告;第13条规定,已注册公司应当"按照证券交易委员会的要求,提交年报和季报"。《萨班斯—奥克斯利法案》通过增强审计师和审计委员的独立性要求,加大了很多现行报告披露要求的力度。

按照《1934年证券交易法案》第13条规定,向证券交易委

---

① 参见《1934年证券交易法案》第12条(g)款(1)项。

② 参见《1934年证券交易法案》第12条(g)款(2)项(B)目。

③ 参见《1934年证券交易法案》第12条(g)款(2)项(G)目。

④ 参见《1934年证券交易法案》第12条(i)款。

员会提交的报告应包括以下基本信息:(1)公司年报“表格 10 - K”;(2)公司季报“表格 10 - Q”;(3)特定事项发生当月提交的实时报告“表格 8 - K”。作为《萨班斯—奥克斯利法案》的一部分,国会通过扩大即时披露事项“表格 8 - K”的条目,强制性提高了对即时发生事项披露的要求。

多年来,证券交易委员会多次采取措施,将《1934 年证券交易法案》中披露要求和《1933 年证券法案》对注册报告书信息披露要求进行整合。主要措施是通过《S - K 条例》完成的,该条例指定了两部法案要求提交的报告和注册报告书中应包含的信息。1992 年,证券交易委员会通过了前《S - B 条例》,列明了两部法案对年销售收入低于 2500 万美元“小规模发行人”主体的披露要求。如前文所述,后来的《S - B 条例》被《S - K 条例》的“定制披露”条款所取代。

为了加强公司年报“表格 10 - K”和公司季报“表格 10 - Q”的可读性,1980 ~ 1981 年证券交易委员会修订了这些表格,允许从向股东提交的年报和季报中大量引用信息。同时,证券交易委员会提高了向股东提交年报要求的标准(见本书第十四节)。委员会还通过了有争议性的如下规定:公司年报“表格 10 - K”不仅要求发行人署名,而且要求公司主要行政官员、财务和会计负责人以及至少是董事会的多数成员署名(该署名要求同样适用于《1933 年证券法案》注册报告书)。证券交易委员会认为,扩大署名人员范围并非意图影响对报告所承担的法律责任,而是“重新聚集”公司管理层关注《1934 年证券交易法案》的报告要求。[①]《萨班斯—奥克斯利法案》甚至增加了一个

① 参见 Exch. Act Rels. 34 - 17114(1980),34 - 17524(1981)。

更具争议的要求,即首席执行官和首席财务官须以个人名义确认提交的“表格 10 - K”和“表格 10 - Q”所披露内容的准确性。尽管作为署名者,首席执行官和首席财务官已经为这些定期报告的准确性承担责任,但是再次以个人名义证实其准确性,事实上加大了其承担责任的风险。

《1934 年证券交易法案》第 18 条规定,按照该法提交的任何报告或其他文件中,任何人作出或者造成虚假或误导性陈述,导致投资者因信赖该陈述且按照受该虚假陈述影响的价格买入或卖出证券造成损失的,均须承担赔偿责任。① 在 Wachovia Bank v. National Student Marketing Corp. ,650 F. 2d 342(D. C. Cir. 1980)案中,原告须主张并证明对提交文件完全信赖,但其举证信赖其他文件中的类似陈述则证明力不足。

## 第十四节　表决权代理征集

按照《1934 年证券交易法案》第 14 条的规定,已经按照本法案第 12 条注册的公司从股东手中征集表决权时,如果违反“证券交易委员会为公共利益或保护投资者而制定的必要或正当的规则和条例”,则应承担法律责任。1964 年,新增第 14 条(c)款拓宽了第 14 条管辖的范围,按照新增的该款规定,即使会议不从股东手中征集表决权,公司仍应以向股东征集表决权的标准提供实质上相同的信息。按照 1968 年新增的《1934 年

① 参考案例:Heit v. Weitzen,402 F. 2d 909(2d Cir. 1968)。

证券交易法案》第 14 条(f)款的规定,在未召开股东会的情况下,董事们因为转让控股股权的原因表决罢免董事会中大多数成员的,公司有义务向股东披露相关信息。

**披露**。按照该要求,证券交易委员会已经发布了详细的条例,规定了征集表决权代理所使用的表格以及应向股东提供的信息。在每次召集证券持有人会议之前,注册公司必须向每一位持有人提供一份“表决权代理征集声明”,该声明包含《1934 年证券交易法案》附件 14A 中指定的信息,连同一份表决权代理表格一同发放,证券持有人可以在该表格中对每个拟提交审议的议案标注同意或不同意。[①] 登记在经纪商、银行或名义持有人名下的证券,公司必须查询该证券的受益所有权人,提供的表决权代理表格份数应当与受益权人的人数相当,并支付合理的派发费用。[②]

在向证券持有人首次邮递之前,表决权代理征集声明和表格的终版副本必须提交给证券交易委员会。另外,如果表决权代理征集涉及的是董事选举、批准会计人员和任命或者股东议案之外的事项,上述两份文件的初稿在邮递之前 10 日内应提交到证券交易委员会。[③] 尽管表决权代理征集声明的生效方式与《1933 年证券法案》注册报告书不同(见本书第八节),但是证券交易委员会经常在其邮递之前对其提出审核意见并要求进行相应修改。

当表决权被征集用于公司股东年会选举董事时,表决权代

① 参见《1934 年证券交易法案规则》14a - 3、14a - 4。

② 参见《1934 年证券交易法案规则》14a - 3(d)。

③ 参见《1934 年证券交易法案规则》14a - 6。

理征集声明必须附之以包含过去两个财年财务状况做对比的年报和其他指定信息。① 这些规则的上述要求已经被证券交易委员会逐步地扩大，增加了需要向证券持有人披露的信息类别，使更多该类信息进一步符合《S－K 条例》的披露要求（见本书第十三节）。正因如此，向股东提交的年报，虽然目前无须向证券交易委员会提交，但在很大程度上已成为一份证券交易委员会监管的文件。

**表决权代理征集竞争。**向证券持有人征集的任何表决权代理、同意或者授权，无论由公司管理层还是任何人发起，均须遵守证券交易委员会的表决权代理征集规则，但《1934 年证券交易法案规则》14a－2 指定的例外情形除外。

**股东议案。**按照《1934 年证券交易法案规则》14a－8（以下简称规则 14a－8），如果注册公司的任一证券持有人在规定时间内向公司管理层发出通知，表达其向拟召集会议提交议案以供审议时，管理层务必将该议案纳入会议议程，在表决权代理征集声明中附加不超过 500 字的支持性声明，且向证券持有人提供机会，在管理层代表中通过表决支持或反对该股东议案。股东只有证明其持续持有至少如下价值的证券，即价值 2000 美元的有表决权证券至少 3 年；价值 15，000 美元的有表决权证券至少 2 年；价值 25，000 美元的有表决权证券至少 1 年，才有资格提交规则 14a－8 规定的股东议案。股东们之间不得为了达到上述门槛要求而合并各自所持股票。

该规则已经被“股东民主”支持者们广泛利用，并要求纳入涉及管理层报酬、年会召开、股东表决权利以及类似事项。该

① 参见《1934 年证券交易法案规则》14a－3、14c－3。

规则也被反对歧视、污染以及其他不良现象的人广泛利用，试图强制改变公司政策以图减少上述现象发生。2020 年提高提交议案股东的适格门槛，可能最终导致适格股东议案数量减少。

通常情形下，管理层抵制将股东议案列入会议程序。该规则有关何种股东议案可被忽略的条款一直具有争议且在不断修改完善中。除了其他因素，如果该议案满足如下条件，则目前生效《1934 年证券交易法案规则》14a－8(i)应允许管理层忽略该股东议案：

(1)按照有管辖权的州法，不属于证券持有人审议的事项；

(2)可能让公司触犯法律；

(3)与证券交易委员会的表决权代理征集规则相抵触；

(4)涉及再次审议个人索赔请求和投诉；

(5)涉及不高于公司业务量 5% 的运营；

(6)超出了公司的干预能力范围；

(7)涉及公司的日常业务运营；

(8)涉及入职选举；

(9)与公司管理理念相冲突；

(10)已经被视为无意义；

(11)已经纳入表决权代理征集声明中议案的翻版；

(12)与过去 5 年里提交过的某个议案相似，当时的议案在表决时获得的赞成票低于规定的百分比。

公司管理层和股东如果就某个议案是否应被纳入表决权代理征集声明中发生争议，应当先由证券交易委员会作出决定。证券交易委员会对此最初的立场是：拒绝指示公司审议某项股东议案的行为，不属于应依据《1934 年证券交易法案》第 25 条司法审查管辖的“命令”。但是一家法院对此立场持有不同意见。[1] 然而,证券交易委员会随后发现,如果授权职员对个案作出决定,并拒绝对该职员的决定做审核,那么就可避免原来的操作被司法审查。[2]

**民事责任**。公司向其股东散发误导性的表决权代理征集声明,可招致向任何信赖该误导信息而买入或卖出其证券的人承担《1934 年证券交易法案》第 18 条规定的民事责任(见本书第十三节)。另外,根据《1934 年证券交易法案规则》14a－9 的规定,表决权代理征集声明,或其他通信形式中存在如下情形的,相应的表决权代理征集程序违法,即“包含任何关于重大事实的虚假或误导性陈述的,或陈述中省略了足以确保该陈述真实性或不具有误导性所必需的重大事实的。”然而,《1934 年证券交易法案》并未明确规定违反第 14 条或者违反证券交易委员会根据该条制定的规则应承担的民事责任,这样就会产生如下问题,即股东主张批准兼并或其他交易的表决权是基于误导性的表决权代理征集声明而获得时,股东是否有权提起诉讼,要求赔偿或者采取其他救济措施? 在 J. I. Case v. Borak,377 U. S. 426(1964)案中,美国最高法院认为,基于《1934 年证券交易法案》第 14 条(a)款的“广泛救济目的”和第 27 条的文字表述,该法条赋予股东默示的私人诉权,该起诉权赋予联邦地区法院管辖有关“实施该法案项下责任和义务”的全部诉讼。后来美国最高法院的判决对上述赋予默示私人诉权的两个基础提出严重质

① 参考案例:Medical Committee v. SEC,432 F. 2d 659(D. C. Cir. 1970),vacated as moot,404 U. S. 403(1972)。

② 参考案例:Kixmiller v. SEC,492 F. 2d 641(D. C. Cir. 1974)。

疑(见本书第三十六节)。然而,美国最高法院没有推翻 Borak 案的判决,承认第 14 条(a)款默示私人诉权持续带来大量解释和实施难题。

**因果关系**。问题之一,特别是在大部分股票是由完全了解真相的“内部人”持有的情况下,原告须提交什么证据以证明股东表决赞成交易是虚假陈述误导的结果? 在 Mills v. Electric Auto - Lite,396 U. S. 375(1970)案中,美国最高法院认为,在赞同交易的表决结果需要借助于“外部”股东表决权加持时,只要求原告证明虚假陈述或事实遗漏是“重大”即可,而不要求证明虚假陈述和事实遗漏实际上对表决结果产生了决定性影响。

如果“内部人”持有足够的表决权,不需要“外部”股东的表决权加持即可以保证某项交易被表决通过时,更复杂的问题出现了。即使在上述情形下,某上诉法院认定,鉴于披露真实信息会赋予证券持有人其他可选项,表决权代理征集仍然是“合并交易的基本组成部分”。[1] 然而,在 Virginia Bankshares v. Sandberg,501 U. S. 1083(1991)案中,美国最高法院大法官以 5∶4 的表决比例否决了上述思路,认为在外部股东表决权不构成批准某项交易所需要件时,该交易的表决通过与虚假陈述之间不存在因果关系。

**重大性**。在 Mills 案中,美国最高法院大法官 Harlan 把表决权代理征集声明中虚假陈述或事实遗漏的重大性验证标准表述为“是否已被理性股东认为重要”。然而,在 TSC v. Northway,426 U. S. 438(1976)案中,美国最高法院采用了更严格的标准,认为“如果被遗漏的事实极大可能被理性股东在投票时

① 参考案例:Cole v. Schenley,563 F. 2d 35(2d Cir. 1977)。

认定为重要，则被遗漏事实即是‘重大’事实。换句话说，如果被遗漏的事实披露出来，有极大可能被理性股东认定为对现有信息‘整体组合’的重大改变”。在 Sandberg 案中，美国最高法院认为，如果一个陈述“明确或暗示性地对描述对象做虚假或误导性断言”，则该以结论性或者定性术语表达的陈述可能是重大虚假陈述。

**过错程度**。在 Gerstle v. Gamble – Skogmo，478 F. 2d 1281 (2d Cir. 1973)案中，法院认为与按照《1934 年证券交易法案规则》10b – 5(见本书第二十节第二部分)提起的诉讼不同，按照《1934 年证券交易法案规则》14a – 9 提起的诉讼，在制备表决权代理征集声明中存在疏忽即足以让法院支持原告的赔偿要求。无须证明存在不良动机或者罔顾事实的草率行为。

**救济**。表决权代理征集资料中疑似存在重大虚假陈述或事实遗漏时，尤其是在股东表决后取消交易变得不可行的情形下，申请法院的临时禁制令，要求传阅修正版资料便是非常恰当的补救措施。[1]

正常情形下，在股东对相关事项表决完成后，法院可能给予衡平法上的救济。例如，在任董事基于误导性表决权代理征集声明获得表决权而胜选留任时，法院可命令重新选举董事。[2] 但是，如果原告出示相关违法证据，并不能自动给予其衡平法上的救济。在 Mills 案中，法院论证除非符合全体股东的最大利益，否则合并交易不能被搁置，况且该案的原告已经获得了损害赔偿。

在企业合并交易的诉讼案件中，损失的计算可能涉及很多

① 参考案例：Berkman v. Rust Craft，454 F. Supp. 787(S. D. N. Y. 1978)。

② 参考案例：Gladwin v. Medfield，540 F. 2d 1266(5th Cir. 1976)。

难题,如被合并企业的恰当估值,或者如何评估兼并企业对基于该次并购中获利所负担的义务。在 Mills 案中,法院最终认为,即使在表决权代理征集声明中存在重大事实遗漏,鉴于合并交易条款并非不公平,原告因此无权获得任何损害赔偿。[①]

**《1933 年证券法案》下的救济。**《1933 年证券法案规则》145(见本书第十节第四部分)通过后,现在大多数涉及资产合并、重整以及出售资产所使用的表决权代理征集声明,同时也成为《1933 年证券法案》注册报告书中的内容。因此,只要被合并企业的股东能证实表决权代理征集声明存在重大虚假陈述或事实遗漏,《1933 年证券法案》第 11 条民事责任条款就可以为他们提供另一种救济途径。

## 第十五节 竞价收购和要约收购

20 世纪 60 年代以来,越来越多激进的公司或个人投资者,掀起了攫取公众持股公司的控股权利益的浪潮。他们可能通过支付现金、发行自己股票做交换,或将两者相结合的方式,获取该类公司的控股权股票。他们获取该类股票的手段可以是通过私下交易获取,也可以通过经纪商从公开市场收购或向目标公司股东发出公开收购要约获取,支付方式要么以固定现金价格支付,要么以打包本公司证券作为支付对价。该类"要约收购"或"竞价收购"的操作通常遭到目标公司管理层的激烈反对。

① 参考案例:Mills v. Electric Auto - Lite,552 F. 2d 1239(7th Cir. 1977)。

该类竞争的显著表征，包括双方令人眼花缭乱的公开的索赔和指控，企图操控市场以及对目标公司股东采取令人费解的强迫性手段。

在要约收购涉及收购公司发行证券作为支付对价换取目标公司股票时，其证券须按照《1933 年证券法案》的规定注册，并且将招股说明书送达被征集表决权的股东手中。然而，在 1968 年之前，用现金竞价则不要求向证券交易委员会备案。

## 一、竞价收购的联邦监管规则

1968 年《威廉姆斯法案》的立法目的，就是授权证券交易委员会和法院处理“要约收购”或“竞价收购”过程中出现的问题。尽管该法案最初的立法推动力来源于曾经是或可能成为被收购目标公司的管理层，但证券交易委员会和国会的立场则认为该立法本意是防止公众股东被过度打扰，而非让在任管理层相比要约收购者获得竞争优势。后来，尽管按照《威廉姆斯法案》发起的大多数诉讼活动均发生自上述竞争的双方，但法院主要倾向于审查可行的救济措施能否保护公众股东。

《威廉姆斯法案》为《1934 年证券交易法案》新增了数个条款，直接适用于要约收购的修订部分是《1934 年证券交易法案》第 13 条(d)款、第 14 条(d)(e)款。《1934 年证券交易法案》第 13 条(e)款适用于公司收购自己的证券。《1934 年证券交易法案》第 14 条(f)款引入一项要求，即涉及目标公司管理层和目标公司控制权变更的协议必须进行披露。

**申报**。按照《1934 年证券交易法案》第 13 条(d)款，任何个人(或“团体”)持有根据《1934 年证券交易法案》第 12 条注册的任一类别证券 5% 以上，必须自持有之日起 10 天内向发行人和证券交易委员会申报。该申报须包含:(1)该5%持股股东背景;(2)用于收购该证券的资金来源;(3)获取该证券的目的;(4)持有的股票数量;(5)全部相关的合同、交易安排或承诺。有些法院已经承认发行人享有默示起诉权,可以就违反第13条(d)款向法院寻求正当的救济禁制令。[①] 但是,也有其他法院质疑,该项起诉权利按照美国最高法院在 Liberty National v. Charter, 734 F. 2d 545 (11th Cir. 1984)案中所采纳的更严格认定标准是否存在?即使在该起诉权利被承认的情况下,在未能证明存在"不可挽回的损失或者存在获得禁制令救济所需其他常见先决条件"时,发行人也无权获得法院禁制令,限制该证券的表决权或者限制收购更多的该类证券。[②]

合计持有公司5%以上股票的股东,同意通过一致行动以影响公司的控制权,但他们此时获得的控制权并非源于收购了更多股票,这会产生《1934年证券交易法案》第13条(d)款的适用难题。此时,就"团体"一致行动协议是否构成一种证券"收购"行为从而触发申报要求,法院就此发生分歧。[③]

**竞价收购程序。**按照《1934年证券交易法案》第14条(d)款的规定,除非已经向证券交易委员会申报过,且向每一位受要约方提供一份包含该法案第13条(d)款要求的特定信息的报告,任何人不得发起最终可导致其持有公司任一类别按照《1934年证券交易法案》第12条注册证券5%以上的竞价收购。第14条(d)款和(e)款以及证券交易委员会根据其制定的规则,也规

---

① 参考案例:Dan River v. Unitex, 624 F. 2d 1216 (4th Cir. 1980)。

② 参考案例:Rondeau v. Mosinee, 422 U. S. 49 (1975)。

③ 参考案例:GAF v. Milstein, 453 F. 2d 709 (2d Cir. 1971); Bath v. Blot, 427 F. 2d 97 (7th Cir. 1970)。

定了对竞价收购的大量实质性限制。竞价收购要约的有效期不得少于20天,并且在其条款发生任何变化后,其剩余有效期不得少于10天。[①] 前述要约必须向目标种类证券的所有持有人开放,并且所有投标股东所持股权的收购价格必须相同。在竞价收购的股票少于发行股票时,如果参加竞标股票超过收购数量,则应按比例收购。[②] 在竞价收购要约的有效期内,已投出的竞买标书可以随时撤回。[③]

**什么是竞价收购?**《1934年证券交易法案》并未给出"竞价收购"的定义。一直以来普遍观点是无论购入目的是不是基于获得公司控制权,该类收购均不包括从公开市场上购入证券。[④] 但是,普遍认为该说法包括"向公司股东发出公开收购他们所持公司股票的邀请",尽管这不是"被在任管理层反对的恶意收购"。[⑤]

该类收购也被解释适用于通过非公开的"要么接受要么放弃"式交易,从24名大股东手中同时购入35%公司股票的协调计划。法院认为,因为该类交易是以远高于当前市场价的固定价格向公司大部分股东发出收购要约,且其有赖于在有限时间内收到一定数量股东的投标,同时该类交易还使受要约人面临迅速作出决定的压力,故而这类交易除了广泛征集股东外,具备竞价收购的全部特征。[⑥]

---

① 参见《1934年证券交易法案规则》14e-1。

② 参见《1934年证券交易法案》第14条(d)款6项。

③ 参见《1934年证券交易法案》第14条(d)款7项。

④ 参考案例:Kennecott v. Curtiss - Wright,584 F. 2d 1195(2d Cir. 1978)。

⑤ 参考案例:Smallwood v. Pearl,489 F. 2d 579(5th Cir. 1974)。

⑥ 参考案例:Wellman v. Dickinson,475 F. Supp. 783(S. D. N. Y. 1979)。

在 Wellman 案中,法院指定了 8 个要素,其存在与否将影响法院是否认定存在竞价收购:(1)积极和广泛地向公众股东招徕参与竞买;(2)募集发行人较高比例的股票;(3)在当前市场价格基础上加价;(4)竞价收购的条款是固定的而非可商谈;(5)要约的成功依赖于收到持有特定数量股票的股东投标;(6)竞价收购有效期为有限期间;(7)投标人被置于卖出股票的压力中;(8)购入计划的公开宣布伴随股票的迅速聚集。这些要素被第九巡回法院用于认定回购计划为非"竞价收购"。[①] 然而,第二巡回法院拒绝适用上述标准。在判定通过 5 次私下交易和 1 次公开市场交易收购某公司 25% 股票的行为不是"要约收购"时,该法院认为,既然《1934 年证券交易法案》第 14 条(d)款的立法目的是保护公众股东,即避免在信息不透明的情况下作出交易决定,那么它仅仅适用于"存在被征集者对收到的要约缺乏可供其仔细斟酌评估所需信息的重大风险"的情况。[②]

如下表格总结了《威廉姆斯法案》主要条款和现行证券交易委员会规则:

| | 第三方竞价收购 | 发行人竞价收购 |
|---|---|---|
| 最高价规则 | 《威廉姆斯法案》第 14 条(d)款(7)项,规则 14d-10(a)(2):向任一中标证券持有人支付的最高收购价格必须适用于全体中标证券持有人。 | 规则 13e-4(f)(8)(ii):向任一中标证券持有人支付的最高收购价格必须适用于全体中标证券持有人。 |

① 参考案例:SEC v. Carter,760 F. 2d 945(9th Cir. 1985)。

② 参考案例:Hanson v. SCM,774 F. 2d 47(2d Cir. 1985)。

续表

| | 第三方竞价收购 | 发行人竞价收购 |
|---|---|---|
| 最高价规则 | 规则 14d－10(c)允许采用不同种类的支付对价。这些不同种类的支付对价可以在价值上存在较大差别,只要满足:<br>1)证券持有人有在不同支付对价中自由作出选择的权利;<br>2)向任一证券持有人支付的某种支付对价的最高价,必须适用于全体选择该种支付对价的证券持有人。 | 规则 13e－4(f)(10)(与第三方竞价收购相同)。 |
| 适用于全体证券持有人规则 | 规则 14d－10(a)(1)要求向拟收购级别证券的全体持有人开放。 | 规则 13e－4(f)(8)(i)(与第三方竞价收购相同)。 |
| | 规则 14d－10(b)(2)若竞价收购者在其善意努力遵守某州法律后,仍被该州法律禁止作出收购要约的,允许该竞价收购者将该州的证券持有人排除在受要约人范围之外。 | 规则 13e－4(f)(9)(ii)(与第三方竞价收购相同)。 |
| 同比例收购原则 | 《威廉姆斯法案》第 14 条(d)款(6)项:发生要约收购的证券数量少于该级别证券的发行量,且竞买数量高于收购数量时,该收购者须遵循按比例收购的原则。<br>该成文法仅仅适用于收购要约公开或者支付对价提高通知发出后 10 天内的申请竞买证券。规则 14(d)(8)将按比例收购的要求延伸到整个竞价收购期间。<br>该规则不适用该竞价收购者在过去 12 个月内获取不超过 2% 该级别证券的情形。 | 规则 13e－4(f)(3):要约收购的证券数量少于该投标证券的发行量,且投标竞买数量高于收购数量时,该收购者须遵循按比例收购的原则。<br>该规则规定了例外情形,即零星的小额竞价收购和"要么全部成交要么放弃"类型的股票收购情形。 |

续表

| | 第三方竞价收购 | 发行人竞价收购 |
|---|---|---|
| 竞价收购的期间 | 规则 14e－1(a)——竞价要约收购的有效期至少为 20 个交易日。 | 规则 13e－4(f)(1)(i)(与第三方竞价收购相同)。 |
| | 规则 14e－1(b)——对价、拟收购证券的百分比,或交易商的招徕费发生变更的,竞价收购要约须在通知更改之日起至少 10 个交易日内有效。<br>例外情况——接受不超过所寻求级别 2% 的额外证券。 | 规则 13e－4(f)(1)(ii)(与第三方竞价收购相同)。 |
| | 规则 14d－4(c)——竞价收购条件发生"重大"变更的,必须安排以合理的方式将该变更通知到证券持有人。<br>证券交易委员会对该规则的解释是,一项重大变更从做出通知之日算起须保持至少 5 个工作日的有效期,而涉及支付对价的变更或者拟收购证券比例的变更时,则该有效期至少为 10 个交易日。 | 规则 13e－4(e)(2):竞价收购条件的"重大"信息的变更必须安排以合理的方式将该变更通知到证券持有人。 |
| 撤回的权利 | 《威廉姆斯法案》第 14 条(d)款(5)项:参与受邀投标的证券可以在竞价购买通知发出的前 7 天内撤回,也可以在原竞价购买通知发出 60 天后撤回。<br>规则 14d－7:参与竞买的证券可以在竞价购买的有效期内撤回。 | 规则 13e－4(f)(2):参与竞买的证券可以在如下期间撤回:<br>(i)竞价购买在有效期内;<br>(ii)如果竞买的证券未被接受,可以在竞价购买开始 40 天后。 |

**竞价收购中的虚假陈述。**按照《1934 年证券交易法案》第 14 条(e)款的规定,参与竞价收购的任何人有如下操作均为违

法:(1)虚假陈述或遗漏重大事实;(2)从事任何欺诈性、欺骗性、操纵性活动或业务。对违反上述禁止性规定的行为,没有明确规定私人诉权的存在。但是,在 Electronic v. International,409 F. 2d 937(2d Cir. 1969)案中,法院认为目标公司有权申请禁制令,以对抗在竞价收购操作中使用误导性陈述的“掠夺收购者”。

另外,美国最高法院在 Piper v. Chris – Craft,430 U. S. 1 (1977)案中认为,在公司控制权竞争中,失败收购者没有权利通过诉讼手段向利用了误导性陈述的对手追索给自己造成的损失。美国最高法院拒绝给予竞价收购者寻求衡平法上救济的权利,也未给予目标公司该权利,只有在有利于国会特意保护的群体即目标公司公众股东的情形下,美国最高法院才承认《1934年证券交易法案》第 14 条(e)款中私人诉权的存在。按照该案件的逻辑,有些法院认为,在有争议的竞价收购案件中,竞争方有权针对其对手的误导性征集申请禁制令,理由是派发修正版的材料,将使目标公司的股东收益。[①]

按照 Piper 案的逻辑,如果基于竞价收购者的误导性陈述卖出自己的股票,那么目标公司股东享有《1934 年证券交易法案》第 14 条(e)款中的默示诉权。[②] 但是,法院认为,目标公司股东不能因为公司管理层所做的误导性陈述导致竞价收购无效而起诉公司管理层。法院的逻辑是,既然股东们从来就没有机会卖

---

① 参考案例:Florida Commercial Banks v. Culverhouse,772 F. 2d 1513(11th Cir. 1985)。

② 参考案例:Plaine v. McCabe,797 F. 2d 713(9th Cir. 1986)。

出自己的股票，他们怎么可能信赖过该误导性陈述？①

## 二、州法对并购的监管规则

除了联邦立法之外，20世纪六七十年代，超过30个州通过制定法律法规，对在本州成立或者主营业务在本州公司的并购交易进行监管。这些法律法规倾向于大力维护公司在任管理层的利益。与联邦法相比，该类州法通常要求公司信息披露的范围更广，强制规定了竞价收购从宣布到开始执行须设定10～60日的等待期，并且规定了州行政官员主导的听证程序。

该类州法受到大量合宪性挑战，且初级联邦和州法院作出了大量判决。美国最高法院受理的第一个案例是Edgar v. MITE，457 U. S. 624（1982）案。该案中，美国最高法院认为，伊利诺伊州的该类州法含有不符合美国宪法的条款，因为其施加到州际商业设施的间接负担，超出了该州的合法利益。美国最高法院的一些大法官也认为，增加州际商业设施的直接负担不合宪，且伊利诺伊州的该地方法已被《威廉姆斯法案》所取代，因为其与国会在《威廉姆斯法案》中所获平衡相冲突。

在Edgar案判决后，很多州通过了“第二代”管辖并购的地方法。“第二代”州立法聚焦于本州设立的公司，监管已收购超过某一特定比例流通股之人的表决权，而不再设置并购的行政障碍。该类案件中，美国最高法院审理的第一个案例是CTS v. Dynamics，481 U. S. 69（1987）案，支持了印第安纳州第二代关

① 参考案例：Lewis v. McGraw，619 F. 2d 192（2d Cir. 1980）；Panter v. Marshall Field，646 F. 2d 271（7th Cir. 1981）。

于并购地方法的有效性,理由是该法没有超出州拥有的对按照本州法律成立公司内部事务的传统监管权力。

尽管该州法获得了上述胜利,但是商业化程度高的主要州并没有沿用印第安纳州的路径。比如,特拉华州和纽约州,作为纽约证券交易所挂牌公司设立所在地或总部驻地数量最多的两个州,选择不限制竞买者收购目标公司股票或者获取股票表决权,但是禁止其收购交易完成后特定时期内与目标公司合并。这样的规定在实际效果上使竞买者没有办法利用目标公司资产来担保获取用于并购所需的借款。① 与特拉华州法相似的威斯康辛州"第三代"州立法,在合宪性挑战案件 Amanda v. Universal,877 F. 2d 496(7th Cir. 1989)中胜诉。

除了上述这些特殊的关于管辖收购的州法之外,很多公司还采取了传统州公司法规定的防御性措施。针对这些防御措施的诉讼,主要集中在管理层在采取行动防御竞价收购者时,能否获得"商业判断规则"的保护,或者集中在管理层的行为动机是否出于为了自己留任管理岗位的目的,此时将按照"内在公平性"测试来作出判断。受理了很多该类诉讼的特拉华州法院发明了一种"比例测试法"。按照该测试法,公司董事应提供证明:(1)"他们有合理理由相信,另一方获取股票所有权对公司目前政策和运行效率构成危险";(2)所采取的"应对上述危险的防御措施是合理的"。②

有些防御措施引发了如何在州公司法和联邦证券法之间划

① 参见 Del. Gen. Corp. L. §203;N. Y. Bus. Corp. L. §912。

② 参考案例:Unocal v. Mesa,493 A. 2d 946(Del. 1985);Revlon v. MacAndrews,506 A. 2d 173(Del. 1985);Paramount v. Time,571 A. 2d 1140(Del. 1989)。

定恰当边界的问题。例如，在Unocal案中，特拉华州最高法院认定了如下操作符合特拉华州公司法，即目标公司可以从除竞购者之外的全体股东手中购买股票，作为对抗被收购的措施。证券交易委员会解释，《1934年证券交易法案》第14条(d)款和第13条(e)款制定的强制性规定包含一项"公平和平等对待成为竞价收购对象同一级别证券全部持有人"的义务。后来，证券交易委员会制定规则，要求竞价收购必须对同级别证券的全体持有人开放。在Polaroid v. Disney, 862 F. 2d 987(3d Cir. 1988)案中，基于美国最高法院对Schreiber v. Burlington案所作判决(见本书第十七节第三部分)，该"全体持有人"规则被批评，声称证券交易委员会并未获得该规则制定权。但第三巡回法院支持了该规则的有效性。

州法和联邦法发生冲突的另一领域是关于表决权。大量的公司出于试图保护自己免被收购的目的，通过设立无表决权或超级表决权的股票级别，限制任一股东可以表决的票数，或规定持股满一定期间之前不能行使表决权。这些限制措施违反了纽约证券交易所规则。按照该交易所规则，禁止任何公司的无表决权普通股挂牌交易，或者任何背离"一股一票表决权"规则的行为。在纽约证券交易所挂牌的公司向该交易所施压，要求改变上述规则。交易所向证券交易委员会提交了一个计划，即只要公司独立董事和"公众"持股人批准，就应允许在该交易所挂牌的公司发行"差别化表决权"股票。证券交易委员会拒绝批准纽约证券交易所的该提议，并通过了自己的规则，要求全部交易所和纽约证券交易所摘牌任何"作废、限制或差别化地减少流通普通股持有人对每股享有表决权"的公司股票。该规则被认为超出了证券交易委员会规则的制定权限，其效力也受到质疑和挑战。在 Business Roundtable v. SEC,905 F. 2d 406(D. C. Cir. 1990)案中,该规则被抨击为证券交易委员会企图监管企业内部事务的一个例证,而法院认定国会未将该权力委托给证券交易委员会行使。但是,后来主要证券交易所和纳斯达克采用统一规则,严格限制差别化股票表决权情形的发生。

## 第十六节　对"短线交易"牟利的追责

《1934 年证券交易法案》第 16 条是适用于按照该法案第 12 条注册证券的公司的最后一条。该条设置的目的是防止公司"内部人"利用掌握公司内幕信息的优势地位,短线交易自己公司股票牟利。《1934 年证券交易法案》第 16 条(a)款规定,直接或间接通过持有超过 10% 公司按照《1934 年证券交易法案》第 12 条注册的某个级别股票的受益人,和每一家上述股票注册公司的每一位执行官和董事,均须向证券交易委员会申报。该报告提交时间为:(1)该股票受益人、执行官或董事获得其相应身份时;(2)获得或处置公司股票的第二个交易日结束前。"基于防止不公平地利用所获信息的目的"是指该类信息是基于担任执行官、董事或者持股超过 10% 股东身份的便利而获得。《1934 年证券交易法案》第 16 条(b)款允许公司或者任何代表公司起诉的证券持有人,向任何人追索在 6 个月期间内通过先买入后卖出,或者先卖出后买入公司任何级别股票而实现的"利润"。

关于《1934 年证券交易法案》第 16 条,有几个重要事项需要关注。第一，尽管其目的是防止利用内幕信息，但禁止的并非全部情形，而是特定类别的人员所从事的特定的组合交易。当该法案适用时，不需要证明被告实际上利用了或者获取了内幕信息。[①] 然而，在解释专用名词，如“购入”、“卖出”和“受益人”时，多数法院试图遵循“务实”方法来认定某项具体交易是否会带来被国会关注的滥用上述身份的可能性。[②]

第二，按照《1934年证券交易法案》第16条，证券交易委员会的权力是有限的。它有权强制执行第16条(a)款要求的申报义务，拥有第16条(b)款法定权力，依据规则豁免其认定的“不归于本款立法管辖”交易的申报义务。[③] 1991年，证券交易委员会通过一套新规则，取代了上述第16条规定，新规则较之前有实质性的变更。[④] 然而，证券交易委员会没有权力执行依据第16条(b)款认定的当事人责任。该责任只能通过发行人或代表发行人证券持有人提起诉讼后被认定。公司管理层其实很少起诉自己的成员，且代表发行人提起诉讼的证券持有人的个人经济收益通常是微不足道的，而执行该款的主要动力是法院判决向原告律师支付的费用，该费用来自发行人从该诉讼中的所得收益。尽管涉及第16条(b)款诉讼案件中的主要经济收益由律师获得而不是“委托人”，但是法院仍然拒绝禁止基于动机不纯的或违反职业道德的该类诉讼，认为国会不得不接受该类行为作为换取有效执行该类特定条款的代价。[⑤]

---

① 参考案例：Smolowe v. Delendo，136 F. 2d 231(2d Cir. 1943)。

② 参考案例：Kern County v. Occidental，411 U. S. 582，594 n. 26(1973)。

③ 参考案例：Greene v. Dietz，247 F. 2d 689(2d Cir. 1957)。

④ 参见 Exch. Act Rel. 34 – 28869(1991)。

⑤ 参考案例：Magida v. Continental，176 F. Supp. 781(S. D. N. Y. 1956)。

**“获利”**。无论何时，只要存在一次购入行为以及对应此后或此前6个月内以更高价格的卖出行为，即满足《1934年证券交易法案》第16条(b)款要求的“获利”条件。第16条(b)款意义上的证券具有可替代性，没有必要跟踪用于识别证券的证书。[①] 的确，卖出普通股票同时反向购入可转换成普通股的债券可产生“获利”。[②] 另外，也没有关于以“损失”冲抵“获利”的条款。若被告按照不同价格执行了一系列交易，公司可追偿的“获利”由执行的全部交易中最高价格和最低价格的差额来决定。即使在案涉6个月期间内被告实际总体上存在“亏损”，该被告仍应承担“获利”的返还义务。[③]

**“高管”或“董事”**。术语“高管”被定义为总裁、主要财务负责人、主要业务部门负责人、单位的副总裁或相当职位，以及全部其他负责为发行人制定政策的高管或人员。[④] 一个人在其不再担任董事或高管后进行的购买或出售，可以追溯此前6个月内，其仍在职期间所进行的出售或购买，并进行匹配。[⑤]然而，在董事辞职后的6个月内进行的购买和出售不包括在内。[⑥]

合伙企业或公司被证实指派一名合伙人或者一名代表自己担任另一家企业的“董事”时，如果该董事通过从事短线交易获

---

① 参考案例：Smolowe v. Delendo Corp.。

② 参考案例：Chemical Fund v. Xerox, 377 F. 2d 107(2d Cir. 1967)。参见1934 Act Rule 16b-6。

③ 参考案例：Smolowe v. Delendo Corp.。

④ 参见《1934年证券交易法案规则》16a-1(f)。参考案例：C. R. A. v. Crotty, 878 F. 2d 562(2d Cir. 1989)。

⑤ 参见《1934年证券交易法案》第16a-2(b)条。参考案例：Feder v. Martin, 406 F. 2d 260 (2d Cir. 1969)。

⑥ 参见《1934年证券交易法案》第16a-2(b)条。参考案例：Levy v. Seaton, 358 F. Supp. 1 (S. D. N. Y. 1973)。

利,该合伙企业或公司仍将按照第 16 条(b)款承担义务。① 但是,“担任代表”是涉及事实的问题,如果不能证明上述担任董事的合伙人是合伙人会议授权代表整个合伙企业执行短线交易时,他承担第 16 条(b)款规定的责任的限度为其所占获利合伙企业的合伙份额。②

由董事或高管从事的交易能否与其配偶或其他家庭成员从事的交易进行匹配,取决于能否证实该董事或高管与他们就该证券存在“直接或间接的金钱利益”。③

**“10% 持股人”**。作为实益所有人承担责任时,须持有不少于 10% 的被注册的某个级别股票。普通股票或注册的优先股(在全国性交易所挂牌交易的股票,或者由超过 2000 人持有的股票)超过 10% 的所有权,才能满足条件。④ 然而,某个级别的可转换债券[按照《1934 年证券交易法案》第 3 条(a)款 11 项被认定为“权益类证券”,只因为它们可以转换为普通股]10% 的所有权,除非持有的债券可转换为普通股,加上该内部人持有的其他普通股,总量超过已发行股票的 10%,否则不会让该内部持有人承担第 16 条(b)款规定的责任。⑤ 基于认定一个人是否为 10% 股票实益所有人,术语“实益所有人”的界定应参照《1934 年证券交易法案》第 13 条(d)款制定的规则。⑥

---

① 参考案例:Blau v. Lehman,368 U. S. 403(1962);Feder v. Martin。

② 参考案例:Blau v. Lehman。

③ 参见《1934 年证券交易法案规则》16a - 1(a)(2)。参考案例:Whiting v. Dow,523 F. 2d 680(2d Cir. 1975);CBI v. Horton,682 F. 2d 643(7th Cir. 1982)。

④ 参见《1934 年证券交易法案》第 12 条(g)款。

⑤ 参考案例:Chemical Fund v. Xerox, supra。参见《1934 年证券交易法案规则》16a - 11(a)(2)(ii)(F)。

⑥ 参见《1934 年证券交易法案规则》16a - 1(a)(1)。

与对董事和高管的规定有所不同,第 16 条(b)款专门规定,只有在买入和卖出股票时均持股超过 10%,才能判定该实益所有人承担该款规定的责任。美国最高法院认为,不能为了让一个人承担第 16 条(b)款规定的责任,把导致其成为 10% 股票持有人的买入交易与随后的卖出交易强行匹配。[①] 美国最高法院还认为,超过 10% 股票持有人首次卖出的量足以让其持有比例降至 9.9%,然后再卖出其余股票时,即使两次交易同属事先安排的同一交易,也无须让该持有人对第二次交易的获利承担第 16 条(b)款规定的责任。[②]

**“买入”和“卖出”**。按照《1934 年证券交易法案规则》16b－6以及 1991 年的修订内容,接受或处置普通股的看涨或看跌期权,以及接受或处置可转换为普通股的证券,均被视为底层普通股的买入或卖出交易。期权的行权行为或可转换债券的转换行为不被认作第 16 条(b)款意义上的买入或卖出交易。(这个说法颠覆了以前证券交易委员会的立场,即认为期权的行权应当被认定为以底层普通股票为对象的买入或卖出交易。)

在公司兼并中,如果被告人有权推进实现该并购交易且存在利用内幕信息的可能性,那么用一个公司股票换取另一个公司的股票可能构成第 16 条(b)款意义上“购入”或“卖出”交易。[③] 然而,若被告是一名“被迫卖出者”(因为所持股票的表决权不足以阻止并购交易的进行,作为失败的竞价收购者必须被迫交换自己的股票),其处置股票行为不被认定为第 16 条(b)

---

① 参考案例:Foremost – McKesson v. Provident,423 U. S. 232(1976)。

② 参考案例:Reliance v. Emerson,404 U. S. 418(1972)。

③ 参考案例:ormation. Newmark v. RKO,425 F. 2d 348(2d Cir. 1970)。

款意义上的“卖出”交易。[①]

由高管和董事按照雇员股票期权计划和其他雇员福利计划从事的交易,如果该类计划被公司股东批准,且该交易完全符合《1934年证券交易法案规则》16b－3设定的条件,则被豁免承担第16条(b)款规定的责任。

**“在不足6个月的期间内”**。如果一个人在3月15日购入股票,那么他在何时卖出股票,才不会承担第16条(b)款规定的责任呢?在Stella v. Graham－Paige, 132 F. Supp. 100 (S. D. N. Y. 1955)案中,法庭是通过记录股票被购入的日期,查明对应的6个月后的日期,然后再减掉1日以核定该6个月期间的终止日。因此,上述案例中,6个月的期间结束日为9月14日,则在该日卖出就无须承担第16条(b)款规定的责任,因为持有的期间已满6个月。[②]

**注1**:2009年,证券交易委员会提议修订《1934年证券交易法案规则》14a－8,允许股东有限度地获悉管理层表决权代理征集声明中关于董事提名的内容。另外,特拉华州立法机构对特拉华州最高法院的司法观点作出补充。作为特拉华州公司法修订的一部分,公司可以(但不强制)制定章程细则,允许在特定情形下,股东为提名董事而查阅公司的表决权代理征集声明。另外,该修订也允许特拉华州注册公司的章程细则中规定给予股东报销其用于征集代理表决权参加董事选举的费用。

---

① 参考案例:Kern County v. Occidental。

② 参考案例:Jammies v. Nowinski,700 F. Supp. 189(S. D. N. Y. 1988)。

| 第四章 |

# 反欺诈条款

本书此前的章节非常详细地探讨了关于证券法和相关单行条例的特定条款，它们专门适用于特定种类交易或实务。然而，联邦证券法最重要的进步体现在“反欺诈”条款，这些发展和完善被总结为禁止实施“欺诈或欺骗”或“操纵性或欺骗性设置或手段”。

该类条款可见于《1933 年证券法案》第 17 条(a)款、《1934 年证券交易法案》第 10 条(b)款、第 14 条(e)款、第 15 条(c)款(1)项以及《1940 年投资顾问法案》第 206 条。因为《1934 年证券交易法案》第 10 条(b)款管辖范围最广，是适用频率最高的条款，而且很多基于该条款制定的规则也被广泛适用。

## 第十七节　操纵市场

在一系列推动通过《1934 年证券交易法案》听证会上，参议院调查委员们聚焦的证券市场中最严重的权利滥用就是“资金池”操作。这些“资金池”通过一系列准确计算的真实交易，把一家交易所的证券价格炒高,唯一目的就是"操纵"该证券的市场价格,然后在价格下降之前降低其在公开市场的仓位。因此《1934年证券交易法案》第9条和第10条(a)款禁止操纵证券交易所挂牌证券价格的各种行为,并且在第10条(b)款包含一个兜底条款,允许证券交易委员会通过制定规则禁止所有针对任何证券的"操纵性或欺骗性设置或计谋"。

总的来说,在20世纪20年代这些条款对防止证券交易所猖獗的操纵股票行为死灰复燃发挥了有效作用。然而,招致执法行动的操纵市场案例仍时有发生。[①] 21世纪初期,大量的新型操纵证券市场案例被曝光,其中最著名的案例涉及证券初次公开发行实务和共同基金销售业务。

在区分操纵行为和合法交易行为时,如下几个领域不断出现难题。第一个领域,在多大程度上允许经纪商和其他参与证券公开发行或"分销"的人,可以同时购买或竞价购买该同一证券;第二个领域,在多大程度上允许公司通过在公开市场买入自己的股票来影响股票价格;第三个领域,在公司并购竞争中,参与方的操作行为。

## 一、证券分销

证券首次公开发行的成功,在很大程度上取决于分销期间证券市场价格趋势是上升还是下降。因此,对参与分销的人员来说,在该期间他们有很强的动机将市场价格维持在一个高水平上。另外,大宗新股票进入交易市场可能对该股票的市场价

① 参考案例:SEC v. Lorin, 877 F. Supp. 192 (S. D. N. Y. 1995); United States v. Mulheren, 938 F. 2d 364 (2d Cir. 1991)。

格带来暂时的负面影响，并使承销商不可能按照此前主流价格销售新进入的股票。因此，证券交易委员会面临的问题是能否允许承销商来“稳定”价格，也就是在市场上按照原来价格或者以接近公开发行价格购买股票，并购买（以将来转售为目的）进入市场后可能导致市场价格下降的股票。

早在1936年，证券交易委员会决定“某些稳定价格的操作”不属于《1934年证券交易法案》反对操纵市场的禁止范围，并且允许承销商们在一定限度内支撑正在分销的证券价格。1939年以来，证券交易委员会要求在招股说明书中明确列出承销商为稳定价格买入的可能性，并要求承销商真正执行该类稳定价格行动时，须向证券交易委员会提交详细报告。①

承销商执行竞价的时机和稳定价格的准确指引，是在1955年通过制定《1934年证券交易法案规则》10b－6、10b－7、10b－8之后确定下来。1997年，这些规则被《M条例》第100～105条取代。《M条例》规定参与“分销”的发行人、任何股票销售者或任何承销商以及其他人，除某些特定的例外情形外，购买或竞价购买任何数量正在分销的证券均是非法的。在《M条例》第100条中，术语“分销”被定义为“不管是否需要按照证券法要求注册的一次证券发行，其与普通交易的区别在于其发行规模和所采用的特殊销售努力和销售手段”。

《M条例》第101条禁止承销商或其他“分销参与者”在“限制期间”内，购买或竞价购买任何数量正在分销的证券。该“限制期间”始于该分销参与者参与分销的前一天（交易不频繁的证券，则要求前5天），止于分销完成的同一天。该类限制不适

① 参见《S－K条例》第502条（d）款；《1934年证券交易法案规则》17a－2。

用于平均交易量高于100万美元和公开发行量高于1.5亿美元高等级债券或权益证券的分销。《M条例》第102条对发行人和证券销售者作出相似的限制。

《M条例》第103条允许纳斯达克交易市场的做市商参与分销,通过限制其购买量和竞买价格,在分销中实现持续"被动"做市。《M条例》第104条规定了基于"稳定"分销证券价格目的承销商可以购买或竞价购买的情形。第105条禁止任何人从承销商或分销参与者手中购买证券,防止将该证券用于担保分销开始前5天内的"卖空"交易。

**"热销发行"**。"稳定"价格问题的对立面是由"热销发行"导致的,即只要新发行开始在二级市场交易,便以高于发行价溢价成交。这种典型现象发生在投机盛行时期,由于巨大的购买需求和有限的股票供给之间的矛盾,导致几乎任一小规模、不知名公司只要一发行股票立即出现溢价现象。证券交易委员会和美国证券商协会(现为美国金融监管局)的努力方向集中在确保承销商不会人为地刺激需求或限制供应,且确保他们不会"无风险获利",也就是在首次发行时将部分股票留存,期望拿到二级市场以更高价格卖出。

**首次公开发行实务**。首次公开发行经常被欺诈和操纵行为困扰。问题的发生涉及产生大量购买兴趣的"热销发行"和会使发行人面临诱惑的"软发行",即刺激投资者的购买欲望,以便于让发行从开始即获得投资者们的认可。在20世纪90年代首次公开发行的繁荣期,公司和承销商进行了大量有争议的操作。这些实务操作与现行法律规定不一致,但是这些有争议的操作手法被证券业的很多部门采用。20世纪90年代后期到21世纪早期,当股票市场"变熊"时,首次公开发行的泡沫破裂。

投资者和监管者开始研究这些操作,发现正是这些操作导致投资首次公开发行热销股票的市场参与者遭受巨大损失。

例如,在纽约总检察长 Elliot Spitzer 的指导下,美国调查了投资银行的操作实务,包括股市分析师的利冲问题和首次公开发行中的不当行为。证券交易委员会和美国证券商协会也参与了调查,并随后出台监管措施。该调查以同美国十家最大投行达成 140 亿美元罚款的全面和解而告终。

尽管首次公开发行存在争议的实务操作包括规则没有明确禁止的某些争议行为,但是违反了证券法禁止欺诈和操纵的规定。该类操作实务包括但不限于各种类型的行为,如"抬梯子""旋转"。"抬梯子"也称"预售发行后市场上的股票",是指要求首次公开发行的购买者,承诺从发行后市场上另行购买部分股票的一种操作方式。"抬梯子"不仅为首次公开发行时股票分配提供不适当的对价,同时也创造了发行后市场的更多需求。需求的增加保证了一旦股票被公开交易后价格便会升高。"旋转"则涉及将首次公开发行的股票分配给优惠客户以换取回报,或分配给予那些计划立即"抛售"的股票购买人。这些仅是后面要讨论操作手法的一部分。

证券交易委员会委托一个咨询委员会,通过研究对规则作出修订,取消首次公开发行中的这些及其他的不正当操作行为。2003 年,证券交易委员会批准了美国证券商协会的全新思路,用以监管公开发行的某些操作实务。[①] 前美国证券商协会规则仅涉及"热销发行",与之相反,修订版的美国证券商协会规则明确规定其规则适用于全部首次公开发行的整个流程。美国证

① 参见 Sec. Exch. Act Rel. No. 34 – 48701(2003)。

券商协会规则2790(现为美国金融监管局规则之一)详述并澄清了许多已经在执行中的该协会政策。除了已列明的例外情形,首次公开发行股票不能分配给"被限制人",即可能从发行人或股票发行中获得"好处"的个人或实体。

## 二、公司回购证券

发行人可以从公开交易市场上购买自己的股票(或促使执行雇员退休金或收益分享计划购入该类股票)。从结果来看,该类购买行为将导致本公司股票价格高于无此类操作时的市场价格。即使公司在技术层面不参与分销,从而无须遵守《M条例》禁止性规定,但前述回购行为仍然会引起麻烦。

1961年至1966年,Georgia - Pacific公司用自己的公司股票作为对价收购了大量公司,交付股票总数量将取决于在此期间G - P股票价格能否达到预先设定水平。证券交易委员会提起诉讼申请禁制令,指控G - P公司在此期间购买了23,000股自己的股票用于支持雇员奖励计划,并指出"G - P公司为了免于履行增发股票义务或者减少发行量,通过直接和间接方式保证上述购买行为意图达到的后果是在纽约证券交易所挂牌的G - P普通股票价格上涨"。应证券交易委员会要求,该法院颁发了禁制令,禁止G - P公司在商定收购条款或换股发行期间回购公司股票,或者在任何以下情形下的回购:(1)通过向多于一个经纪商下订单回购;(2)在开市和市场即将关闭时刻回购;(3)以高于上次卖出价格或当前价格的竞价回购;(4)不得超出本周交易量 10% 的规模或超出当日交易量 15% 的规模回购。[①]

1968 年,国会通过了《1934 年证券交易法案》第 13 条(e)款,作为《威廉姆斯法案》监管并购和竞价收购措施的一部分,专门授权证券交易委员会监管公司回购股票的交易,防止“欺诈性、欺骗性或操纵性行为或者实务”。然而,1982 年 11 月证券交易委员会放弃按照上述第 13 条(e)款起草规则的努力,转而按照《1934 年证券交易法案》第 10 条(b)款通过一条“安全港”规则。按照《1934 年证券交易法案》第 10 条(b)款(18)项,由发行人或其附属公司在任何交易日进行的回购,若不被认为违反该法案第 9 条(a)款(2)项和《1934 年证券交易法案规则》10b－5,须满足以下条件:(1)该回购仅仅是通过一个经纪商或交易商完成;(2)回购没有成为交易日首笔交易或者在交易日结束前半小时内完成;(3)回购的价格没有超出当前单笔竞价或上一笔售价中的价高者;(4)回购的总量没有超出此前 4 周日均交易量的 25%。[②]

## 三、竞价收购证券

在竞争目标公司控制权过程中(见本书第十五节),竞争者可以通过购买公司股票或以违反原《1934 年证券交易法案规则》10b－6 或 10b－13(现为《M 条例》和《1934 年证券交易法案规则》14e－5)禁止的方式影响目标公司的股价。然而,法院的立场是该行为所针对的竞价者没有权利就违反上述规则行为

---

① 参考案例:SEC v. Georgia－Pacific, CCH 91, 680, 91, 692(S. D. N. Y. 1966)。

② 参见 Exch. Act Rel. 34－19244(1982)。

起诉要求赔偿。①

最高法院持同样立场，即如果按照竞价收购者和目标公司管理层达成的协议，如果股东实际收到股票的对价少于当初竞价价格，则该协议不是《1934 年证券交易法案》第 14 条(e)款意义上的“操纵性”交易。②

## 第十八节　《1934 年证券交易法案规则》10b－5 管辖范围

《1934 年证券交易法案》第 10 条(b)款是一个通用条款，专门用于打击逃避该法案第 9 条和第 10 条(a)款监管的行为。第 10 条(b)款规定任何人使用邮递系统或州际商业设施从事如下行为均违法：

> “涉及任何证券的购入或卖出时，使用或利用违反证券交易委员会为了必要或适当的公众利益或为了保护投资者而制定的规则和条例的任何操纵性或欺骗性设置或手段。
>
> “须注意的是，除非证券交易委员会制定规则禁止某行为，第 10 条(b)款条文本身没有列明任何违法行为。”

1942 年证券交易委员会遇到一种情形，一家公司总裁通过

① 参考案例：Piper v. Chris－Craft，430 U. S. 1(1977)(事实上违反的是规则 10b－6)；Crane v. American Standard，603 F. 2d 244(2d Cir. 1979)(违反《1934 年证券交易法案》第 9 条的规定，故意操纵)。

② 参考案例：Schreiber v. Burlington，472 U. S. 1(1985)。

对公司财务状况作虚假陈述，从而达成从当前股东手中低价购买股票的目的。尽管《1933 年证券法案》第 17 条(a)款规定了禁止在相关证券的销售活动中实施欺诈和虚假陈述行为，但是对相关证券购买活动却没有类似禁止性规定。鉴于此，证券交易委员会助理律师将该实操性表述从《1933 年证券法案》第 17 条(a)款移除并作了必要修改，增加了“与任何证券的买入或卖出相关”这样的措辞，然后提交给证券交易委员会通过，希望成为《1934 年证券交易法案规则》10b－5(以下简称规则 10b－5)。该规则未经讨论程序便一致通过。[①]

规则 10b－5 通过时(该规则未被修订过)表述如下：

> “对任何人，直接或间接地通过任何方法，使用州际商业设施，或使用任何全国性证券交易所的邮件或其他设施都是违法的，
>
> “(1)利用任何设置、计划或手段进行欺诈，
>
> “(2)对重大事实做出虚假陈述或遗漏了为使该陈述在作出时不产生误导而需要陈述的重大事实，或
>
> “(3)针对任何人采取任何行为、行动和操作的、或可能操作的商事流程构成欺诈或欺骗，
>
> “与任何证券的买入或者卖出相关联。”

自该规则被通过后的 67 年以来，作为防欺诈单一规则已被适用于无数个证券交易委员会与个人的诉讼，并被适用于几乎每一种欺骗性交易的情形。

20 世纪六七十年代，很多联邦上诉法院和地区法院发展扩

---

① 参见 Remarks of Milton Freeman，22 Bus. Lawyer 922(1967)。

大了规则10b－5(以及其他证券法的反欺诈条款)的解释。按照这些解释,为了预防他人错误行为的发生,疏忽和故意的虚假陈述,公司管理层违反信义义务,董事、承销商、财务会计人员和公司律师的失职行为都将依据该规则追究其责任。在私人发起的损害赔偿诉讼中,法院认可间接受害当事人享有默示私人诉讼权,如果其诉讼行为有助于鼓励遵守法律,法院甚至愿意承认未遭受损失的人也享有该项诉权。美国最高法院助力并支持上述进步,对术语"欺诈"和"买入或卖出"以及两者之间须建立的"关联",给予更广泛意义上的解读。

从1975年开始,由保守派大法官占多数的新最高法院急速反转了该趋势,通过一系列判决对规则10b－5和其他反欺诈条款作了狭义解读,并且限制承认默示私人诉权的情形。最高法院后面这些判决的定调甚至比判决本身影响更大。它们给很多此前多年扩展性判决的继续有效性带来了疑问,甚至危及那些被特意维持有效的判决。在阅读本书以下章节涉及总结适用该规则现行法律的讨论时,应当牢记上述事实。

## 一、《1934年证券交易法案规则》10b－5构成要素

在规则10b－5中存在三个独立的款,它们并非按逻辑顺序排列。(1)款和(3)款采用术语"欺诈"或"欺骗",而(2)款采用的则是虚假陈述或事实遗漏。然而,一般认为(3)款禁止"针对任何人、与任何证券的购入或卖出相关联的任何行为、行动或操作、或可能操作的商事流程构成欺诈或欺骗",其包含的内容最广。该表述的五个构成因素中的任一个都存在需要解释的问题。

**"欺诈或欺骗"**。规则10b－5是一个反欺诈条款。它是由

证券交易委员会依据《1934 年证券交易法案》相关条款授权而制定的,目的是禁止“任何操纵性或欺骗性设置或计谋”,且三个可操作性条款中的两个是以“欺诈”或“欺骗”的概念作为基础。最高法院的立场是证券交易委员会或私人发起的诉讼中,除非能证明被告存在“故意”,否则将不会认定任何人违反规则 10b－5的规定。[①] 在有些法院看来,对是否存在“故意”这一构成要件,并不要求被告采取了行动,而是可以通过证明被告存在草率行为即满足了该条件。[②] 有趣的是,最高法院的立场是违反《1933 年证券法案》第 17 条(a)款的第(2)项或第(3)项,可以不用证明存在“故意”即可被认定。[③] 因为其基础是《1934 年证券交易法案》第 10 条,所以规则 10b－5 条款(b)和(c)的语言表述与《1933 年证券法案》第 17 条(a)款对应表述的含义并不相同。

按照《1934 年证券交易法案规则》10b－5 发起的诉讼中,目前遇到的问题是诉求是否满足《联邦民事诉讼规则》9(b)的要求。在欺诈案件中,构成欺诈必须包含“细节陈述”。[④] 在《1995 年私人证券诉讼改革法案》(见本书第二十节第二部分)中,国会要求承担欺诈责任需要指控者提供“被告行为由特定心态支配的证据,并且诉求应附有对特定事实细节的陈述,能够

---

① 参考案例:Aaron v. SEC,446 U. S. 680(1980);Ernst and Ernst v. Hochfelder,425 U. S. 185(1976)。

② 参考案例:Sanders v. John Nuveen,554 F. 2d 790(7th 190 Cir. 1977)。

③ 参考案例 Aaron v. SEC,446 U. S. 680(1980);Ernst and Ernst v. Hochfelder,425 U. S. 185(1976)。

④ 参考案例:O' Brien v. National,936 F. 2d 674(2d Cir. 1991)。

足以据此推定被告的行为是在规则要求心态支配下完成”。[①]该法案也规定，被告是否承担金钱赔偿责任取决于行为时的心态。根据被告的要求，法院必须“向陪审团提交一份关于指控侵害行为发生时每个被告心态的书面质询”。[②]

**“对任何人实施”**。依据《1934 年证券交易法案》第 10 条(b)款的授权，证券交易委员会获得规则制定权是为了“保护投资者”，那么就可以据此主张只有被归类为“投资者”的人，才有权获得《1934 年证券交易法案规则》10b－5 的保护。但是，该定义被以多种方式拓展了适用范围。其中最重要的一个拓展案例 Hooper v. Mountain States，282 F. 2d 195（5th Cir. 1960）涉及由一家公司发起的诉讼，诉称该公司被欺诈发行了对价不足的证券。被告抗辩称，本次发行股票不是“卖出”行为，并且该公司也不是一名“投资者”。法院驳回上述两项抗辩，认为发行属于一种“卖出”行为，且该公司与具有经济价值的股票作了分离，此时与投资者处于相同地位。该判决非常重要，成为大量派生诉讼（见本书第二十一节）的基础。在派生诉讼中，公司股东们指控管理层或者控股股东通过安排公司向自己或他们的附属公司发行对价不足的证券来欺诈公司。

**“存在关联”**。欺诈必须“与证券的买入或卖出存在关联性”，但欺诈未必对应存在交易条款。在 Superintendent v. Bankers Life，404 U. S. 6（1971）案中，获得一家保险公司控制权的一

---

① 参见《1934 年证券交易法案》第 21 条 D 款(b)项。参考案例：Tellabs，Inc. v. Makor Issues & Rights Ltd.，551 U. S. 308（2007）（规定适用的抗辩标准）；In re Silicon Graphics，Inc. Securities Litigation，183 F. 3d 970，988（9th Cir. 1999）（要求“故意的鲁莽行为”）。

② 参见《1934 年证券交易法案》第 21 条 D 款(d)项。

帮人设法卖出了公司持有的某些证券，然后为了私利挪用了销售所得。最高法院全体大法官推翻了上述法院的判决，一致认定“既然存在证券的‘卖出’行为，并且欺诈与其‘存在关联性’，则无论是否存在州法救济途径，都可以按照《1934 年证券交易法案》第 10 条(b)款进行救济”。后来初级法院对上述判决作出狭义解读，认为该类欺诈必须染指了证券交易本身，而非仅仅是涉及挪用销售证券的收入，①并且当卖出行为与被指控的欺诈之间存在一个相当长的时间跨度或者不存在因果关系时，不能判定承担责任。②

“存在关联性”的语言表述最重要的一次扩大性解释发生在 SEC v. Texas Gulf Sulphur，401 F. 2d 833(2d Cir. 1968)案中。法院在该案中认为，尽管当时一家公众持股公司没有从事任何买卖自己证券的交易，但是该公司发布的新闻稿中的虚假陈述仍然违反了规则 10b－5，因为虚假陈述新闻稿的发布与在公开市场上与股东们的买入和卖出交易行为“存在关联性”。该立场构成了大量股东集体诉讼的基础(见本书第二十节第二部分)，该类集体诉讼是股东为了向公司追偿公司报告或新闻稿中存在虚假陈述所导致的损失。第二巡回法院继续进行扩大性解读，例如，刊登在医学杂志上的药品广告，也可能被认定与一种证券的“买入或卖出存在关联性”。③ 欺诈不需要直接与证券

---

① 参考案例：In re Investors Funding，523 F. Supp. 563(S. D. N. Y. 1980)。

② 参考案例：Ketchum v. Green，557 F. 2d 1022(3d Cir. 1977)；Rochelle v. Marine Midland，535 F. 2d 523(9th Cir. 1976)。

③ 参考案例：In re Carter－Wallace，Inc. Securities Litigation，150 F. 3d 153(2d Cir. 1998)。

的价值相关,[①]并且欺诈不需要与某笔具体证券交易相关,[②]因此,从证券交易账户中挪用资金仍然会招致规则 10b－5 的适用,尽管该不法行为不能被追踪到与某一笔具体交易相关联。[③]

**"买入或卖出"**。在 Hooper 案中,法院认为按照规则 10b－5,公司自己发行股票是一种"卖出"行为。最高法院在适用规则 10b－5 第一份判决的解释中,认为合并交易涉及该规则意义上的被合并公司股票被"卖出"和存续公司股票被"买入",[④]其他类型重组交易则不确定是否会被认定为一种"卖出"交易。[⑤]

买入证券的口头选择权符合规则 10b－5 买入或卖出要求。[⑥] 涉嫌的欺诈是指当有不打算兑现选择权持有人权利的秘密意图时,同样会被认定符合"买入或卖出"要求。

最高法院所持立场是,质押证券属于《1933 年证券法案》意义上的"卖出",因为该法案第 2 条(a)款(3)项定义的"卖出"包括"为了获得对价,卖出或处置证券或者证券权益的全部合同"。[⑦]

---

① 参考案例:Comerchero v. Emtek Health Care Systems, Inc. , 189 F. 3d 472 (9th Cir. 1999)。

② 参考案例:SEC v. Zandford, 535 U. S. 813(2002);United States v. O'Hagan, 521 U. S. 642(1997)。

③ 参考案例:SEC v. Zandford, 535 U. S. 813(2002)。

④ 参考案例:SEC v. National Securities, 393 U. S. 453(1969)。

⑤ 比较案例:International Controls v. Vesco, 490 F. 2d 1334(2d Cir. 1974)(认定卖出一家公司股票为一种"卖出"交易);In re Penn Central, 494 F. 2d 528(3d Cir. 1974)(认定一家运营公司股票交换一家新控股公司股票不是一种"卖出"交易)。

⑥ 参考案例:Wharf 194 Holdings Limited v. United International, 532 U. S. 588 (2001)。

⑦ 参考案例:Mallis v. FDIC, 568 F. 2d 824(2d Cir. 1977), cert. dismissed, 435 U. S. 381(1978)。

**“全类别证券”**。规则 10b－5 适用于任何人对任何证券的买入或卖出，没有豁免情形。该规则既适用于按照《1934 年证券交易法案》注册的证券，也适用于未按照该法案注册的证券。该规则既适用于公众持股公司，也适用于关闭公司，还适用于全部发行任何可以被称为“证券”的企业。甚至适用于《1934 年证券交易法案》第 3 条(a)款(12)项下的“豁免证券”(包括联邦、州和地方政府债券)，该类证券专门被该法案的特定条款豁免注册。最高法院否决“整体业务转让”法则(见本书第六节第一部分)，意味着该种情形将会继续存在，尽管大法官不时抱怨国会本不该将这些地方的和私人的争议提交到联邦法院来审理。①

## 二、违反《1934 年证券交易法案规则》10b－5 民事责任

规则 10b－5 的文字表述为禁止性规定，证券法任何部分均找不到触犯该规则时应承担何种民事责任的明确条文。然而，从 1946 年开始，法院将普通法的侵权法规则适用于该规则，因此如果侵犯了受立法保护的另一个人的权益，该被告将因违反了制定法须向受害人承担赔偿责任。② 违反规则 10b－5 时“是否认可存在默示民事诉权”问题直到 1971 年才被诉至最高法院。当时最高法院没有进行讨论，只是在注解中陈述“按照《1934 年证券交易法案》第 10 条(b)款，认可默示民事诉权”。然而，尽管最高法院在后来的判决中质疑按照联邦证券法律享有默示民事诉权的依据(见本书第三十七节)，但至今未重新审

---

① 参考案例：Trecker v. Scag，679 F. 2d 703(7th Cir. 1982)(Posner，J.，concurring)。

② 参考案例：Kardon v. National Gypsum，69 F. Supp. 512(E. D. Pa. 1946)。

视规则 10b－5 是否认可该诉权的问题。因此，事实上最高法院已经再次确认了规则 10b－5 默示该项救济措施。

**与其他条款的重叠。**承认按照规则 10b－5 对欺诈性虚假陈述享有民事诉权，提高了该类诉讼依据其他条款而提起的可能性，此时依据的是另一个更具体的联邦证券法管辖虚假陈述的条款。在 SEC v. National Securities，393 U. S. 453（1969）案中，尽管表决权代理征集由专门的证券交易委员会按照《1934 年证券交易法案》第 14 条制定的规则管辖，最高法院仍认定规则 10b－5 可以适用于表决权代理征集声明中的虚假陈述。并且，尽管注册报告书中的虚假陈述可以依据《1933 年证券法案》第 11 条享有特定民事诉权，最高法院仍认定可以按照规则 10b－5 提起诉讼，追偿因该类虚假陈述而造成的损失。[①] 初级法院也认定该类诉讼可以基于《1934 年证券交易法案》要求提交的文件存在虚假陈述而提起，法案第 18 条专门规定了该类虚假陈述的责任。[②]

**须是证券的"购买者或卖出者"。**针对规则 10b－5 所承认的默示民事诉权，法院所施加的最大限制是要求原告要么是案涉交易中的证券"购买者"，要么是"卖出者"。该类问题发生在如下情形时，小股东们质疑按当前市场价格溢价卖出控股权股票，是对他们的"欺诈"。Birnbaum v. Newport，193 F. 2d 461（2d Cir. 1952）案也是适用规则 10b－5 最早的案例之一，法院认定该规则目的是保护证券购入者和卖出者免于被欺诈。鉴于少数股股东和公司均没有购入或卖出股票，所以少数股股东没有权利起诉。

① 参考案例：Herman & MacLean v. Huddleston，459 U. S. 375（1983）。

② 参考案例：Ross v. A. H. Robins，607 F. 2d 545（2d Cir. 1979）。

(第二巡回法院随后在一个里程碑式判决中写道,Birnbaum 案中所涉交易涉嫌违反州法控股股东的信义义务。[①])

Birnbaum 案对案件原告必须是案涉证券的"购买者或卖出者"的要求由最高法院通过 Blue Chip v. Manor,421 U. S. 723 (1975)案再次确定。在 Blue Chip 案中,被告根据反垄断判决向原告出售一家新公司的股票。原告称被告违反了《1934 年证券交易法案规则》10b - 5,因为被告在招股说明书中欺骗性地对该公司做了悲观的前瞻性描绘,目的是引导原告不要购买其股票。因为该案事实极为不寻常,法院搁置该案未作判决。法院以尊重宽泛的公共政策为理由,拒绝承认除购买者或卖出者以外任何人的身份,意图吓阻"与胜诉前景不成比例但对原告具有和解价值的恶意诉讼",和可能招致"当过往的事实相当模糊时,其证据几乎全部依赖于口头作证"的诉讼。大法官 Rehnquist 代表多数派意见对发起针对公司管理层的民事诉讼充满敌意,这招致反对派大法官 Blackmun 评论道:"最高法院展示了对公司健康发展超乎寻常的担忧,以及对投资大众表面的冷漠,这与我们的传统和证券法的初衷不相符。"

案件原告须是"购买者或卖出者"的一个重要例外,即在合并交易中当一个股东的股票被自动转换为另一家公司的股票是通过误导性陈述完成时,则该股东有权按照规则 10b - 5 以一个"被强迫卖方"身份进行起诉。[②] 最高法院在 Blue Chip 案作出判决后,各级法院继续以"被强迫卖方"作为例外适用。[③] 然而,

① 参考案例:Perlman v. Feldmann,219 F. 2d 173(2d Cir. 1955)。

② 参考案例:Vine v. Beneficial Finance,374 F. 2d 627(2d Cir. 1967)。

③ 参考案例:Alley v. Miramon,614 F. 2d 1372,1387(5th Cir. 1980)。

“被强迫卖方”法则被狭义解释。[①] 证券的潜在卖出者，即持有证券而不是卖出的人，不享有规则 10b－5 项下的民事诉权。在 Merrill Lynch, Pierce, Fenner & Smith v. Dabit, 547 U. S. 71 (2006)案中，最高法院认定《证券诉讼统一标准法案》管辖权先于州法管辖权，是由持有证券而非卖出证券的人提起的诉求。最高法院提醒，规则 10b－5 缺乏救济条款加重了《证券诉讼统一标准法案》被优先适用这一后果。

**因果关系**。根据规则 10b－5 发起的诉讼，受理法院通常坚持要求原告提供存在损害“因果关系”的证据，也就是证明原告因案涉交易导致了损失。[②] 近来，有些法院要求更为严格，要求原告提供证明其损失是被告对事实作虚假陈述导致的结果。[③] 1995 年国会将该做法法规化，规定在任何依据规则 10b－5 发起的诉讼中，“原告有义务证明涉诉被告通过积极作为或者遗漏事实的行为违反本法案，导致原告只能通过诉讼追偿损失”。[④]

## 第十九节　内幕交易

规则 10b－5 最重要的一个适用领域是惩罚“内部人交易”

---

① 参考案例：Jacobson v. AEG Capital Corp., 50 F. 3d 1493, 1499 (9th Cir. 1995)（主张“强制出售原则”并没有广泛适用）。

② 参考案例：Schlick v. Penn－Dixie, 507 F. 2d 374(2d Cir. 1974)。

③ 参考案例：Bastian v. Petren, 892 F. 2d 680(7th Cir. 1990)。

④ 参见《1934 年证券交易法案》第 21 条 D 款(b)项(4)目；参考案例：Dura Pharmaceuticals, Inc. v. Broudo, 544 U. S. 336(2005)（依据规则 10b－5 讨论损害因果关系）。

（亦称“内幕交易”），即由依赖内幕信息的人从事的买入或卖出证券的交易，但是这些信息却不被其交易对手或普通交易者所知悉。

最初，规则 10b－5 被专门集中适用的情形，即未披露公司重大利好信息的公司或其执行官直接通过交易购入证券。[①] 正是基于此，该规则可以用作州普通法的补充用于救济受害者，因为在缺乏明确的错误陈述或“特殊背景”情形下，大多数州无法向受损害的证券卖出者提供救济。

自 1961 年开始，通过一系列行政性命令和禁制令程序，证券交易委员会显著扩大了规则 10b－5 作为一条概括性禁止规则的适用范围，用于制裁股票交易所匿名进行以及场外面对面发生的“内幕信息”交易。其中最有影响力的三个交易案例分别是：Cady Roberts，200 40 SEC 907（1961）；SEC v. Texas Gulf Sulphur，401 F. 2d 833（2d Cir. 1968）；Investors Management，44 SEC 633（1971）。然而，最高法院后来在案例 Chiarella v. United States，445 U. S. 222（1980）和 Dirks v. SEC，463 U. S. 646（1983）的判决中，对前述案例确认的法则提出了质疑。

## 一、违反该规则的构成要件

在 Cady Roberts 案中，一家经纪公司的合伙人收到来自 Curtiss－Wright 公司一名董事的信息，该公司的董事会刚刚表决通过了削减公司分红的决议。该合伙人立即下单卖出其部分客户持有的 Curtiss－Wright 公司股票，且该卖出交易发生在削

---

① 参考案例：Ward la France，13 SEC 373（1943）；Speed v. Transamerica，99 F. Supp. 808（D. Del. 1951）。

减分红信息被公开之前。在 Texas Gulf Sulphur 案中，获知公司所属土地上探索性钻探结果显示出极好铁矿开发前景后（尽管本次探索性钻探远没有达到确认采矿矿脉存在商业价值的程度），该公司的执行官和雇员大量购入了公司股票。在 Investors Management 案中，一家航空器制造商向一家担任拟发行债券的经纪商—交易商披露，当前财年盈利将大大低于此前的公开预报。该经纪商—交易商的承销部门将信息转达给了其销售部门成员，他们随后又转达给了多家主要机构客户的代表。该机构客户们在修正消息公布之前卖出了大量公司股票。

在上述单个案例中，影响上述交易的人（或者将消息传播出去的人）将承担违反规则 10b－5 的责任。

在 Chiarella 案中，一家金融印刷公司的雇员在处理与一宗竞价并购交易相关的文件时，识别出并购目标公司后买入了该公司股票，竞价并购交易被宣布后将股票卖出获利。在本案中，最高法院撤销了 Chiarella 违反规则 10b－5 的判决。

在 Dirks 案中，一名证券分析师从 EFC 公司前雇员处收到保密信息，即该公司很大比例的保单系伪造。该雇员向证券分析师 Dirks 泄露该信息的动机是获得其帮助，以便揭露该欺诈行为。在试图证实这些指控的真实性过程中，Dirks 向自己很多机构客户传递了该信息，客户们卖出了大量 EFC 公司股票。随后，上述指控内容被证实，EFC 公司破产。证券交易委员会针对 Dirks 启动处罚程序，指控他因向自己客户透露信息而违反了规则 10b－5。最高法院的立场是 Dirks 的行为没有违反该规则，因为（1）他对 EFC 公司股票的购买者不负有任何义务；（2）不能证实他协助或教唆从其获取信息的内部人实施了违法行为，因为该内部人向其透露信息时未怀有不正当动机。

根据上述判决,该规则禁止的范围大致可以总结如下:

**违反了哪款?** 关于规则 10b－5 中具体哪款禁止内部人交易,一直并不明确。因为上述全部案例均未涉及任何信息的泄露,因此它们被推定没有违反第(2)款,该款要求做出某种“陈述”。在以上 Cady Roberts 案中,证券交易委员会表示该经纪商的行为“作为一项针对证券购买方的欺诈或欺骗操作至少违反了第(3)款”,因此没有必要划定第(1)款和第(2)款的范围。而后来的判决也没有有效地澄清该问题。

**向谁承担该责任?** 假设违反了第(3)款,是否因为“欺诈或欺骗”的对象是作为交易相对方的公司或个人呢?在 Cady Roberts 案中,证券交易委员会表示:“该责任的产生依赖于两个主要因素。第一个因素是存在某种关系,正是该关系使其直接或间接地接触到仅为公司而非任何个人利益提供的信息。第二个因素是存在内在不公平性,即交易一方利用该信息时明知交易对手未获知该信息。”

在上述 Chiarella 案中,最高法院严格限制第二个因素发挥作用,认为“当一项涉嫌欺诈的指控是以未履行告知义务为基础时,如果不存在该告知义务,则该项欺诈指控就不可能成立”,而该告知义务源自交易双方的信赖关系,且联邦地区法院“未能认定 Chiarella 和卖出者之间存在可以产生告知义务的这种关系”。最高法院阐述,“并非所有交易双方产生利益失衡的情形均构成第 10 条(b)款意义上的欺诈行为”,并直白地指出“并非仅仅因为对非公开信息的占有即当然产生第 10 条(b)款要求的向交易对手进行告知的义务”。关于第一个构成因素,最高法院拒绝就 Chiarella 违反对其雇主和投标公司的义务是否会支持根据《1934 年证券交易法案规则》10b－5 定罪的问题作出裁决，因为“盗用信息”理论未能以正当的方式提交给陪审团讨论。最高法院返回到了 United States v. O’Hagan，521 U. S. 642（1997）案的立场，即“盗用信息”并不构成违反第 10 条（b）款的规定，认为这是涉及从其获得信息的人的“欺骗”行为，以及被告没有向其透露自己的交易意图。

**什么是“重大”信息？** Cady Roberts 案中减少分红，Investors Management 案中利润减少和 Chiarella 案中拟竞价收购等，归类为对投资者按照当时价格卖出或买入股票意愿造成影响的重大信息，这是没有问题的。然而，在 Texas Gulf Sulphur 案中，被告抗辩称关于发现矿脉的信息，在需要进一步勘探证实具有商业开发价值之前不能认定为“重大”信息。他们依据证券交易委员会制定的《A 条例》，在足以被证明可归类到“已证实”或“可能”等级之前，禁止任何一家公司宣布具有商业价值矿脉的存在。然而，法院认为规则 10b－5 意义上的“重大性”测试标准，并非该公司在销售证券时该信息是否被允许披露，而是对理性投资人的判断能否产生影响，包括“投机型”和“保守型”投资人。在这个问题上，法院认为被告（其中有些被告从未持有过 TGS 股票）购买证券时机和买入量是“高度相关证据，且是查明重大性的唯一客观证据”。

**信息非公开的时间？** 按照 Texas Gulf Sulphur 案，内部交易者在公司公开宣布信息时不能交易，必须等到“预期被宣布的信息出现在发行量最大的媒体上”。在上述 Investors Management 案中，被告抗辩称，关于公司利润减少的信息已经公开，其理由为该信息已经是金融圈的谣传。然而，证券交易委员会认为，他们收到的信息不同于以前的谣传，因为他们本次收到的信息更具体、更可靠，来源于被认为是担任该公司承销商的主体。

通常情况下，当信息不管是提交给证券交易委员会、媒体还是其他公开信息源时，就成为公开信息。[①] 出于打击内部人交易的目的，即使只被小部分人知晓，信息即被认定是公众知晓信息。在公开信息和非公开信息之间并没有一条明确的划分界限。

**谁是“内部人”？** 与《1934 年证券交易法案》第 16 条(b)款不同，以上 Cady Roberts 案把规则 10b－5 认定的内部人范围从执行官、董事和重要持股人扩大到从公司获得信息的任何人。Texas Gulf Sulphur 案确立的原则是任何一个人将内幕信息传播到影响其交易的另一个人，其责任跟利用该信息通过自己账户交易时相同。Investors Management案确定的立场，即不管在该信息链条中存在多少个环节，“内幕消息接收人”均应承担“内部人”交易的责任。

**“外部人交易”和信息盗用。** 在 Chiarella 案中，最高法院含蓄地承认“在公司股东和那些基于公司职位获得内幕信息的内部人之间存在信任和私密关系”以及源于此的“基于防止公司内部人不公正地利用小股东未知情的需要而履行披露义务”。最高法院也表示在内部人发生违反其信义义务的事实之后，“内幕消息接收人”的责任可以“看作其本身也是当时的一名参与者”。Dirks 案的判决和此后初级法院的案例进一步限制了内幕消息接收人所承担的责任。只有当信息传播到“内幕信息接收人”是由于泄密者为了个人利益，且接收人知道或者应当知道泄密者已经满足了承担泄密者责任的全部构成要件时，他才承担责任。

在 Dirks 案中，最高法院明确表明泄密者的个人利益并不

---

① 参考案例：United States v. Contorinis，692 F. 3d 136，143(2d Cir. 2012)。

一定表现为经济利益。可以包括仅为满足其欲望,如将非公开信息作为礼物提供给接收人,便于其依据该信息进行交易。[①]个人利益也可以包括满足自己社交的利益。[②]（泄密者和内幕信息接收人之间正在发生的商业关系,可能足以认定内部人从事交易的责任。）个人利益也可能包括名誉上的好处。然而,按照审理 United States v. Newman,773 F. 3d 438(2d Cir. 2014), cert. denied,136 S. Ct. 242(2015)案的第二巡回法院 3 人审判小组的意见,仅凭存在于泄密者和内幕信息接收人之间的友谊关系,不足以认定内部交易者责任。正如第二巡回法院所作论证,需要确认“内部人和信息接收人之间存在一种交换关系”或“让信息接收人获益意图”证据的存在。第二巡回法院 3 人审判小组在 Newman 案中的判决,将上述认定方法限制到此前已经获取的个人收益范围内。证券交易委员会对该法院的个人收益说法持不同立场,坚持最高法院在 Dirks 案和其他法院作出的认定,即存在友谊关系可以用作推论存在个人利益的基础。然而,最高法院拒绝再审。与 Newman 案第二巡回法院不同,第九巡回法院认为应从更广泛的角度来认定存在个人利益是正确的。[③] 与 Newman 案做法不同,最高法院批准了第九巡回法院案件的复审,这样就有了确定泄密者责任的个人利益范围的机会。最高法院大法官们一致承认了 Salman 的有罪判决,认为友谊关系足以认定为一种个人利益。通过该判决,最高法院明确

---

① 参考案例:Dirks v. SEC,463 U. S. 646(1983)。

② 参考案例:SEC v. Yun,327 F. 3d 1263,Fed. Sec. L. Rep.(CCH)92408,14 A. L. R. Fed. 2d 819(11th Cir. 2003)。

③ 参考案例:United States v. Salman,792 F. 3d 1087(9th Cir. 2015) cert. granted 136 S. Ct. 899(2016)。

地否决了第二巡回法院在 Newman 案中提出的限定条件,即必须存在金钱利益才能追究泄密者—秘密接收者的责任。[①]

最高法院的大法官们对 Salman 案作出意见一致的判决后,泄密者—秘密接收者的责任可以总结如下:不存在个人利益的泄密行为不足以让秘密接收者承担责任。个人利益在性质上不一定表现为金钱,向朋友或亲戚泄露秘密信息作为礼物同样可认定为个人利益。[②] 前期以内幕信息作为礼物而后从该朋友处获取个人利益时,衡量友谊关系的紧密性则不再是必要条件。相反,将内幕信息作为一种金钱的替代物,泄密者在泄露时明知接收人将依据该信息进行交易,则此时可以确认存在个人利益。尽管最高法院在 Salman 案中并未涉及该事项,但对此表达了权威意见,大意是为了让内幕信息接收人承担责任,其必须已经知晓泄密者会从中获取个人利益。此外,泄密者必须有意让内幕信息接收人利用该信息进行交易。

只有内幕信息接收人知晓存在因不正当泄密招致泄密者承担责任的个人利益时,内幕信息接收者才被认定为内部人进行交易。[③]

然而,《联邦邮政电信反欺诈法案》可能提供了减轻或免除规则 10b - 5 上述要求的路径。参见 William S. Wang 所著的《联邦邮政电信反欺诈法案》:对股票市场内部人交易和泄密者

---

① 参考案例:Salman v. United States,137 S. Ct. 420(2016)。

② 参考案例:United States v. Martoma,894 F. 3d 64(2d Cir. 2017),cert. denied,139 S. Ct. 2665,204 L. Ed. 2d 1068(2019)。

③ 参考案例:United States v. Newman,773 F. 3d 438(2d Cir. 2014),cert. denied,136 S. Ct. 242(2015)(撤销有罪判决,因为此时陪审团没有要求查明秘密接收人知晓泄密者出于满足个人利益)。

刑事责任的适用。[1]《联邦邮政电信反欺诈法案》成功打击了内部人交易。[2] 政府成功利用联邦邮政电信反欺诈制定法，绕开了泄露重大内幕信息承担责任时须存在个人利益这一要件。[3]

2000 年制定《1934 年证券交易法案规则》10b5－2，设定了“三项非排他性理由用于认定信息接收人所负担的信义或保密义务：(1)当该人同意为该信息保密；(2)当交流所涉及人员有分享保密信息后导致合理的保密预期的历史、模式或实践；(3)当提供信息的人是接收者的配偶、父母、孩子或兄弟姐妹时，除非基于家庭关系的事实和背景被肯定性证实不存在合理的保密预期”。[4]《1934 年证券交易法案规则》10b5－2 澄清了三种盗用理论的适用情形，但是给法院留下在其他情形下适用该理论的机会。至少有一家法院认为对保密的期望不足以触发适用规则 10b－5 的“要么披露要么放弃交易”规则。[5]（也质疑是否至少在刑事案件中规则 10b5－2 超出了法案的范围。）一桩信息盗窃被认定为不足以触发适用规则 10b－5 的“要么披露要么放弃交易”规则。[6]（计算机黑客依照盗窃来的信息进行交易不违反规则 10b－5。）第二巡回法院推翻了原判决，同意认定该黑客不承担信义义务或其他触发“要么披露要么放弃交易”规则适用的义务。[7] 然而，该黑客仍然因通过盗用手段获取非公开信息进行交易而承担责任。第二巡回法院将该案件发回联邦

---

① 参见 70 U. Miami L. Rev. 220(2015)。

② 参考案例：Carpenter v. United States, 484 U. S. 19(1987)。

③ 参考案例：United States v. Blaszczak, 947 F. 3d 19(2d Cir. 2019)。

④ 参见 Sec. Exch. Act Rel. No. 34－42259(1999)。

⑤ 参考案例：United States v. Kim, 184 F. Supp. 2d1006(N. D. Cal. 2002)。

⑥ 参考案例：SEC v. Dorozhko, 606 F. Supp. 2d 321(S. D. N. Y. 2008)。

⑦ 参考案例：SEC v. Dorozhko, 574 F. 3d 42(2d Cir. 2009)。

地区法院,让其判定该黑客是否通过诸如冒用身份的手段以欺骗方式获得信息。

规则 10b－5 表明,以合同或依据其他相关关系产生的保密预期足以触发适用该规则。尽管证券交易委员会坚持认为一项合同保密义务即足够,但是该观点被质疑太宽泛。针对该观点,证券交易委员会批评者反驳说,该义务必须在性质上是信义义务。在 Cuban,634 F. Supp. 2d 713(N. D. Texas 2009)案中,证券交易委员会的观点占据上风。在某种程度上,违反明示或默示的不得利用信息的协议,足以支持对其提起内部人交易指控。然而,该法院发现不得利用信息协议和保密协议存在一定差别,其单独不支持“要么披露要么放弃交易”规则。婚姻关系是否能触发规则 10b－5 的适用也被质疑,因为该关系在性质上通常不被认定为一种信义义务。

Chiarella 案的判决也提出了依据非公开的“市场信息”交易是否应承担规则 10b－5 规定的责任这一问题,例如,潜在的竞价收购。此时该信息的来源与其股票正在上市交易的公司没有关系。关于竞价收购,证券交易委员会通过了《1934 年证券交易法案规则》14e－3,规定任何知晓重大非公开的关于潜在竞价收购信息的人,如果知道或有理由知道该消息来自竞价收购人或发行人或其代表,则买入或者卖出股票属非法。被指控违反该规则的被告挑战其效力,理由是《1934 年证券交易法案》第 14 条(e)款只禁止“欺诈、欺骗或操纵性”行为,并且《1934 年证券交易法案规则》14e－3 提升到按照最高法院 Chiarella 案的判决,认定为非“欺诈”的非公开信息的使用。当该事项因 O' Hagan 案上诉到最高法院时,最高法院支持该规则的效力,理由是“按照第 14 条(e)款,证券交易委员会可以禁止的是行为,并非普通法上或第 10 条(b)款意义上的欺诈本身,而该禁止是被‘合理设计用以防止×××欺诈行为和做法’”。

**故意**。在上述 Investors Management 案中,证券交易委员会驳回了抗辩。为了证明违反规则 10b-5,内幕信息接收人必须“事实上知晓其接收到信息的泄密者违反了信义义务”,并且认为信息接收人“知道或有理由知道其为非公开信息,并且是泄密者通过选择披露等方式使自己非正当获得”。证券交易委员会表明,当信息接收人“知道或者有理由知道该信息是通过商业间谍行为、商业贿赂等不正当手段获得时”,也将追究信息接收人的责任。就泄密者来说,“一个人故意泄露明知为重大,且能合理预期到泄密对象将会利用该非公开信息进行交易时,他就具备了规则要求的故意”。[①]

**因果关系**。在上述 Investors Management 案中,证券交易委员会认为可能存在多种因素影响了信息接收人买入或卖出证券的决定,只需要证明该“内幕信息”是影响其作出交易决定的“因素之一”,而“在信息公开之前,显示接收人受到了该信息的影响执行了该类交易中的一笔,即可推断该信息为‘因素之一’”。作为一般命题,存在因果关系须证明被告实际利用了该未公开信息为自己牟利,但是该利用可以仅凭对该信息的占有而推定。[②] 为了避免“占有未公开信息时交易一定存在对该信息不当使用的推论”造成对诚信交易者的“误伤”,《1934 年证券交易法案规则》10b5-1 设立了一个“安全港”。按照规则

① 参考案例:Elkind v. Liggett & Myers,635 F. 2d 156,167(2d Cir. 1980)。

② 参考案例:United States v. Smith,155 F. 3d 1051(9th Cir. 1998);SEC v. Adler,137 F. 3d 1325(11th Cir. 1998)。

10b5 –1,如果交易实质上是按照在占有未公开信息之前已经制定的善意交易计划进行的,则不承担责任。

**违反信义义务。**在上述 Texas Gulf Sulphur 案中,被告抗辩称他们不能披露关于发现铁矿的信息,因为公司正在购买勘探地址周围土地的期权。考虑这是一个"合法的公司目标"(这是一个针对土地交易和证券交易采取不同标准的有趣评论),法院认为这仍不能为被告所执行的证券交易提供"正当理由";因为如果内部人不泄露该信息,则被告"在信息被披露之前,不会进入市场买入证券"。

在上述 Cady Roberts 案中,被告抗辩称当他知晓负面消息时,对自己客户负有为其卖出证券的信义义务。证券交易委员会驳回该抗辩:"客户不应该期望经纪商利用内幕消息为自己获利,而让公众为此付出代价。"这可能将经纪商带入两难境地。在 In Slade v. Shearson,1974 WL 376(S. D. N. Y.)案中,原告声称 Shearson 招徕顾客购入 Tidal Marine 股票,此时他掌握重大非公开的负面消息,该信息是基于公司以投行身份从 Tidal Marine 处得到的。Shearson 公司提议适用简易判决程序,辩称按照证券交易委员会对规则 10b –5 的解释:"即使 Shearson 公司财务部门已经知悉该未公开信息,仍不得使用该信息,以免在被公开之前被公司证券销售团队用于招徕投资者"。法院驳回了该动议,认为此前按照规则 10b –5 所作判决认定内幕消息不得向受青睐的顾客披露,且其对顾客所负的信义义务要求,在该情形下不得向其作出积极的证券投资推荐建议。

为了解决上述问题,很多商业银行和证券交易经纪商已经建立了"防火墙",禁止他们的业务部门或承销部门和他们的投资顾问或销售部门进行交流,以防止"内幕"信息的传播,以及因为对该类信息的“不正当利用或未利用”而招致责任的承担。

## 二、民事责任

如上文所述，只要能证明违反者侵害了规则 10b－5 意图保护的个人利益，受损害者个人即被认可享有对侵害者的民事诉权。此时该法则的适用与适用于内部人交易时相同，但也出现很多问题。问题的性质基于如下因素而存在差别：(1)交易涉及的是直接交易还是通过交易所与人员无直接关联的设施来完成的；(2)该诉权是被交易对手还是被公司或者公司代表行使。

**卖方(买方)索赔**。规则 10b－5 执行条款的文字表述为“欺诈或欺骗”。普通法诉讼要求提供证据证明：(1)对事实的错误陈述；(2)被告知悉该陈述是错误的；(3)存在诱导原告进行交易的意图；(4)原告产生了合理信赖；(5)原告遭受损失。涉及违反规则 10b－5 的判决表明对上述要件的要求在逐步淡化。

**直接交易**。在 List v. Fashion Park，340 F. 2d 457(2d Cir. 1965)案中，原告授权自己的经纪商按照每股不低于 18 美元的价格卖出股票。被告通过自己的经纪商按照每股 18.5 美元的价格购入，原告随后起诉了被告，声称他没有披露：(1)他是该公司的董事；(2)正在进行的合并交易谈判这两条信息，结果是公司被合并后导致股票价格升至每股 50 美元。首先，法院认为，为了获得赔偿，并不要求原告提供证据证明存在确定的虚假陈述。未披露重大事实即足以满足规则 10b－5(3)规定的要件要求。其次，为了证明产生信赖，原告仅需要证明未披露的事实会对其决定产生影响(也就是以原告取代“理性投资人”进行“重大性”测试)。然而，法院查明，即使交易进行时原告知悉相关事实也不会影响其继续交易的决定，因而驳回其索赔请求。（很明显法院采信了如下事实，即被告已按照每股获利 1 美元的价格卖出大部分股票。）

在 Affiliated Ute Citizens v. United States, 406 U. S. 128 (1972)案中，最高法院进一步弱化了上述规则要求。被告从部落成员手中购买了 Ute 开发公司的股票，但没有告知他们该股票在另一个市场的交易价格更高。最高法院认为，被告没有权利保持沉默，即在该案情形中主要涉及没有作出披露。能证明产生信赖的直接证据不是获得赔偿的先决条件。获得赔偿全部所需是在一定程度上被隐瞒事实的“重大性”，该重大性是指被一名“理性投资人”在其作出交易决策时认为重要。该披露义务和隐瞒重大事实的行为，事实上满足了成立因果关系所需的要件。

**公开市场交易**。当公司“内部人”在证券交易所买入或卖出证券时没有披露重大事实，会导致另外一个问题。此时，不仅市场上不存在传统意义上“信赖”的交易对手，而且正常情形下无人能追踪卖给被告或从其手中购入的股票。

1952 年，第二巡回法院维持了一份判决，即认定原告不能从“内部人”处获得赔偿。该原告在 11 月和 12 月从交易所购入股票，“内部人”则是在同年 3 月至 10 月卖出股票，且当时公司未披露重大不利信息。该法院论证维持判决的理由是，要求在买者和卖者之间进行的交易存在“表面上买与卖的同步”。①

1974 年，第二巡回法院放弃了此前立场，认为按照规则 10b－5，不要求在与“内部人”交易中存在上述买与卖的同步。

---

① 参考案例：Joseph v. Farnsworth, 99 F. Supp. 701 (S. D. N. Y. 1951), aff'd, 198 F. 2d 883 (2d Cir. 1952)。

该法院认为，在被告基于内幕信息卖出股票的期间购入股票的全部投资者，均可以由其代表提起集体诉讼。① 至于被告抗辩称他们的卖出行为不能被说成“导致”原告遭受损失的原因，法院只是引用 Affiliated Ute 案作为所持立场的依据，未披露重大信息在事实上满足存在因果关系的要件要求。

Shapiro 案的判决提出了一个关于损害赔偿的难题。法院认识到如果损害赔偿以全部成员遭受的“损失”来计算，责任会非常严苛，并且留给地区法院去“打造出恰当的救济结果，包括合适的损害赔偿计算方式”。

该“严苛责任”导致第六巡回法院拒绝承认该情形下被告应承担任何民事责任。在 Fridrich v. Bradford，542 F. 2d 307 (6th Cir. 1976)案中，法院认为“内部人”从公开市场上基于非公开信息买入股票时，不向同一时期在公开市场上卖出股票的人承担责任，原因是“被告同第三方的交易行为同在无人化市场上购入股票时原告的索赔没有因果关系，并且原告交易决策并未受到‘内部人’错误行为影响”。Affiliated Ute 案不同于面对面的交易和双方之间事前存在某种关系的交易。

但是，第二巡回法院采用了不同方式处理损害赔偿问题。在 Elkind v. Liggett & Myers，635 F. 2d 156，172(2d Cir. 1980)案中，法院采取了“吐出非法所得”方式。按照该方式，任何不知情的投资人可以起诉追索已经支付(或收到)证券价款与内幕消息披露后合理时间内市场价格之间的差额。但是该类原告所获得的赔偿总额限制为“内部人因提前卖出(或买入)而非推迟到双方基于相同信息进行交易所带来的收获金额”。该方式根

① 参考案例：Shapiro v. Merrill Lynch，495 F. 2d 228(2d Cir. 1974)。

据拟提议的《联邦证券法典》变通而来，似乎是在追究“严苛”责任与根本不追究责任之间做最合理的妥协。正如以下更全面的讨论，《1934 年证券交易法案》第 20A 条采纳了私人案件“吐出全部违法所得”处理方式。①

**公司获得赔偿**。规则 10b－5 禁止利用内幕信息交易的一项义务要求，即“与公司建立可以接触其内幕信息的关系，应当是仅用于为了公司而非为了任何个人利益”。② 因此，按照规则 10b－5 的规定，当存在如下情形时，即至少内部人利用了本来仅仅是为公司利益的信息，公司（或者股东代表公司发起派生诉讼）似乎应当享有民事诉权追索内部人交易获取的收益。然而，针对规则 10b－5 下民事诉权（见本书第十八节第二部分）法院强加的一项重大限制是提起诉讼的人必须是案涉争议证券交易中的“卖方”或“买方”。因此，法院一直坚持发行人不可以按照规则 10b－5 起诉追回内部人交易所获利润。③

然而，对公司来说有三种替代途径可用于追索内部人交易所得收益。第一种途径，该部分收益可以根据《1934 年证券交易法案》第 16 条（b）款追偿，但是此方法的适用仅限于内部人是执行官、董事或持股 10% 以上股东，且在 6 个月内存在买入和卖出相匹配的交易。

第二种途径，证券交易委员会提起针对内部人违反规则 10b－5 的交易禁制令申请，作为“附加救济措施”。证券交易委员会可以要求法院裁定，命令被告将其所获收益返还公司，即

① 参见《1934 年证券交易法案》第 21A 条（允许证券交易委员会发起的诉讼中采取“吐出全部违法所得”的方式和施加其他惩罚）。

② 参考案例：Cady Roberts。

③ 参考案例：Davidge v. White，377 F. Supp. 1084（S. D. N. Y. 1974）。

“以法院指示的方式处置”。[①]

第三种途径，在某些州，公司可以根据普通法规定的代理人应遵守的信义义务，向自己的执行官或董事追偿内部人交易所得收益。[②] 然而，其他法院拒绝采用上述案件所采用的途径，认为除非遭受了实际损失，公司没有权利追索该类收益。[③]

鉴于针对内部人交易的私人损害救济措施的可及性，以及吓阻内部人交易的现行有效惩罚措施所存在的极大不确定性，证券交易委员会要求国会制定更严厉的惩罚措施。国会通过了两部法案作为应对，即 1984 年《内部人交易和证券欺诈执法法案》以及增加《1934 年证券交易法案》第 20A 条和第 21A 条。

按照《1934 年证券交易法案》第 21A 条的规定，如果任何人在占有重大非公开信息时依据该信息进行证券交易，或者交流未公开信息时与证券交易发生了关联关系，因而违反了该法案或依照该法案制定的规则，证券交易委员会可以起诉到法院，寻求 3 倍于非法交易所得或免受损失的民事处罚。“收益”或“损失”被定义为卖价和买价与非公开信息被披露后股票价值之间的差额。证券交易委员会追究民事处罚的对象既可以是违反上述条款和规则的个人，也可以是违反上述条款和规则的“控制人”（在大多数案件中，此时指的是与违反者有关联的企

---

① 参考案例：SEC v. Texas Gulf Sulphur，312 F. Supp. 77（S. D. N. Y. 1970），同案维持判决：446 F. 2d 1301（2d Cir. 1971）；SEC v. Golconda，327 F. Supp. 257（S. D. N. Y. 1971）。同时参见《1934 年证券交易法案》第 21A 条。

② 参考案例：Diamond v. Oreamuno，24 N. Y. 2d 494，301 N. Y. S. 2d 78，248 N. E. 2d 910（1969）；Brophy v. Cities Service，31 Del. Ch. 241，70 A. 2d 5（1949）；Rest. 2d，Agency § 388，Comment c。

③ 参考案例：Freeman v. Decio，584 F. 2d 186（7th Cir. 1978）；Schein v. Chasen，313 So. 2d 739（Fla. 1975）。

业)。对“控制人”的处罚不能超过100万美元,且只能在满足以下条件时才能处罚,即证券交易委员会证实该“控制人”明知或因为疏忽导致未能采取恰当措施或者正当程序,防止该类违反上述条款和规则的行为的发生。民事处罚的金额应减掉证券交易委员会按照《1934年证券交易法案》第21条(d)款提起的禁制令诉讼中,要求被告退回的所得部分。

为了激励人们“揭发”内部人交易,《1934年证券交易法案》第21条(e)款规定,证券交易委员会有权将民事处罚收缴金额不超过10%作为奖励,给予提供信息致处罚被执行的任何人。

按照《1934年证券交易法案》第20A条的规定,任何根据占有重大非公开信息进行交易从而违反《1934年证券交易法案》以及根据该法制定规则的人,应当向同一市场中“同时”就同一证券进行交易的对手承担责任。依据该条产生的责任,也延伸到任何交流重大非公开信息的人以及违反者的“控制人”,并且同样所承担的赔偿责任将减去由证券交易委员会发起禁制令诉讼责令其退回的所得部分。

根据《1934年证券交易法案》第20A条或者第21A条提起诉讼的期间可以是最后一次违反行为发生不超过5年,联邦证券法其他特定民事责任条款则规定了更长的法定诉讼时效期间(见本书第三十八节第二部分)。

在《内部人交易处罚法案》听证期间,强烈要求国会更准确地界定须承担责任的内部人交易类型。然而,面对证券交易委员会和业界不可调和的矛盾,最终国会选择仅按照现行法律界定该类交易行为。

1988年修订《1934年证券交易法案》时,对第32条也作出修改。针对个人的刑事处罚上限,由 10 万美元提高到 100 万美元,针对其他实体的刑事处罚上限,由 50 万美元提高到 250 万美元。

## 第二十节　公司虚假陈述

《1934 年证券交易法案》第 13 条和第 14 条的特定披露要求仅适用于其证券按照该法案第 12 条注册公司的各类报告、表决权代理征集声明和其他向证券交易委员会申报的文件。然而,《1934 年证券交易法案》第 10 条(b)款条文和规则 10b－5,则适用于任何发行人所做的以报告、媒体新闻稿或其他文件形式呈现的全部陈述。

### 一、虚假陈述构成要素

**要求与证券的买入或卖出相关联。** 在 SEC v. Texas Gulf Sulphur,401 F. 2d 833(2d Cir. 1968)案中,证券交易委员会认为,TGS 发布对潜在矿脉探索前景过分悲观描述的新闻稿已经违反了规则 10b－5(b)。TGS 抗辩该新闻稿不受规则 10b－5(b)管辖,其发布没有与“任何证券的买入或者卖出相关联”,因为公司当时未曾执行买入或卖出证券的交易。然而,法院认为如果该新闻稿的陈述和公众所进行的交易之间存在关联的话,也即“属于导致理性投资人对其产生信赖,且根据该信赖致使他们买入或卖出一家公司的证券”则已经满足对构成要素的要求。[1]

**故意。**可以主张不准确的公司陈述违反了规则 10b－5 第 2 款，该款表述为“虚假陈述或遗漏事实”而非表述为“欺诈”。法院在 Texas Gulf Sulphur 案中表示，决定公司陈述是否违反规则 10b－5 规定时，第一个要回答的问题是“该陈述是否对理性投资人构成误导”。如果该陈述被认定构成误导，且如果《1933 年证券法案》第 11 条规定的积极抗辩（见本书第十一节第一部分）能证明“该虚假陈述的原因是缺乏尽职调查”，法院即可认定该公司违反了规则 10b－5 的规定。然而，按照最高法院后来在 Hochfelder 和 Aaron 案所作的判决，公司或任何个人涉及发布误导性陈述时除非出于故意，否则不会被认定违反规则 10b－5 的规定。

**重大性。**欺诈要求证明虚假陈述或遗漏事实必须满足“重大性”要求。该重大性取决于原告能否确定“对一名理性股东来说，存在极大现实可能性将认为该事项非常重要”。[2] 重大性的测试标准是一个理性投资人是否会认为该事项重大；没有必要证明该投资者本应采取相反交易行为。[3]

模糊陈述、销售话术及其他类似内容不可能具有“重大性”。存在激发性而非事实性判断的陈述也不可能具有“重大性”。例如，关于公司道德规范或行为规范的陈述，极大可能被当作激励性口号，并非对遵守哪些规范的描述，因而不能被认定

---

① 参考案例：Basic, Inc. v. Levinson, 485U. S. 224（1988）。

② 参考案例：TSC Industries, Inc. v. Northway, Inc. , 426 U. S. 438（1976）。

③ 参考案例：Matrixx Initiatives, Inc. v. Siracusano, 563 U. S. 27（2011）；Basic, Inc. v. Levinson, 485 U. S. 224（1988）。

其具有“重大性”。

**未作修正声明。**如果一家公司对此前已经失真的陈述没有作出修正声明，能否依据规则 10b－5 追究其责任？① 一家共同基金因为购入道格拉斯股票而向公司索赔 70 万美元。其声称该公司没有及时在相关事实已经发生的时间节点及时发布收入减少的消息。上诉法院推翻了支持原告诉求的陪审团判决，认为没有证据证明道格拉斯不恰当地拖延发布上述信息。相同情形，法院在 State Teachers v. Fluor，654 F. 2d 843（2d Cir. 1981）案中认定，公司在（1）全部交易环节安排就绪之前不发布条款待定合同的公告和（2）直到公告可以发布就绪前未申请纽约证券交易所中止本公司股票交易，均不违反规则 10b－5 的规定。

除非公司“自己参与了由外部人所作报告和预估报告的准备工作，导致需要承担修订所做预估重大错误的责任”，公司没有义务纠正分析师或其他外部人所作的关于公司营业收入的错误预估。② 关于由公司自己所作的预估报告，法院一般认为公司没有义务在该预估作出后发生的事件导致预估不准确时，进行改正或更新。③

已经发生的大量案例提出如下问题：关于合并谈判进行中公司须做什么样的披露？特别是当市场出现传言导致该公司股票交易量和价格大幅度上涨时。在 Basic v. Levinson，485 U. S. 224（1988）案中，最高法院驳回的下列观点也从一些初级法院

---

① 参考案例：Financial Industrial Fund v. McDonnell Douglas，474 F. 2d 514（10th Cir. 1973）。

② 参考案例：Elkind v. Liggett & Myers，635 F. 2d 156，163（2d Cir. 1980）。

③ 参考案例：Stransky v. Cummins，51 F. 3d 1329（7th Cir. 1995）；Backman v. Polaroid，910 F. 2d 10（1st Cir. 1990）。

的判决中得到支持,即在交易价格和交易架构达成“原则协议”之前,合并谈判不能被认定为“重大”事项,因而公司在达成协议前有权否认进行过任何该类谈判。最高法院认为,公司合并谈判也应遵从与其他随机性或者预测性信息相似的“重大性”测试标准,名义上“根据公司活动的总体情况,探求该事件发生的现实可能性和该事件预期影响之间的平衡”。

在此前实操中,很多公司将信息向公众公开的方式,是选择性地将该信息泄露给分析师,然后再由他们慢慢渗透进入市场。这种实务操作导致被选中的分析师获得了信息优势,他们通常可以在该信息被公众知悉之前从中获取利益。2000 年,为了创造一个平等获取关于公司信息的机会,证券交易委员会通过了《FD 条例》。[①] 按照《FD 条例》,不再允许公司选择性地向分析师或者其他第三方提前泄露信息。该条例要求向分析师泄露信息的公司必须同时公开发布,便于全体投资者均可同时接收到该信息。

## 二、虚假陈述民事责任

如果公司发布了误导性报告或新闻通稿,并被证实其行为是在法定要求的“故意”心态下行事,在修正信息被公开之前买入或者卖出其证券的投资人,可以要求该公司承担赔偿责任。那么此时问题是:向谁承担责任?承担多大的责任?

**信赖**。一个重要问题,即原告是否必须证明当他买入或卖出证券时,真正相信了误导性陈述。1975 年,第九巡回法院所持立场是出具一份能证明该误导性陈述“构成对整个市场的欺

---

① 参见 Sec. Exch. Act Rel. 34 – 43154(2000)。

诈”的证明文件。按照这个说法,原告不必证明他真正地信赖了该误导性陈述,仅需要证明他是以受该虚假陈述影响的价格买入或者卖出证券。[①] 1988 年,最高法院在 3 名大法官未参加的情况下以 4∶2 的表决结果作出判决,确定适用“构成对整个市场的欺诈”理论建立可抗辩的信赖推定。[②]

**因果关系。**在 Dura Pharmaceuticals, Inc. v. Broudo, 544 U. S. 336(2005)案中,最高法院所持立场是:本案所涉的误导性陈述以及随后发生的股票价格变化不足以支持私人救济所需的因果关系的存在。因而,最高法院认定不能仅凭原告宣称的由于虚假陈述导致的证券价格高涨,而认定存在因果关系。

**损害结果。**上述案例中,既然被起诉的公司没有同原告发生交易,法院认为按照“实际损失”来计算损害赔偿是恰当的,而不应采纳撤销交易“恢复原状”的赔偿计算法(见本书第四十一节)。[③]

**与其他条款的重叠。**如果涉嫌的虚假陈述出现在《1933 年证券法案》规定的注册报告书中或者《1934 年证券交易法案》规定的公司报告中,那么证券购买者(或卖出者)是否有权根据规则 10b-5,而不是《1933 年证券法案》第 11 条或《1934 年证券交易法案》第 18 条起诉要求损害赔偿?在 Herman & MacLean v. Huddleston, 459 U. S. 375(1983)案中,最高法院的立场是假定原告能证明被告以欺诈性或故意的心态行事,证券购买者可

---

① 参考案例:Blackie v. Barrack, 524 F. 2d 891(9th Cir. 1975)。

② 参考案例:Halliburton Co. v. Erica P. John Fund, Inc., 573 U. S. 258(2014);Basic v. Levinson, 485 U. S. 224(1988)。

③ 参考案例:Huddleston v. Herman, 640 F. 2d 534(5th Cir. 1981);Green v. Occidental, 541 F. 2d 1335(9th Cir. 1976)。

以根据规则 10b－5 起诉《1933 年证券法案》第 11 条管辖的注册报告书中存在虚假陈述。针对《1934 年证券交易法案》规定的报告资料中的虚假陈述，上诉法院也采纳了相同的判决方式。①

**1995 年改革法案。**针对公众持有公司涉嫌虚假陈述的集体诉讼，国会担忧该诉讼权利可能存在被滥用的情形，这直接导致了《1995 年私人证券诉讼改革法案》的立法。该法案中采纳的程序性改革将在本书第三十九节第一部分详述。该法案还提高了承认欺诈的认定标准（见本书第十八节第一部分），确立了新的因果关系标准（见本书第十八节第二部分）并且对未被特别认定故意行事的被告所承担的责任作了限制（见本书第三十九节）。

## 第二十一节　公司经营不当

规则 10b－5 最重要和最具争议性的适用场景，发生在公司管理层或控股股东的权利滥用领域，这本身也构成违反州法规定的信义义务。为了绕开州程序法和实体法障碍，少数股股东已经在按照规则 10b－5 通过单独、集体或者派生诉讼的方式发起针对公司的诉讼。被起诉的交易类型包括控股权溢价转让、合并或重组、公司转让或购买自己或其他公司证券。

大量根据规则 10b－5 提起的一类诉讼，是由少数股股东提

① 参考案例：Ross v. A. H. Robins Co. , Inc. , 607 F. 2d 545（2d Cir. 1979）。

起的派生诉讼，通常针对的是控股股东为满足自己私利，涉嫌安排公司发行对价不足的证券。回溯到1960年，当时的观点是公司被欺诈发行对价不足的证券时，公司是受该规则保护的被欺诈的“卖方”。[①] 然而，这又引出了另一个问题，即是谁欺诈了这家公司？如果是这家公司的董事会决定发行该证券，并且部分或全体董事是涉嫌欺诈计划的参与者，那到底是谁欺骗了谁？

在1964年的两个判决中，第二巡回法院作出如下区分：如果向某名董事隐瞒了重大信息，可以说存在规则10b－5规定的对公司的欺诈行为，但是如果全体董事参与了该计划，则不再存在该欺骗行为，且只能按照州法进行救济。比较如下两个案例：Ruckle v. Roto American，339 F. 2d 24（2d Cir. 1964）；O' Neill v. Maytag，339 F. 2d 764（2d Cir. 1964）。

作出上述区分并无多大意义。1968年该区分即被摒弃代之以新规则：即使全体董事参与其中，仍可以认定欺诈行为成立。“为了证实欺诈行为的成立，当然不是一定要证明董事们欺骗了自己。只要证明董事们欺骗了公司的股东，也就是公司权益的所有者，即足以证明欺诈行为成立。”[②]

然而，案例Schoenbaum和Pappas确立了对“外部股东”欺诈即构成对公司欺诈的原则，但这两个案例并没有确立是否可以仅通过认定交易条款明显不公平，或者需要证明存在虚假陈述和隐瞒了重大信息来证实存在欺诈。最高法院在Santa Fe v. Green，430 U. S. 462（1977）案中将该事项搁置。在该案中，持

① 参考案例：Hooper v. Mountain States，282 F. 2d 195（5th Cir. 1960）。

② 参考案例：Schoenbaum v. Firstbrook，405 F. 2d 200，215（2d Cir. 1968）；Pappas v. Moss，393 F. 2d 865（3d Cir. 1968）。

有 Kirby 公司 90% 股份的被告,将该公司按照特拉华州法通过"简易合并"的交易形式并入自己,这仅需要通过被告董事会决议即可完成。原告,即 Kirby 公司的小股东们,指控本次合并构成规则 10b－5 规定的对他们的"欺诈"。理由包括:(1)本次合并欠缺正当商业目的;(2)本次合并中小股东获得每股 150 美元的对价,但按照 Kirby 公司资产计算,他们所持股份对应每股价格应为 772 美元。最高法院立场是,按照《1934 年证券交易法案》第 10 条(b)款提起诉讼的核心要素是存在"欺骗"或"操纵",但该案中涉嫌的越权经营,不属于该条款及依据该条款所定规则管辖下的"欺诈"类型。

最高法院在 Santa Fe 案中援引了上述两案对"股东"欺诈的判决,Santa Fe 案的判决不清楚在多大程度上削弱了 Schoenbaum 和 Pappas 案件判决的合理性。如果当初该交易提交给符合所需法定人数"无利害关系"董事会并获得其批准,董事们对该事项的知悉将被认定为公司知悉,此时似乎就不存在"欺诈"。[①] 假定该交易没有被"无利害关系"董事会批准,且没有向外部股东作出披露,如果向其隐瞒的信息可以招致他们根据州法起诉禁止该交易,且"如果没有虚假陈述或者遗漏事实,合理存在最终禁止交易的可能性",那么这些外部股东则有权根据规则10b－5起诉。[②]

---

① 参考案例:Maldonado v. Flynn,597 F. 2d 789(2d Cir. 1979)。

② 参考案例:Healey v. Catalyst Recovery,616 F. 2d 641(3d Cir. 1980);同时参考案例:Goldberg v. Meridor,567 F. 2d 209(2d Cir. 1977);Kidwell v. Meikle,597 F. 2d 1273(9th Cir. 1979)。

| 第五章 |

# 证券从业监管

证券业同时还在一套行业自律监管体系下运行,具体内容在本书第二十五节将作更详细讨论。这意味着证券从业者和证券市场除了被证券交易委员会监管之外,还被证券交易委员会主导按照《1934 年证券交易法案》成立的行业自律机构监管。经纪商和交易商的主要自律监管机构是美国金融监管局。该机构来自纳斯达克交易所和纽约证券交易所各自内部监管机构的合并。

证券交易委员会相当大一部分活动是监管从事证券业务的证券公司。证券公司参与证券业务的三个主要领域:担任客户经纪商、交易商和投资顾问。《1934 年证券交易法案》第 3 条(a)款(4)项规定将“经纪商”定义为“从事以他人账号完成证券交易业务的人”;该法案第 3 条(a)款(5)项规定“交易商”是“用自己的账号从事证券购入和卖出业务的人”,“投资顾问”则被《1940 年投资顾问法案》第 202 条(a)款(11)项定义为“为了获取报酬,从事就投资、购入或者卖出证券的适当性,向他人提供咨询服务的人”。

按照《1934 年证券交易法案》第 15 条(a)款,除非向证券交易委员会做过注册,任何人不允许以经销商或交易商身份从事证券业务(除非专门从事州内证券业务或者仅从事豁免注册证券的相关业务)。按照《1934 年证券交易法案》第 15 条(b)款,如果被证实违反联邦证券法规定或者实施了其他特定不当行为,证券交易委员会有权撤销或者中止任一经纪商—交易商的注册身份,或者对其施以处罚。对从事市政债券的交易商和投资顾问的监管,1975 年增加的《1934 年证券交易法案》第 15B 条和《投资顾问法案》第 203 条分别增加了相似规定。

经纪商—交易商须服从其展业所在州以及证券交易委员会监管。然而,1996 年国会对以下事项获得优先于州的监管权:证券交易委员会注册的经纪商—交易商的自有资本金、托管、保证金、财务责任、记录保存、担保以及财务或运营报告要求。[①]

## 第二十二节　经纪商—交易商销售业务

在阐明这些证券“专业人士”与公众投资者打交道时的实质性义务时,证券交易委员会主要依据的是《1934 年证券交易法案》第 10 条(b)款和第 15 条(c)款、《1933 年证券法案》第 17 条(a)款和《投资顾问法案》第 206 条等一般性反欺诈条款。该委员会的注意力集中到两大领域:(1)证券业专业人士对其客户所负义务与自己经济利益之间的冲突;(2)在缺乏关于发行人充分信息的情况下,执行客户委托的交易或者向客户推荐交

① 参见《1934 年证券交易法案》第 15 条(h)款。

易。在上述两个领域违反反欺诈条款的展业行为，已经招致遭受损失的客户提起诉讼并受到证券交易委员会惩戒。

对术语“欺诈”和“欺骗”作出解释用以评判证券专业人士的展业行为时，最高法院认定国会未在其“严格意义”上使用该术语，这就要求须证明存在造成客户损失的故意以及发生实际损失。至少在证券交易委员会执法程序中，最高法院认为该术语应当自由解释，以便于能够管辖证券公司和客户之间发生利益冲突的全部业务。①

## 一、利益冲突

证券从业人员在展业中发生利益冲突的根源在于，对经纪商—交易商或投资顾问最有利的事情，并不总是能实现他们客户利益的最大化。且该种利益冲突还因如下事实变得更加复杂。例如，证券公司通常同时从事几种不同业务，而在这些业务中，他们承担着完全不同的责任。特别是很多经纪商—交易商证券公司为客户买入或卖出交易所挂牌证券业务中担任经纪商或者代理人，但是又同时担任交易商或者证券买卖方，在场外交易或纳斯达克市场中向其客户销售或从其手中购买证券。这容易让其客户感到困惑，因为代理人为了委托人利益最大化而行事时所负法律义务并不适用于交易商，理论上交易商同客户进行的则是正常的证券交易。

在 Charles Hughes v. SEC，139 F. 2d 434（2d Cir. 1943）案中，法院接受了证券交易委员会所持立场，即经纪商—交易商证券公司在“设法向客户展示自己的专业能力，以建立客户对自

① 参考案例：SEC v. Capital Gains，375 U. S. 180（1963）。

己的信任”基础上向客户招揽业务,此时即使作为“证券买卖方”跟客户打交道也须承担与客户之间不得超越正常交易关系的义务。这渐渐作为“招牌理论”被人们所知晓。按照该理论,打着证券业专家“招牌”向客户提供交易建议的经纪商—交易商,未向客户全面披露可能存在利益冲突或其他影响其投资决策的重大事实而继续同该客户交易的,将被追究违反《1933 年证券法案》和《1934 年证券交易法案》反欺诈条款的责任。

**加价过高**。在 Hughes 案中,证券交易委员会认定的违反行为是将场外交易证券在其市场价格基础上加价 16% ~40% 并销售给非专业投资客户,且对该事实未作披露。随后过高加价问题被全美证券商协会关注,该协会是场外交易市场自律组织。

1943 年全美证券交易商协会通过一份“说明”,大意是加价不超过 5% 将会被认为是“公平交易规则”意义上的“公平价差或利润”。全美证券商协会和证券交易委员会启动大量针对经纪商—交易商行业的自律处罚程序,全部或部分理由均是过高加价。尽管作出这些处罚决定时通常会参照“5% 政策”,但是在某些情形下,加价幅度在 5% ~10% 也可以接受。超过 10% 以上的加价则通常被认定为不可接受。

**身份披露**。规则 10b -5 要求经纪商—交易商对每一笔交易应以书面形式向客户确认,连同其他事项一起表明自己究竟是担任客户的经纪商,还是以自己账户交易的交易商,或者是作为另外他人的经纪商。

**“反复交易”**。当经纪商—交易商是某支特定证券的唯一或主导做市商,并且通过反复购入然后再以稳步提高的价格卖回给个人客户的方式创设该证券的交易市场时,如果没有向客户全部披露该市场的性质,则该操作过程被认定为违反反欺诈条款。[1] 但是证券公司也会在仅担任经纪商收取佣金时,因为“翻动”客户账号(也就是诱导客户进行大量过多的交易达到累积自己所得佣金目的)而被认定违反反欺诈条款。

按照《1934 年证券交易法案规则》15c1－7 的规定,任何有投资决定权的经纪商或交易商用任一客户账号,“从账号的资金资源和账号性质来判断,以过大规模或过高频率”操作交易的行为均属违法。严格来说,即使该经纪商对客户账号没有投资决定权,反复交易仍可能违反了一般性反欺诈条款。“为了证实存在反复交易,原告必须证明:(1)按照其投资目标来判断,其账户的交易过于频繁;(2)案涉经纪商实际控制了其账号;(3)该经纪商交易行为的目的是欺诈该客户,或故意或草率行事而漠视该客户利益。”[2]在相同期间内,即使客户基于该类反复交易而获利,经纪商也会因为执行该类反复交易获得过量佣金而被追究责任。[3]

**“刷单”**。证券交易委员会打击的另一个操作手法是“刷单”,即投资顾问公开推荐购入证券,但是未披露自己在做出推荐建议之前已经购入该证券;该推荐建议传播并导致证券价格上涨后,再卖出证券使自己获利的操作手法。在 SEC v. Capital Gains,375 U. S. 180(1963)案中,最高法院认可证券交易委员会观点。尽管没有指控该投资顾问的行为确实损害了客户利益或该投资顾问不相信自己所作的推荐意见,最高法院仍然认定该行为违反《1940 年投资顾问法案》反欺诈条款。然而,1988 年,

---

① 参考案例:SEC v. First Jersey,101 F. 3d 1450(2d Cir. 1996);Norris & Hirshberg v. SEC,177 F. 2d 228(D. C. Cir. 1949)。

② 参考案例:Mihara v. Dean Witter,619 F. 2d 814(9th Cir. 1980)。

③ 参考案例:Nesbit v. McNeil,896 F. 2d 380(9th Cir. 1990)。

在涉及《1934年证券交易法案》第10条(b)款适用于事实非常相似的Carpenter v. United States,484 U. S. 19(1987)案中,最高法院大法官以4∶4的表决结果,对Capital Gains案判决所依据理论继续有效性提出了质疑。该质疑被United States v. O'Hagan,521 U. S. 642(1997)案判决消解(见本书第十九节第一部分)。

## 二、推荐依据不足

在本书前几章中讨论过,联邦证券法中设立披露条款的一个重要目标,是确保投资者和向投资者提供顾问服务的证券经纪商获得关于发行人的足够信息,在此基础上作出理性的投资决策。为了促进或更确切地说是为了扩展这个目标,证券交易委员会已采取如下立场,即除非已经获得关于发行人足够准确信息作为可靠的推荐依据,否则证券经纪商推荐行为违反反欺诈条款。

最初,证券交易委员会将该判断标准适用于证券销售的"锅炉房"式操作,即设立证券公司唯一目的是通过长途电话或者高压销售技巧,大肆兜售一家或几家具有高度投机性的发行人股票。①

后来,该种认定方法被拓展适用到"锅炉房"操作之外的情形,即适用于全体证券交易经纪商。在Hanly v. SEC,415 F. 2d 589(2d Cir. 1969)案中,法院认为证券经纪商在做没有事实依据的交易推荐时,应当受到证券交易委员会的惩戒和处罚。因

---

① 参考案例:Berko v. SEC,316 F. 2d 137(2d Cir. 1963)。(本案认定"锅炉房"式销售的操作者违反了《1934年证券交易法案》。因为尽管后来该股票确实上涨到每股15美元的价格,但是预测某只股票价格将在1年内上升到该价格并无依据。)

为根据“刷单”理论，“基于其所处的岗位隐含他提供的推荐建议是建立在充分依据之上”。并且，在证券交易委员会一个著名听证程序中，全美最大经纪商证券公司因为就一家电器公司股票作了没有事实依据的推荐，被命令向其客户赔偿 160 万美元，并且对其 28 名销售员处以罚款。[①] 2009 年，美国金融监管局提议制定规则 2111 以及其他规则，将“合理依据”义务（或充分了解所推荐证券交易）法规化。

1971 年，证券交易委员会通过了《1934 年证券交易法案规则》15c2－11，作为针对单个证券经纪商—交易商听证程序的补充，规定除非：(1)发行人最近按照《1933 年证券法案》或《A 条例》作了公开发行；或(2)发行人正在按照《1934 年证券交易法案》提交公司报告；或(3)该证券经纪商—交易商在其提交的材料中专门说明关于发行人及其证券目前财务状况和其他信息，否则，禁止证券经纪商—交易商利用任何证券做市。该规则的目的是防止没有按照《1933 年证券法案》或《A 条例》注册、或没有按照《1934 年证券交易法案》报告的证券出现在公开交易市场。1991 年，证券交易委员会通过以下措施强化《1934 年证券交易法案规则》15c2－11，即要求证券经纪商—交易商在启动或恢复证券报价之前，审核该规则指定披露的信息，并且有合理依据相信该信息是真实、准确并且来自可信赖渠道。

出于对向无经验投资者兜售低价投机性股票时广泛采用高压销售伎俩的担心，证券交易委员会在 1989 年通过了《1934 年证券交易法案规则》15c2－6，适用于从事“指定证券”业务的交易商（此处的“指定证券”界定为非纳斯达克场外交易权益类证

---

① 参考案例：Merrill Lynch, Sec. Exch. Act Rel. 34－14149（1977）。

券,发行人拥有不高于 200 万美元的有形净资产,且每股价格低于 5 美元)。按照该规则,向任何客户销售该类证券时,交易商必须获得该客户同意购买的书面授权,认定该证券适合该客户,并向其提供一份书面声明,列明认定本次购买适合性的依据。1990 年,美国国会通过了《低价股改革法案》适用于本质上相同种类的证券,扩大了证券交易委员会权限,使其有权监管证券销售,并指导该委员会建立一个自动系统,公布最后一笔卖出交易和报价信息。[①] 1992 年 4 月,证券交易委员会废除了前《1934 年证券交易法案规则》15c2 - 6,并通过了针对这些低价股票条款的补充规则,要求从事低价股票交易的交易商向客户提供标准化文件,披露该类交易的风险,告知发生欺诈或权利滥用时他们可行使的权利,以及有权获得由该笔交易有关联的证券经纪商和销售人员的补偿。[②]

**美国金融监管局和交易推荐。**2009 年 6 月,美国金融监管局提议将全美证券商协会“适合性”规则和纽约证券交易所“知悉客户”规则合并为单一规则,即“适合性和知悉客户”规则(美国金融监管局 2009 年 6 月)。[③] 相比纽约证券交易所此前的“知悉客户”规则,该提议的美国金融监管局规则 2111 沿用的是更接近此前的全美证券商协会的“适合性”规则,因为新美国金融监管局的监管义务是与经纪商的具体推荐建议相关联,而不是与一个更概括性的“知悉客户”规则相关联。然而,正如以下注明的,美国金融监管局的一个单独规则,合并了独立于投资

① 参见《1934 年证券交易法案》第 15 条(g)款和第 17B 条。

② 参见《1934 年证券交易法案规则》15g - 1 到 15g - 6。

③ 参见美国金融监管局:Reg. Notice 09 - 2。

推荐建议的“知悉客户”监管义务。

美国金融监管局通过的规则2111涉及“适合性”三个不同的事项。第一个,该规则条款化了“合理依据”(或知悉证券)义务,规定证券公司推荐一只证券时,必须在尽职调查基础上有合理依据,相信其推荐建议至少对某些投资者是适合的。第二个,美国金融监管局该规则要求,证券公司必须有合理理由相信,向投资者作出推荐建议必须适合于该投资者。第三个,对推荐建议作一个定量判断,因为该规则要求证券公司有合理理由相信,在一个固定时间框架内做出的推荐交易数量不能过多。该定量限制的目标是防止反复交易和过度交易。

美国金融监管局“适合性”规则包含一个豁免情形,该豁免须符合向机构投资者做推荐的特定条件。按照该规则,如果该机构投资者已经明确表明自己愿意放弃经纪商公司应当履行的针对特定客户的“适合性”义务,则证券公司的“适合性”义务被视为已经完全履行。该证券公司(或相关人员)必须有合理理由相信该机构投资者有能力自己分析所推荐投资的风险,包括一般性风险和本次特定投资或者投资策略的风险。作出推荐建议的证券公司也必须有合理依据相信,该机构投资者客户在评估该投资建议时,实际上作出的是独立判断。

美国金融监管局规则2090延续了纽约证券交易所的“知悉客户”义务。正如当初被提议通过的,规则2090要求经纪商公司要了解并保存关于每个客户及其授权代表的“基本事实资料”。①

① 参见《美国金融监管局规则2090和2011加速批准》:Sec. Exch. Act Rel. No. 34-63325,2010 WL 4663180(SEC Nov. 17,2010);美国金融监管局Reg. Notice 09-25,关于“适合性”和“知悉客户”规则(美国金融监管局2009年6月)。

美国金融监管局指出，该义务已经隐含在全美证券交易商协会和纽约证券交易所的其他规则中，现在只不过是将其明确化。

**《利益最大化监管条例》**。证券交易委员会通过了《利益最大化监管条例》，明确要求确保证券经纪商按照客户利益最大化原则行事。[①] 证券交易委员会规定的利益最大化义务包含四个基本要素。

第一，利益最大化义务强制要求经纪商—交易商做推荐建议时须履行注意义务。特别是经纪商—交易商不仅应理解所作推荐建议存在的风险以及风险收益，而且要了解其成本。在评估与履行推荐相关的义务时，考虑的其他要素包括：特殊性（包括任何特殊或不寻常特性）、流动性、风险、预期收益、波动性、市场前景和经济环境、该证券或投资策略预期收益，以及推荐该证券或投资策略的激励措施。第二，利益最大化义务强加了“知悉客户”要求，大致是经纪商—交易商为了作出正确评估必须掌握关于客户的足够信息，并且要求经纪商—交易商有义务确认该类信息的准确性和现时性。第三，经纪商—交易商公司应当有合理依据相信，其作出的一系列交易的推荐建议应符合客户最大利益，并且不应当不合理地增加证券公司总体收费金额。第四，除了遵守前述表明的关于利益冲突的行为规范之外，《利益最大化监管条例》要求经纪商—交易商做推荐建议时，监督、管控并披露利益冲突。

---

① 《1934 年证券交易法案规则》15I－1。参见《利益最大化监管条例：证券交易经纪商行为规范》：Sec. Exch. Act Rel. No. 34－86031，2019 WL 2420297（SEC June 5，2019）；证券交易委员会关于利益最大化监管常见问题解答 https://www. sec. gov/tm/faq－regulation－best interest（证券交易委员会 2020 年 1 月 10 日）。

## 第二十三节　经纪商—交易商的经济责任

因为很多经纪商—交易商实际占有属于客户的资金和证券，需要设置安全措施确保客户在经纪商—交易商公司破产时，能够拿回属于自己的资金或证券。为达此目的，通常采用如下三个主要手段：(1)制定经纪商—交易商承担财务责任准则；(2)将客户资金及证券与经纪商—交易商财产有效隔离；(3)维持一个适用全行业的自有资本金标准。当经纪商破产时，尽量能够满足客户提起的索赔请求。

### 一、净资本金规则

经纪商—交易商须遵守的最基本财务责任准则是，证券交易委员会按照《1934 年证券交易法案》第 15 条(c)款(3)项制定的“净资本金规则”。证券业在遭遇 1968 ~ 1970 年金融崩溃之前，隶属交易所的证券公司豁免执行证券交易委员会的上述规则，因为证券交易所对证券公司自有“净资本金”有自己的规则，且被认为比证券交易委员会的规则更为严格。然而，经过调查后，证券交易委员会和国会发现证券交易所对自己规则的解释非常弹性化，允许其会员在资本金不足的情况下继续展业。证券交易委员会取消了上述交易所规则的豁免适用，转而要求全部经纪商—交易商遵守证券交易委员会的规则。

按照证券交易委员会“净资本金规则”(见《1934 年证券交

易法案规则》15c3－1的规定，1975年做过实质性修订)，[1]经纪商—交易商必须维持至少25,000美元的“净资本金”(经纪商—交易商不持有任何客户资金或证券且以特定方式展业的，该“净资本金”为5000美元)。“净资本金”被定义为“净值资产”(资产减掉负债的余值)，且遵从该规则规定的很多调减办法。另外，经纪商—交易商总负债不得超出其“净资本金”的1500%(展业第一年则不允许超过800%)。

作为替代性规则，经纪商—交易商也可以满足《1934年证券交易法案规则》15c3－1(f)的要求，该条款是用来测试其资金量、流动性和其持续性满足向客户支付能力的总体健康程度。按照该替代性规则(1982年被大幅度放宽)，经纪商—交易商必须维持等于或大于10万美元的净资本金，或者与客户交易累计产生总借方余额的2%。

## 二、归属于客户的资金和证券

客户将大量现金和证券存放于经纪商处。这些证券包括两种类型：第一种类型是凭保证金额度购买的证券(也就是通过经纪商预付部分价款帮助客户购买)，针对这种证券(按照标准化保证金协议)，经纪商有权持有其作为自己获取借款的担保物，便于其持续借款以获取自己所需资金。第二种类型是客户已经“价款付讫”的证券，经纪商持有该证券仅为了便于服务客户，并且应当与经纪商自己的证券“隔离”。“闲余贷方余额”现金主要有两个来源，即在向经纪商下达购买指令之前客户存入的现金，以及证券卖出后经纪商收到的价款、证券利息或分红收

---

① 参见 Sec. Exch. Act Rel. 34－11497。

入,且该部分未被重新投资或转付客户。

关于“价款付讫”证券,1968 ~ 1970 年证券业危机调查者发现,很多证券公司未能有效控制证券簿记。这些证券公司对很多证券并未实际占有,他们本应该为客户担任该类证券的监管者。因此,1972 年证券交易委员会制定了《1934 年证券交易法案规则》15c3 - 3,该规则要求全部经纪商“迅速获取且此后保持对全部价款付讫证券实体的占有或控制”,并且规定每日确认遵守该项规则要求的最新状态。

关于“闲余贷方余额”,传统上经纪商会将该部分属于客户的资金同自己的业务资金混同。从 1964 年开始,《1934 年证券交易法案规则》15c3 - 2 要求经纪商至少每季度通知客户其资金状态:(1)未被隔离,可以用于该客户的业务;(2)可以根据要求向该客户支付。1968 ~ 1970 年证券市场危机后,因为暴露出很多证券公司一直在使用客户闲余贷方余额作为自己的运营资金,所以产生了将该贷方余额完全隔离的要求。然而,证券行业却坚持他们应当继续无息使用该部分资金,以支持与客户相关的交易(主要是用做保证金贷款)。最终结果是,证券交易委员会在 1972 年通过《1934 年证券交易法案规则》15c3 - 3,要求每个经销商维护“为客户独家利益的特别储备银行账户”,在该账户中所维持的现金或美国联邦政府证券在总金额上等于(1)客户账上的闲余信贷余额(加其他所欠客户总额)减去(2)客户现金和保证金账户的借方余额。

## 三、《证券投资者保护法案》

1963 年,纽约证券交易所在自己的最大会员之一破产后设立了“信托基金”。根据对其会员的评估募集资金,用于支付由倒闭会员的客户提起的索赔。然而,该信托基金最后证明不足以应对 1969~1970 年发生的金融危机。业界转而求助于国会,意图建立一个更安全的客户保护系统。国会通过了 1970 年《证券投资者保护法案》作为对上述需求的立法回应。

《证券投资者保护法案》第 3 条(a)款设立了一个非营利性会员公司,称为"证券投资者保护公司",并要求每一个经纪商—交易商按照《1934 年证券交易法案》第 15 条(存在某些例外情形)登记成为会员。该公司由 7 人董事会负责经营,其中 1 名董事由财政部部长任命,另 1 名由联邦储备委员会任命,其余 5 名董事由总统任命。被总统任命的 5 人中,3 人分别代表证券业不同部门,另外 2 名则来自公众。①

为了筹集所需资金以保证"证券投资者保护公司"所承担的职责,要求每个会员支付相当于其总收入的 0.5% 作为年费,以该资金总额达到 1.5 亿美元为上限,并且在需要时应缴纳更多年费以保持同等资金水平。② 如果该笔资金证明不足,可授权"证券投资者保护公司"从财政部(通过证券交易委员会)最多借款 10 亿美元。如果证券交易委员会认定会员年费不能满足保证金贷款的偿还,可以向证券交易所和场外全部交易征收交易金额 0.02% 的费用,用以偿还贷款。③

**证券投资者保护公司的运营。**如果证券交易委员会或者自律机构认定经纪商或交易商已经或正陷入资金困难,则必须通知"证券投资者保护公司"。如果"证券投资者保护公司"认定

---

① 参见《证券投资者保护法案》第 3 条(c)款。

② 参见《证券投资者保护法案》第 4 条(c)款和(d)款。

③ 参见《证券投资者保护法案》第 4 条(g)款。

该会员已经不能履行对客户的支付义务，或者存在这种危险，或者存在某种其他情形，都可以向法院申请判决该会员的客户获得《证券投资者保护法案》的保护。[①]“证券投资者保护公司”会员的客户没有权利向法院申请命令，要求“证券投资者保护公司”对该会员采取行动。[②]

如果法院认定并作出了相关判决，就必须任命“证券投资者保护公司”指定的“无利害关系人”为信托人，并为该信托人任命律师。[③] 该信托人的职能包括：(1)向客户返还“特定可识别财产”，并以现有资金满足客户其他诉求；(2)完成该会员“未履行的合同义务”；(3)清算该会员的业务。如果该会员的资产不足以满足全体客户诉求，“证券投资者保护公司”须先向信托人预付资金满足全部诉求，但是每个客户可获得的赔偿上限为50 万美元(但是现金诉求的上限为 10 万美元)。[④] 总体上来说，此时的清算流程与按照《破产法案》第 10 章的清算流程相似。[⑤]

《证券投资者保护法案》的实施，特别是关于客户诉求的迅速解决，该法案 1978 年作出修订，允许信托人购入证券并向客户交付，将客户账号整体转给另一个证券交易经纪商，并且在小型清算中无须司法监督便可以直接向客户支付款项。[⑥]

---

① 参见《证券投资者保护法案》第 5 条(a)款。

② 参考案例：SIPC v. Barbour，421 U. S. 412(1975)。

③ 参见《证券投资者保护法案》第 5 条(b)款 3 项。

④ 参见《证券投资者保护法案》第 6 条(a)款 f 项。

⑤ 参见《证券投资者保护法案》第 6 条(c)款。

⑥ 参见 S. Rep. 95 －283(1978)。

## 第二十四节　市场监管

除了针对证券经纪商个体展业行为的监管,《1934 年证券交易法案》同样对整个证券交易市场进行监管。主要监管条款包括,1934 年最初版本《1934 年证券交易法案》第 7 条、第 8 条,即监管向挂牌交易的证券提供增信;《1934 年证券交易法案》第 11 条则是监管交易所会员以自己账号进行的交易。多年后上述条款已经发生了实质性改变。1975 年对证券法案修订时,国会增加了《1934 年证券交易法案》第 11A 条和第 17A 条,指导证券交易委员会设立了"全美市场系统"和全国交易清算系统。

### 一、市场结构

1975 年以前,纽约证券交易所一直维持着固定最低佣金费率,这导致相当大部分机构的交易业务被转移到"区域性"交易所或"第三市场"(纽约证券交易所挂牌证券的场外交易市场,由该交易所非会员做市而形成的市场)。这种业务的"碎片化"导致股票订单被分送到不同市场,使在某些交易中客户收不到更优惠报价;如果全部订单汇集在单一交易地点时,他们可能获得的报价将更优惠。

因此,在 1975 年证券法案修订时,国会要求证券交易委员会"利用自己职权,推进设立一个全美市场系统",将每个个体证券链接进入全部市场系统。[①] 本次努力的第一个结果，就是纽约证券交易所的老“磁带”于1976年被“整合磁带”所代替，后者记录每一只挂牌股票在任何地方的全部交易。1978年，证券交易所引进“市场间交易系统”，允许订单从一个交易大厅通过电子手段转移到另一个报价更高的交易场所。

证券交易所通过禁止会员“以证券购买人或代理人身份执行挂牌股票的场外交易”，继续拒绝挂牌股票竞争性场外交易市场的生长。[②] 但是该规则于2000年被废除。尽管交易所市场和场外交易市场仍然是分割的，但是相互竞争有所增加，且基于多种目的它们之间的区别也变得更模糊。《1934年证券交易法案规则》11Ac1－1和11Ac1－4批准电子通信网络向场外交易和交易所挂牌证券提供电子报价和撮合交易服务。该类替代性交易平台的存在增加了竞争性，并强化了市场参与者为其客户撮合最佳交易机会的义务。例如，在执行交易时，仅在传统做市者中寻找最佳报价是不够的，通过电子通信网络获取的报价也要一并纳入，参与比价。[③] 交易所的交易专员也被要求履行相似义务，他们必须参考自己订单账簿之外的订单，便于更准确为一只股票定价（见本书第二十四节第三部分）。

2006年，纽约证券交易所与最大电子通信网络之一的Archipelago公司合并后，拓展了其电子订单处理能力。后来，纽约证券交易所跟欧洲交易所（重要的离岸交易设施）合并后，开始着眼于国际业务的拓展。

---

① 参见《1934年证券交易法案》第11A条。

② 参见《纽约证券交易所规则》390。

③ 参考案例和文献：Newton v. Merrill，Lynch，Pierce，Fenner & Smith，135 F. 3d 266（3d Cir. 1998）；Exch. Act Rel. No. 34－40760（1998）。

## 二、证券交易清算

国会和证券交易委员会对证券业在 1968～1970 年的“纸化交易危机”开展调查，揭露问题发生的主要原因，即使用纸质股票证明（在某些情形下取消后又恢复）这种过时和低效的交付方法来完成交易。因此，在 1975 年证券法案修订时，国会指导证券交易委员会“利用自己职权，促成建立快捷、准确的全国证券交易清算系统”。① 为了更好地实现该目标，还授予证券交易委员会对清算机构和转移交付代理商的直接监管权。② 并有权制定《1934 年证券交易法案》注册证券的格式。③

自从危机以来，通过设立存储处，纸质股票证明的转移交付已大大减少。某些主要经纪商和银行可以通过该存储处完成相互间的证券交易，而不再需要转移交付纸质股票证明。同样地，证券交易委员会在 1977 年为证券的转移交付代理商规定了一套最小化转移交付的履行标准。④

## 三、交易所会员执行交易

全国性证券交易所的主要功能和设立目的是为会员公司提供交易场所，他们担任经纪商使用客户账户为该客户购入或者卖出证券。《1934 年证券交易法案》第 11 条要解决如下问题：鉴于交易所会员及其公司在从事该类交易时，可能发生不公平地利用公众客户为自己谋取利益的情形，因而应当在多大程度

① 参见《1934 年证券交易法案》第 17A 条(a)款。
② 参见《1934 年证券交易法案》第 17A 条(b)(c)款。
③ 参见《1934 年证券交易法案》第 12 条(i)款。
④ 参见《1934 年证券交易法案》第 17A 条 d－1 款。

上允许他们使用自己账户交易挂牌证券。

按照1975年作出修订的《1934年证券交易法案》第11条(a)款,禁止交易所会员在交易所内使用自己账户或使用自己有权行使投资自由裁量权的任何账户执行交易,某些特定例外情形的交易除外,该类例外情形包括:做市商(交易专员)交易或者零星股票交易人、与发行相关的"基石交易"(见本书第十七节第一部分)、善意套利交易和其他证券交易委员会决定应当豁免的交易。

传统上,交易所的关注集中在三类特殊交易:(1)由会员或其公司执行的"大厅交易"和"场外交易";(2)"零星股票交易商"执行的交易;(3)交易专员执行的交易。在纽约证券交易所,机构投资者正逐渐占据主导地位,这导致又增加了两类被关注交易,即(4)会员公司执行的"大宗证券买卖"交易和(5)为"机构托管账户"进行的交易。

**"大厅交易"和"场外交易"**。《1934年证券交易法案》第11条(a)款当初制定时的主要目的是授权证券交易委员会起草规则,以(1)"监管或防止交易所会员大厅交易";(2)如果该委员会发现"存在损害公平市场和有序市场"时,阻止会员过度执行场外交易。

"大厅交易"是纽约证券交易所占比很小的会员从事的专门业务。交易所会员维持会员资质主要和唯一目的,是通过漫游交易所大厅,以自己账户购入或卖出任何其感兴趣的证券。1945年,证券交易委员会对大厅交易实施了温和限制措施,直到1963年都没有采取任何较大动作。这一年证券交易委员会做了"证券市场特别研究",结论是"大厅交易"作为1934年之前交易所"私人俱乐部"交易氛围的残留,应当废除。1964年证券交易委员会制定规则规定，除非按照交易所制定并被证券交易委员会批准按计划执行的交易，否则会员执行的大厅交易全部禁止。[1] 纽约证券交易所同时通过了一项计划，当时也获得了证券交易委员会的批准，要求大厅交易者向证券交易所注册、维持最低资本金并通过一项资格考试，同时遵守对其交易活动的限制性规定。[2] 1978 年，纽约证券交易所设立了承担特定责任的新一类“注册竞争做市者”，以协助交易专员维持市场有序性。[3] 随着大厅交易专员转换为这种新型做市者，传统大厅交易的重要性持续下降。

由交易所会员公司执行的“场外交易”（也就是依据会员公司在其办公室内所作决策进行的交易）占据交易活动比例比大厅交易高得多。该类交易未被发现存在与大厅交易相同的问题，并且证券交易委员会没有采取行动对其进行直接限制。然而，1967 年证券交易委员会对场外交易研究后，纽约证券交易所制定了规则，目的在于防止会员公司可能私下知晓“内幕消息”，并先于其客户向交易大厅发送交易指令。

**交易专员和指定做市商。**大多数时候，纽约证券交易所是在交易专员主导的交易系统下运转。从 2008 年开始，纽约证券交易所淘汰了传统交易专员制度。本书以下讨论并解释了交易专员如何执行交易和指定做市商取代交易专员的动议。

交易专员公司在纽约证券交易所和其他交易所中占据着独特的双重角色。第一重角色是其担任了“经纪商的经纪商”。

---

① 参见《1934 年证券交易法案规则》11a－1。

② 参见《纽约证券交易所规则》110～120。

③ 参见《纽约证券交易所规则》107。

他们维持了自己的“账簿”，上面留存了其他经纪商记录的客户的“限价指令”（也就是按照预定价格卖出或买入的订单，但是按照目前价格尚不能执行）。第二重角色是担任特定股票的独家特许交易员或“做市者”。当自己账簿中没有可以匹配的客户订单时，他们会从其他经纪商手上购入或者卖出股票来进行匹配。1975 年国会修订了《1934 年证券交易法案》第 11 条（b）款，明确授权证券交易委员会限制交易专员要么担任经纪商要么担任交易商，但不能同时担任两个角色。只是证券交易委员会还没有按照该授权采取任何行动。

交易专员的角色可以通过以下例子来说明。一家证券公司是一只交易活跃股票的交易专员，其市场价格为每股 40 ~ 40.1 美元。这意味着该交易专员的客户购入指定数量股票的订单价格为每股 40 美元或者以下，而卖出指定数量股票的订单价格为每股 40.1 美元或者以上（股票报价曾经以 1/2、1/4、1/8 而不是以美分为单位，且最小的单位为 1/8 点即 12.5 美分；2000 年市场变更为十进制）。带着“在市场上”卖出订单寻找交易专员的经纪商，会把股票卖给在账簿中标价以 40 美元买入的第一个买家，而带着购入市场订单的经纪商会从账簿中第一个标价 40.1 美元的卖出者手中购入。交易专员仅仅担任次级代理，收取该“账簿”客户从客户经纪商处收取佣金的一部分。因此，交易专员账簿形成的垄断被稀释了。替代性交易平台的出现，如场外交易和电子通信网络交易，以及他们有能力以在交易所挂牌股票为交易对象，这都增加了证券交易的竞争。证券交易专员必须通过各种媒介，“通常要么通过纽约证券交易所链接至电子显示本的超级指定订单周转系统，或者通过聚集到该交易专员在交易大厅工位的经纪商”，与到达该交易专员工位的订单进行匹配。[①]

假定同一公司也担任一只不活跃股票的交易专员，其账簿上仅有的订单是38美元的购入订单和42美元的卖出订单。如果该经纪商仅担任代理人，携带卖出订单的经纪商将收到38美元，另一个携带购入订单的经纪商将支付42美元。在“磁带”上这些交易报告将显示该股票在1小时内上涨了4个点，或10%。因此，交易所强加给该交易专员一项维持其专管股票“市场稳定”义务，通过以自己的账户购入或者卖出股票，以抹平源于买方和卖方没有同时出现于其交易工位导致的波动。在该情形下，该交易专员可以把市场价位定在40~40.25美元，在需要时以自己账户交易，但是无论何时，客户向交易对手报出一个好价格时，该专员账簿须将该客户的订单置于优先位置。

尽管上述结合具有明显优势，但是仍然存在滥用可能。凭着垄断交易地位和对“账簿”的知悉，交易专员仍然可以通过上下调整特定股票的价格，保证自己在担任交易专员的“经纪商”和“交易商”角色时均可获利。证券交易委员会跟踪研究该问题并表达关切，但是从未对交易专员展业行为进行监管。1965年，证券交易委员会通过了《1934年证券交易法案规则》11b-1，要求主要证券交易所维护并执行禁止交易专员滥权规则，说明证券交易委员会和国会研究中心已经表达了对纽约证券交易所对交易专员监督和监管的持续不满。从1976年开始，因为不当交易和不当交易报告以及未能维持市场有序和其他违规行为，纽约证券交易所处罚了大量交易专员。2003年，证券交易委员

① 参见 Van Der Moolen Specialists USA, Sec. Exch. Act Rel. No. 34 - 49502 (2004)。

会发起针对暴露存在大量滥权交易专员公司的调查程序,并对其作出了超过2.4亿美元的处罚。

2008年,纽约证券交易所用“指定做市商”为中心的新系统替代了传统“交易专员”系统。[①] 该次官方名称变更反映了纽约证券交易所对被称为“交易专员”公司角色的重大政策调整。该新系统按照计划分期实施。当完全实施后,指定做市商系统将导致大量原来按照交易专员系统操作的公司对其操作方式作出重大变更。现行的证券交易委员会“公告”中体现了三处系统性变更:“(1)交易专员系统的退出和指定做市商架构的引入;(2)纽约证券交易所优先和平等规则的变更,最显著的是允许指定做市商同‘纽约证券交易所显示订单簿’的订单平等交易机会;(3)新订单功能介绍,包括指定做市商‘资本承诺清单’和不显示订单。”

为了获得和其他做市者之间平等的交易机会,指定做市商与交易专员不同,他们不再拥有对交易订单的专属高级浏览权。相反,指定做市商与其他市场参与者同步获得相同信息。由于这项新的平等权,指定做市商不再承担交易专员必须用客户账户交易的“消极义务”,而是允许他们用自己的账户进行交易。该变化向全体交易方提供了更平等的交易机会,因此可以更好地实现定价目的和更高效的全程交易。

作为交易专员制度退出的后果之一,现在纽约证券交易所允许交易公司将上游业务和下游业务进行整合。此前,要求交易专员业务操作必须是其公司的一个被隔离单元;现在新的指定做市商单元只要遵循特定程序,就可以同上游业务和下游业

---

① Sec. Exch. Act Rel. No. 34 – 58845 (SEC Oct. 29, 2008).

务相互整合。这种业务整合应当允许指定做市商获得更多资本,从而可以开展更高效的业务操作和促进整体效率的提高,培育出更深更广阔的市场。随着这些主要政策的变化,纽约证券交易所规则仍然对指定做市商强加了一个更明确的义务,即必要时须动用自己的资本金解决由于失衡或缺乏流动性导致的价格波动。纽约证券交易所上述综合性政策的总体目标,是提高全体市场参与者交易的高效、流动性和公平性。

**“重仓位”**。机构投资者(主要是养老基金、共同基金和保险公司)已经提高了对普通股票的投资,占到了目前纽约证券交易所交易量的60%~70%。机构通常以大订单的形式(1万股或更多)进行交易,这对交易所做市机制造成了特殊的压力。如果一个专门从事机构投资业务的会员公司的某个客户,打算卖出10万股某股票,但是只找到持有8万股的买家,那么该公司可以先购入剩余2万股“建仓”,经过一段时间,当市场能消化时再卖出。《1934年证券交易法案》第11条(a)款(1)项(A)目承认该“做市”功能,作为禁止会员公司以自己账户交易的一个合法例外情形。

## 四、交易商“差价”

如本书第二十四节第三部分所述,传统上的股票报价和交易是以1/2、1/4、1/8美元为差价单位,而非以美分来计价。在出价和要价之间的最小差价单位为1/8美元,或者12.5美分(价格非常低的股票,则是1/16美元或者6.25美分)。1996年,两名经济学家发表了一份研究,声称场外交易的交易商们密谋拒绝使用1/8美元作为差价单位,这样就能确保他们在交易时每股至少可以获得1/4美元或25美分的收益。随后爆发的谴责声最终导致交易所和纳斯达克系统从1997年开始，在全部交易中采用1/16美元作为差价单位，纽约证券交易所同样宣布了自2000年开始转向十进制计价方案（也就是股票报价采用美元和美分为单位）。十进制计价方式从2001年开始执行，现在最小差价单位为1美分。

## 五、保证金贷款监管

“基于防止过度使用信用贷款购买或持有证券”，《1934年证券交易法案》第7条和第8条授权联邦储备委员会限制“最初向单一证券提供及后续维持的信用贷款总额”，并监管经纪商和交易商的借贷规模。根据上述授权，联邦储备委员会发布了监管规定，监管经纪商—交易商（《T条例》）和银行（《U条例》）提供信用的活动，和证券购买者获取信用支持的规模（《X条例》）。[①]

《1934年证券交易法案》授权联邦储备委员会监管信用初次提供和后续维持时，事实上联邦储备委员会规则或通常称为《保证金监管条例》仅监管向新购买证券提供信用。[②] 该监管通常是通过规定证券的“最大贷款金额”来实现，该金额表达为证券当前价值的一定百分比，而该百分比由联邦储备委员会按照投机性交易总量和信用存量随时提高或降低。例如，如果目前“最大贷款金额”是50%，则打算购入当前市场价值4000美元证券的客户必须自行缴纳2000美元现金，并可以从经纪商那里“凭保证金额度”借入剩余2000美元。如果该证券的市场价值

① 参见12 C. F. R. pts. 220，221，207，224。

② 参见12 C. F. R. §220.7(b)。

随后降到2500美元,联邦储备委员会《保证金监管条例》会将该客户的借贷金额降为1250美元,不会要求该客户向经纪商另行支付750美元。但是,某些证券交易所确实强制要求其会员执行“保证金维持”规则,即要求客户在经纪商账户中维持至少当前证券价值25%的“保证金”或财产权益。[①] 因此,如果上述例子中该经纪商是纽约证券交易所会员,会被要求向该客户发出“保证金催缴通知”,减少向该客户贷款125美元,并将保证金提高到625美元,或证券当前市值的25%。如果该客户此时打算另外购买价值2500美元证券,联邦储备委员会《保证金监管条例》将要求该客户存入1875美元现金,因为他只能从经纪商那里借到625美元,即该客户账户最高贷款额(2500美元)和待还清借款额(1875美元)之差。

联邦储备委员会的限制规则仅仅适用于向权益类证券提供贷款业务,对购买美国政府债券,州、地方政府债券或者不可转换公司债券的贷款额度并没有限制。[②] 正如其当初通过时,第7条仅允许向证券交易所挂牌权益类证券提供信用贷款一样,场外交易证券没有“信贷价值”。但是,1968年该法作出修订,允许向符合联邦储备委员会设定标准的场外交易证券提供信用贷款。现在,联邦储备委员会规定了股票自动保证金制度,成为纳斯达克系统的组成部分。

按照《1934年证券交易法案》第11条(d)款的规定,禁止经纪商—交易商在担任新发行证券承销商或销售团成员时,向该新发行证券购买者提供信用贷款。

---

① 参见《纽约证券交易所规则》431(b)。

② 参见《1934年证券交易法案》第7条(a)款,12 C. F. R. §220.4(i)。

按照《1934 年证券交易法案》第 7 条、第 8 条的规定，对信用贷款实施监管的权力授予联邦储备委员会后，针对经纪商—交易商违反规则的处罚，成为证券交易委员会和自律组织的职责。他们已经启动大量针对经纪商—交易商违反保证金贷款规则的调查程序，不仅禁止他们超越联邦储备委员会关于提供信用贷款的金额限制，而且禁止其他机构提供该类信用贷款。①

尽管《保证金监管条例》的基本目的是限制证券市场的投机活动而非保护个人客户，但有些法院仍允许客户起诉经销商追偿损失，理由是他们的经销商违反规则向其提供了信用贷款，即使该不合法信用贷款不能被证明诱导该客户从事了案涉交易。② 然而，1970 年对《1934 年证券交易法案》第 7 条(f)款修改后，禁止客户违反联邦储备委员会规则获取贷款，同最高法院当前反对承认默示私人诉权一起，导致法院在更多近期案例中否决客户在该类情形下获得赔偿的权利。③

**披露**。由证券公司向其客户提供的贷款豁免适用联邦《诚信贷款法案》，该法案要求贷款发放人向贷款申请人作明确披露。④ 然而，该豁免以国会的一项如下谅解为前提，即证券交易委员会按照其现行职权公布实质相似披露规则。证券交易委员会 1969 年通过了《1934 年证券交易法案规则》10b－16，要求经纪商—交易商向他们的保证金借款客户披露：(1) 他们所负债

---

① 参见《1934 年证券交易法案》第 7 条(c)款；12 C. F. R. §220.7(a)。

② 参考案例：Pearlstein v. Scudder, 429 F. 2d 1136 (2d Cir. 1970), modified at 527 F. 2d 1141 (2d Cir. 1975)。

③ 参考案例：Utah State v. Bear Stearns, 549 F. 2d 164 (10th Cir. 1977); Gilman v. FDIC, 660 F. 2d 688 (6thCir. 1981)。

④ 参见《美国法典》第 15 篇第 1603 章(2)条。

务的利息以及计算方法；(2)公司在客户证券上的权益性质以及要求增加担保物的情形。客户通常被认为享有默示私人诉权，可以起诉违反这些披露要求的经纪商，因为该规则是按照《1934 年证券交易法案》第 10 条(b)款制定的，最高法院据此持续承认该项权利。①

## 第二十五节　证券业的"自律监管"

证券业务的监管权不独由美国证券交易委员会行使，而是由美国证券交易委员会和数量众多的"自律组织"分别行使，这也导致了证券业务监管框架的复杂化。这些由证券经纪商—交易商组成的私人协会被国会授予：(1)制定规则并强制其成员遵守该规则的权力；(2)确保其成员遵守联邦证券法有关规定的责任。

**证券交易所**。国会于 1934 年设立美国证券交易委员会时，作为私人协会的证券交易所已经对其会员行使监管权达 140 余年。国会当时并未选择替换掉"自律体系"，而是将美国证券交易委员会作为独立监管机构置于其之上。《1934 年证券交易法案》第 5 条要求每一个"全国性证券交易所"向美国证券交易委员会注册。依据《1934 年证券交易法案》第 6 条的规定，除其他必备事项外，证券交易所还需要制定旨在"防止欺诈性以及操纵性行为和交易，促进交易公正和公平"规则，并且当其成员有

① 参考案例：Angelastro v. Prudential - Bache，764 F. 2d 939(3d Cir. 1985)。

违反证券交易所内部规则或证券法的行为，这些规则还要制定恰当的纪律处分措施，否则美国证券交易委员会将拒绝其注册申请。

依据该授权，形形色色的交易所（其中纽约证券交易所是目前最大也是最重要的交易所）目前都实施并维持着大批规范其会员行为的规则。这些规则大致可以分为两类：(1)有关适用于某特定交易的规则；(2)有关其会员内部运营以及会员与其客户间往来的规则。

第一类规则监管：证券交易所挂牌标准和特定证券摘牌或暂停交易的规定；挂牌证券发行人义务；交易大厅报价和竞买；"交易专员"（挂牌证券的指定做市商）行为标准；交易所会员公司以自己账户从事的交易；挂牌证券场外交易须满足的条件；交易所交易清算和结算；交易所自身管理及经营规则。

第二类规则监管：会员公司组织形式和其合伙人或执行官员资质；证券销售人员和其他专业人员资质；客户账户处理；广告以及财务会计报告。在证券公司分属不同证券交易所会员时，监管责任的履行存在一个"先后顺序"：纽约证券交易所对全体会员（几乎包括证券行业全部大规模的证券公司）内部事务负有主要监管责任，美国证券交易所对自有会员中非属纽约证券交易所会员的部分负有主要监管责任，除纽约市之外各"地方"交易所对专属于自己的会员负有监管责任。

正如当初制定时的安排，《1934年证券交易法案》第19条授予美国证券交易委员会中止或者撤回证券交易所的注册、中止或者取消交易所会员的会员资格、中止某只证券的交易、在诸多事项上要求交易所修改相关规则的权力。然而，修改交易所规则并不需要美国证券交易委员会批准，交易所对其会员违规行为的纪律处分也不需要美国证券交易委员会审查。

**全国证券交易商协会。**国会决定将联邦监管规则适用于非交易所市场或者场外市场时，借用了对交易所的监管模式。1938 年《玛隆尼法案》补充规定了《1934 年证券交易法案》第 15A 条。根据该条款，成立全国性证券协会前，须事先向美国证券交易委员会注册。与证券交易所相同，任何该类协会必须针对场外交易市场制定旨在“防止欺诈性以及操纵性行为和交易，促进交易公正和公平”的规则。[①] 截至目前，仅有一家该类协会成立，即全国证券交易商协会。正如以下解释，全国证券交易商协会作为一家自律组织的功能和地位已经被美国金融监管局所取代。

为了应对大量场外交易和纳斯达克市场交易出现的问题，全国证券交易商协会制定了大量“公平展业”规则。其中最重要的规则包括：除非交易商有理由相信某只证券“适合”其客户的经济条件和需求，否则不得向其推荐；对其制定的“公平加价或获利”规则进行解释，重大交易加价不得超过 5%（见本书第二十二节第一部分）；其承销费审查流程和确保交易所会员公司真实合法承销公开发行之证券；以及关于场外交易市场和纳斯达克市场签署订单的规则，并在客户确认函中进行披露的规则。

1971 年之前，因为场外交易市场缺乏类似于交易所大厅的中心设施，美国全国证券交易商协会仅是一个纯粹的监管组织。该类交易是由选择给某特定证券做市的经纪商—交易商公布在商业“单页”上的报价，通过交易商之间电话交流来完成。然而，到了 1971 年，全国证券交易商协会开始投入使用一套电子

① 参见《1934 年证券交易法案》第 15A 条(b)款(6)项。

自动报价系统(纳斯达克),用于交易的入选场外交易证券。在该系统中,向全国证券交易商协会注册的做市商可以接入和即时更新证券竞价单和报价单。因此,全国证券交易商协会将交易所的双重功能融合在一起,即将纳斯达克市场准入及运营监管功能和监管其会员中的非交易所会员(通常是规模较小的证券公司)内部事务功能融合在一起。21 世纪初期,全国证券交易商协会将纳斯达克市场剥离出去,使其成为一家独立营利的实体。现在,全国证券交易商协会监管局已经成为一个独立实体,负责执行全国证券交易商协会的监管功能。2006 年,纳斯达克市场成为依据《1934 年证券交易法案》第 6 条注册的全国证券交易所。

1983 年之前,证券公司不加入美国证券交易商协会也能从事场外交易证券业务。然而,1983 年通过了《1934 年证券交易法案》第 15 条(b)款(8)项修订,该条款规定除非成为全国证券交易商协会会员,否则经纪商或交易商不可从事任何证券的交易(除了商业单据、银行承兑或商业票据)。

**美国金融监管局**。随着全国证券交易商协会和纽约证券交易所股份制改革的深入,将营利功能与监管职能分离成为大势所趋。最终的分离结果是,此前属于全国证券交易商协会和纽约证券交易所的监管功能被移交给新的自律监管机构,即全国证券交易商协会监管局和纽约证券交易所监管局。2007 年,全国证券交易商协会监管局和纽约证券交易所监管局合并组成了美国金融监管局,由其全权履行此前原本由前两者分别承担的监管职能。在本书交付出版时,美国金融监管局仍在继续编纂合并规则手册。

**《1975 年证券法案修正案》**。证券业在 1968 年至 1970 年经历了一场运营和财务危机，这场危机最终导致国会对自律监管规范体系进行了大刀阔斧的修订。《1975 年证券法案修正案》对自律组织权力以及证券交易委员会自律监督组织的角色均作出了重大改变。1975 年修订的《1934 年证券交易法案》第19 条扩大并巩固了证券交易委员会对全部自律组织的监管权力。与此前对全国证券交易商协会的监管权力相比，证券交易委员会对交易所的监管权力和美国金融监管局大致相当，甚至稍加宽泛。特别是交易所规则的变更均须事先获得证券交易委员会批准，同时证券交易委员会对交易所做出的纪律处分行为拥有审查权。《1975 年证券法案修正案》还认可了证券交易委员会取消交易所最低佣金率制定权的行为（国会和证券交易委员会均认为，交易所享有的最低佣金率制定权是造成市场混乱的主要原因），并且要求证券交易委员会取消任何其他不合理限制同业竞争的交易所规则。

## 一、自律组织规则项下的民事责任

除了上述讨论的政策问题之外，国会授权非政府实体制定具有法律效力规则的行为引出了两个关于民事责任的难题：第一个难题是，对因未能执行其规则而导致的损害，自律组织是否应当承担赔偿责任；第二个难题是，在证券经纪商—交易商的客户所遭受的损失系因该证券经纪商—交易商违反交易所或者全国证券交易商协会规则而导致时，该客户是否享有默示的私人诉权。与之相对的是，在违反证券交易所规则的案件中，该默示诉权是被承认的。

**交易所或全国证券交易商协会和美国金融监管局的民事责任。**尽管交易所不能因未制定本可防止原告损失发生的规则而被追究民事责任,[①]但是法院已经认定,如果损害结果的发生是由于没有执行其规则,交易所是有可能承担民事责任的。在早期案例 Baird v. Franklin,141 F. 2d 238(2d Cir. 1944)中,法院认为,因为《1934 年证券交易法案》第 6 条规定,证券交易所必须针对涉及不符合公平和公正原则展业行为的会员,制定恰当的处罚措施,故该条款"给证券交易所设定了执行依据该条款所制定之规则和条例的义务"。[现在该项义务明确体现为《1975 年证券法案修正案》中增加的《1934 年证券交易法案》第 19 条(g)款(1)项。]

然而,自 1975 年开始形势发生了变化,最高法院的观点变更为,在没有证据证明国会有意创设默示诉权的情况下,将不认可《1934 年证券交易法案》项下任何条款存在默示私人诉权(见本书第三十七节)。在 Walck v. American Stock Exchange,687 F. 2d 778(3d Cir. 1982)案中,法院认定"国会的意图明显不是在《1934 年证券交易法案》第 6 条中创设一项就私人损害向交易所追偿的制度",并且因此认为不存在该项诉权。[②]

**有限诉讼豁免权。**当自律组织根据《1934 年证券交易法案》授予的监管权力从事准公共的起诉或审判活动时,一些法院秉持其享有"绝对豁免"的法则。[③] 仲裁程序享有的豁免与此类似。

---

① 参考案例:Cutner v. Fried,373 F. Supp. 4(S. D. N. Y. 1974)。

② 参考案例:Spicer v. CBOE,977 F. 2d 255(7th Cir. 1992)。

③ 参考案例:MFS Securities Corp. v. New York Stock Exchange,Inc. ,277 F. 3d 613(2d Cir. 2002);D' Alessio v. New York Stock Exchange, Inc. ,258 F. 3d 93(2d Cir. 2001);Partnership Exchange Securities Co. v. NASD, 169 F. 3d 606(9th Cir. 1999)。

**违反自律组织规则的责任。**另一个问题是,自律组织会员是否应就其违反自律组织规则行为所造成的损害,向受害人承担赔偿责任。法院在 Colonial v. Bache,358 F. 2d 178(2d Cir. 1966)案中认为,针对违反交易所或全国证券交易商协会规则的私人诉权,既非一直被承认也非永不被承认。大法官 Friendly 说,存不存在私人诉权这个问题,取决于"特定规则的性质以及该规则在监管体系中的定位"。当一条规则"成为证券交易委员会本身监管功能的替代者"并且"施加了普通法未规定的明确义务"时,默示私人诉权最有可能被认可;若原告像 Colonial 案那样主张被告未能遵守所谓的口头谅解,违反了交易所针对"与公平公正交易原则不符行为"的"通行"禁令,则此时默示的私人诉权被承认的可能性最小。

鉴于最高法院对承认默示私人诉权采取了更严格的态度(见本书第三十七节),法院开始拒绝采纳 Colonial 案的裁判观点,并认为由于没有证据证明国会有创设该权利的意图,所以不承认任何针对违反交易所或全国证券交易商协会(现在为美国金融监管局)规则的行为提起诉讼的权利。[①] 然而,因为该类规则指明了证券业正当操作规范,所以故意违反该类规则会招致依据《1934 年证券交易法案规则》10b－5 提起的诉讼索赔。[②]

## 二、对自律组织纪律处分行为的反垄断限制

如上文所述,自律组织可能因未能执行其组织规则而被追

---

① 参考案例:Spicer v. Chicago Board Options Exchange,977 F. 2d 255(7th Cir. 1992);Craighead v. E. F. Hutton,899 F. 2d 485(6th Cir. 1990);Jablon v. Dean Witter, 614 F. 2d 677(9th Cir. 1980);Klitzman v. Bache,499 F. Supp. 255(S. D. N. Y. 1980)。

② 参考案例:Clark v. John Lamula Investors,583 F. 2d 594(2d Cir. 1978)。

究民事责任。另外,若因自律组织纪律处分行为而遭受损害的会员或非会员,能够证明自律组织所采取的纪律处分行为缺乏合法授权,则该自律组织也可能要为其行为承担民事责任。

在《1975 年证券法案修正案》颁布之前,尽管全国证券交易商协会作出的纪律处分行为须接受证券交易委员会审查,但是却缺乏申请证券交易委员会或法院对该行为进行审查的法定途径。在法庭上指控交易所纪律处分行为的主要工具就是联邦反垄断法,特别是《谢尔曼反托拉斯法案》第 1 条项下"反对通过合同、联合或共谋限制交易"的禁止性规定。该类指控所依据的法理是,既然一家交易所是存在相互竞争关系的证券经纪商—交易商联合体,除非该交易所被联邦证券法豁免适用反垄断法,否则其采取的任何限制会员间以及会员与非会员间竞争的行为都应当被视为违反《谢尔曼反托拉斯法案》。Silver v. NYSE,373 U. S. 341(1963)案涉及一项纽约证券交易所要求其会员终止同原告通信连接的命令,而原告是一家专门从事非挂牌证券交易的证券交易经纪商。联邦地区法院认为纽约证券交易所的纪律处分行为本身就是违反反垄断法的行为,因为其没有监管非挂牌证券交易的法定权力。上诉法院推翻了该判决,认为纽约证券交易所拥有监管其会员全部交易活动,包括非挂牌证券交易活动的法定权力,此外,既然纽约证券交易所的纪律处分行为属于《1934 年证券交易法案》对其的"综合授权范围之内",那么纽约证券交易所的纪律处分行为应当豁免适用反垄断法。最高法院推翻了两个极端判决,认为尽管纽约证券交易所确实对其会员从事非挂牌证券交易的行为拥有法定监管权力,但对于任何获得授权的纪律处分行为,《1934 年证券交易法案》在授权的同时并没有自动排除反垄断法的适用。"只有出于让该法案发挥作用的需要，并且仅在最低限度内，才能将该法案对适用反垄断法的排除认定为默示的排除。这也是调和证券法与反垄断法相互关系的指导性原则。”该默示排除分析也同样适用于其他情形。例如，《谢尔曼反托拉斯法案》的限制交易条款就被认为已经在起诉挑战针对证券交易所挂牌期权的案件中被默示废除了。[①]

在该案件之前的某些特定案件中，最高法院发表过如下说辞：因为证券交易委员会没有权力审查交易所做出的纪律处分行为，所以“监管架构中没有植入可以确保交易所适用其规则时不发生损害竞争的任何与反垄断功能相关的内容，而这种功能的缺失不能用促进实现合法自我监管之目的的说辞予以正当化”。并且，既然纽约证券交易所已经拒绝告知指控原告的性质，或者给原告作出解释及进行抗辩的机会，故该案中纽约证券交易所没有将其纪律处分行为正当化“是为了使《1934 年证券交易法》发挥作用所需”的理论基础。

上述“反垄断正当程序”观点被大量后续案例所采纳，[②]也被适用于全国证券交易商协会。[③] 然而，1975 年增加的《1934 年证券交易法案》第 19 条（d）款，通过将所有自律组织纪律处分行为纳入证券交易委员会审查范围（并因此由法院行使最终审查权）的方式，大大减少了诉诸反垄断法来抗辩自律组织纪律处分行为的需求。

与 Silver 案判决有关的更重大问题是反垄断法是否适用于

① 参考案例：In re Stock Exchanges Options Trading Antitrust Litigation，317 F. 3d 134（2d Cir. 2003）。

② 参考案例：Zuckerman v. Yount，362 F. Supp. 858（N. D. Ill. 1973）。

③ 参考案例：Harwell v. Growth Programs，Inc.，451 F. 2d 240（5th Cir. 1971）。

限制竞争的交易所规则,特别是要求会员对所有交易收取固定最低佣金的交易所规则。1975 年,在证券交易委员会命令终结固定佣金率并且国会于 1975 年修正案中下达该命令后,最高法院认定此前关于固定佣金率的规则不受反垄断法的规制。最高法院的观点是:“鉴于证券交易委员会的专业知识、国会对该机构所持的信心以及证券交易委员会和国会所扮演的积极角色,若允许法院在全国范围内的反垄断诉讼程序领域各自为政,将与国会授权的监管体系相冲突。”①

因为《1975 年证券法案修正案》确认了固定佣金率规则的终结,并且要求证券交易委员会“审查现行有效的和拟提议的自律组织规则,并且废除任何现存的于推进实现合法监管目标既非必须又不正当的竞争限制规则,或者不予批准任何拟提议的类似规则”,②在未来,将反垄断法及其原则适用于交易所和全国证券交易商协会(现在的美国金融监管局)纪律处分行为的情形,将最可能出现在证券交易委员会审查这些纪律处分行为的过程中,而不是在法院的单独诉讼程序中。

1979 年,在对全国证券交易商协会固定承销费率规则修正提案进行审议的过程中,证券交易委员会组织了公众听证会,除其他事项外,本次听证会要确定该规则是否不当限制了价格竞争。根据听证会结论,证券交易委员会批准了规则变更,变更后的规则继续对固定价格发行行为进行处罚,并且试图限制承销商利用一部分承销费折扣来回馈交易商和他人所提供的不相关

① 参考案例:Gordon v. NYSE,422 U. S. 659(1975)。

② 参见 H. Rep. No. 94 -229,at 94(1975)。

服务。[1] 证券交易委员会对证券首次公开发行活动的监管，默示排除适用反垄断法，这导致了第二巡回法院认定公开发行时的证券买受人，没有以反垄断为由挑战承销商固定价格行为的权利。[2] 最高法院在随后的另一个案件中认定首次公开发行活动包括“梯状配股”行为豁免反垄断指控，因为他们由证券法监管。[3]

---

① 参见 Sec. Exch. Act Rel. 34 – 17371(1980)。

② 参考案例：Friedman v. Salomon/Smith Barney, Inc. ,313 F. 3d 796(2d Cir. 2002)。

③ 参考案例：Credit Suisse Securities(USA) LLC v. Billing, 551 U. S. 264 (2007)。

## 第六章

# 投资公司和投资顾问监管规则

在《1935 年公用事业控股公司法案》第 30 条中，美国国会指示证券交易委员会研究投资信托和投资公司，对其公司治理结构、投资策略以及其对所投资之公司的影响力等方面进行研究。证券交易委员会在其于 1938～1939 年向国会提交的相关研究成果中，详述了前述融资工具在运作过程中存在的一系列严重违法事项。这些违法事项的曝光促成了《1940 年投资公司法案》的颁布实施，该法案授权证券交易委员会对投资公司的活动进行监管。

第二次世界大战后，投资公司（特别是共同基金）经历了一段高速增长期。沃顿商学院为证券交易委员会撰写的《共同基金研究》（1962）以及证券交易委员会自主编写的《关于投资公司发展的公共政策要义报告》（1966）都表明，有必要对《1940 年投资公司法案》进行修订，特别是针对管理层以及销售佣金的管控等方面。经过 4 年听证后，美国国会最终通过了《1970 年投资公司法案修正案》，对《1940 年投资公司法案》作出了重大修订，而持续 4 年的听证也反映出证券交易委员会和行业之间的严重分歧。在《1975 年证券法案修正案》中，国会又对相关规定作了进一步的细微修改。

## 第二十六节 《1940 年投资公司法案》监管范围

《1940 年投资公司法案》中规定:(1)每一家投资公司均须向证券交易委员会登记;(2)对已登记投资公司及其相关人员的行为施加实质性限制;并且(3)规定了"一揽子"证券交易委员会和私人处罚措施。

依据《1940 年投资公司法案》第 3 条(a)款的规定,投资公司是一家(1)"主要从事证券投资、再投资或交易业务"的实体,或(2)"从事"前述业务且"投资证券"(除政府证券和控股子公司证券以外的证券)占其总资产 40% 以上的实体。

### 一、投资公司类型

虽然投资公司也可能会以信托、合伙或其他形式存在,但大多数投资公司的组织形式就是"公司"。故而,大部分监管条款使用的均是诸如"董事"和"股东"等公司制术语,因此在涉及其他组织形式时应进行相应的修订。

《1940 年投资公司法案》将投资公司分为三类:发行固定收益债券类证券的"面额证券公司";提供固定证券组合权益的"单位投资信托";以及最重要的一类,即包含所有其他类型投资公司的"管理公司"。[①]

"管理公司"被进一步划分为"开放式"和"封闭式"[《1940

① 参见《1940 年投资公司法案》第 4 条。

年投资公司法案》第5条(a)款],以及“分散投资型”和“非分散投资型”[《1940年投资公司法案》第5条(b)款]。“开放式管理公司”,俗称“共同基金”,是提供可赎回证券的投资公司。该类投资公司通常以与当前资产净值(以基金投资组合的当前市场价值除以已发行基金份额的数目)有关的价格,连续发售基金份额,并随时准备应基金份额持有人要求,以资产净值或与该净值有关的价格赎回基金份额。“封闭式管理公司”更类似于其他类型的公司,在任意时刻,该类投资公司已发行基金份额的数目均保持不变,这些基金份额可以在交易所或场外市场交易,其价格是对供求关系的反映,可能大大高于或低于资产净值。

若一家投资公司所持投资组合项下至少75%的投资标的中,任何单一发行人的证券:(1)占投资公司资产比例不超过5%;或(2)占该发行人已发行的有表决权证券比例不超过10%,则该投资公司为“分散投资型”公司。[此等分散投资的认定标准类似于《美国国内税收法案》第851条(b)款(4)项对投资公司是否符合特殊税收待遇的认定标准。]因对分散投资的认定取决于对单一发行人的投资额度,故仅投资单一行业或地理区域的投资公司,依然可以被认定为“分散投资型”公司。

尽管《1940年投资公司法案》并未将货币市场基金划分为一种单独类型的投资公司,但证券交易委员会仍引入了适用于这些基金的特别规则。例如,证券交易委员会对货币市场基金可投资于任一发行人的债务工具的金额进行了限制。[①] 货币市

① 参见《1940年投资公司法案规则》2a-7。

场基金的一个独特之处是单位份额价值保持恒定。因此，资产净值变动（若有）将影响份额红利而不是份额价格。2014 年 7 月，证券交易委员会对其适用的《1940 年投资公司法案规则》进行了修订，允许货币市场基金实施浮动资产净值。这一修订使货币市场基金将如俗称的那样“跌破 1 美元”。根据修订后的规则，机构货币市场基金的浮动资产净值可以四舍五入到小数点后第四位。[①] 当周流动性水平低于证券交易委员会在规则中设定的阈值时，货币市场基金可以收取至多 2% 的流动性费用和/或设定赎回门槛，这些措施可以临时暂停赎回。该规则同样强化了对信息披露的要求，并增加了对投资组合分散化的要求。

**“无意”投资公司**。《1940 年投资公司法案》第 3 条（a）款对“投资公司”的定义较为宽泛，若一家正在经营的公司出售其大部分资产并将所得收益再投资于其他不受其控制之公司的证券，则该公司可能会发现自己处于“无意”投资公司的地位上。这意味着若该公司向证券交易委员会登记，则其行为将受到严格限制；若不向证券交易委员会登记，则将受到严厉处罚。在很多情况下，使这种两难困境更加复杂化的，是难以分辨该公司的“主营”业务是什么，或如何对该公司持有的“投资证券”和其他资产进行估值，以确定公司是否达到 40% 测试标准。[②]

在以下两种情形中，即使一家公司超过 40% 的资产为“投资证券”，也不会被认定为是一家投资公司：（1）该公司直接或

---

① 参见《货币市场基金改革；私募基金表格修正案》、《1933 年证券法案》Rel. No. 33 – 9616，《1940 年投资顾问法案》Rel. No. IA – 3879、《1940 年投资公司法案》Rel. 90. 10 No. IC – 31166（证券交易委员会 2014 年 7 月 23 日）。

② 参考案例：SEC v. Fifth Ave. ，289 F. Supp. 3（S. D. N. Y. 1968）。

通过其全资子公司主要经营证券投资、再投资或交易业务以外的其他业务；或(2)该公司向证券交易委员会申请，并由证券交易委员会宣布其直接或通过其全资子公司或通过“经营类似业务的受控公司”主要从事经营证券投资、再投资或交易业务以外的其他业务。[①] 前者的豁免是自动生效的，而后者则赋予了公司更广泛的豁免机会，即公司可以利用其与“受控公司”之间的关系，将其排除于《1940 年投资公司法案》的涵摄范围，说服证券交易委员会对该公司进行豁免。

## 二、豁免

**封闭式公司**。《1940 年投资公司法案》第 3 条(c)款(1)项将任何拥有不超过 100 名证券实益持有人，以及从未公开发行过任何证券的发行人排除在“投资公司”的定义之外。根据该豁免情形，一大批私人“对冲基金”被设立(通常以合伙企业的形式)，这些“对冲基金”主要从事做空、融资融券、期权交易和其他登记投资公司被禁止开展的激进投资活动。

**对冲基金**。对冲基金是投资公司的一种，其通常面向少量符合高净值标准的投资者。这种基金通常以有限合伙的形式设立，但以有限责任公司形式设立的对冲基金数量也在不断增长，尤其是近年来，对冲基金越来越乐于以有限责任公司的形式展业。因为对冲基金基于杠杆和对冲技巧，故其倾向于进行高风险投资。他们频繁地从事做空、融资融券业务并

---

① 参见《1940 年投资公司法案》第 3 条(b)款(1)(2)项。

且普遍参与到衍生品市场[①]中。

如前文所述，对少于100名实益所有人的基金，《1940年投资公司法案》第3条(c)款(1)项豁免了其登记义务，同时，对于全部股东均为合格投资者的基金，其登记义务被第3条(c)款(7)项所豁免。《1940年投资公司法案》第3条(c)款(1)项和第3条(c)款(7)项所规定的登记豁免情形，常被用于为对冲基金免予在该法下登记提供依据。根据证券交易委员会的数据，2003年，美国5700家对冲基金中仅有60余家依据《1940年投资公司法案》进行了登记。尽管这些未登记的对冲基金仍受到一般反欺诈条款的约束，但与其他被豁免了登记义务的基金一样，其无须依据《1940年投资公司法案》披露特定信息。

2004年秋，证券交易委员会的委员们以3票赞成、2票反对的投票结果，实质上消除了让对冲基金经理免予登记的除

---

① 正如美国全国证券交易商协会在其投资者咨询书中描述的那样：

为获得正向的投资表现，对冲基金经理们使用精妙的投资策略和技艺，这可能包括：

第1条　做空（卖出不是其所有的证券）

第2条　套利（同时在不同市场买进和卖出某一证券以从差价中赚取收益）

第3条　对冲（购买证券以弥补某一投资的潜在损失）

第4条　杠杆（以投资为目的借贷）

第5条　集中持仓单一发行人或市场的证券

第6条　投资于经营困难或破产的公司

第7条　投资于衍生品，诸如期权和期货合约

第8条　投资于动荡的全球市场

第9条　投资于私募发行的证券

《美国全国证券交易商协会投资者预警》（2002年8月23日）。

参见《美国全国证券交易商协会提醒成员注意销售对冲基金份额时的义务》（美国全国证券交易商协会，2003年2月）。

外情形。修正后的条款规定,在统计咨询客户数量时使用“穿透”法,以限制将向少量客户提供服务的顾问排除在登记范围之外的情况。[①] 由于证券交易委员会的“穿透”统计方法,许多之前被豁免登记的对冲基金经理都要依据《1940 年投资顾问法案》第 203 条登记为投资顾问。

2006 年,华盛顿特区巡回法院推翻了证券交易委员会基于《1940 年投资顾问法案》制定的对冲基金规则。[②] 证券交易委员会对 Goldstein 的最终回应是:不再依据《1940 年投资顾问法案》要求其登记。证券交易委员会转而于 2006 年 12 月推出了一项反欺诈规则,该规则不仅直指对冲基金,而且对符合《1940 年投资公司法案》和《1933 年证券法案》豁免资格的投资者,提出了更高的投资能力成熟度和财富要求。证券交易委员会还提出了两项基于《1933 年证券法案》的新规则,要求投资于受《1940 年投资公司法案》第 3 条(c)款(1)项豁免之对冲基金和其他私募基金的个人,在其投资该基金时,须于某些特定类型的投资项下拥有至少 250 万美元的资产。证券交易委员会于 2007 年 7 月通过了前述新规则。[③] 集合投资欺诈规则未将某些行为确认为等同于“欺诈”的行为,以避免为潜在诈骗犯们留下以未列举行为不被禁止为由进行抗辩的空间;相反,这项规则对欺诈进行了宽泛的定义,这让证券交易委员会可以对欺诈进行开放式解读。这项不要求展现主观故意的规则并未规定私人诉权。[④] 尽管证券交易委员会放弃了

---

① 参见《1940 年投资公司法案规则》203(b)(3)-2(2004)。

② 参考案例:Goldstein v. SEC,451 F. 3d 873 (D. C. Cir. 2006)。

③ 参见《1940 年投资顾问法案规则》206(4)-8。

④ 参见《1940 年投资顾问法案规则》206(4)-8。

拟提出的对冲基金登记要求，这些新规则仍然提升了某些对冲基金的透明度和监管度。越来越多的对冲基金也选择在证券交易所上市。

**“商业发展公司”**。《1980 年小企业投资激励法案》创制了一类可免于适用《1940 年投资公司法案》多项规定的“商业发展公司”。① “商业发展公司”是一类投资于下述类型公司，并向其“提供重要管理协助”的公司，(1)不持有任何符合《1934 年证券交易法案》第 7 条(见本书第二十四节第五部分)项下差额信贷的证券，或(2)由商业发展公司控制的公司。② 商业发展公司将其至少 70% 的资产投资于“适格投资组合公司”的，可以免予适用《1940 年投资公司法案》项下的全部常规重大限制，其转而适用《1940 年投资公司法案》新增条款中包含的独立规则，相较于该法案对其他种类投资公司的约束，这些独立规则对商业发展公司的约束在许多方面要更加宽松。③

**专业化的投资媒介**。银行、保险公司、储蓄和贷款协会、金融公司、石油和天然气钻探基金、慈善基金会、免税养老基金以及其他特殊类型机构不受《1940 年投资公司法案》管辖。④ 但是，当保险公司和银行公开发行投资回报率与某一单独证券基金表现相挂钩的投资计划或服务时，应受《1940 年投资公司法案》管辖。因此，比如，由商业银行发行的非纯银行产品的货币市场基金，就受《1940 年投资公司法案》管辖。

---

① 参见《1940 年投资公司法案》第 6 条(f)款。

② 参见《1940 年投资公司法案》第 2 条(a)款(46)项和(48)项。

③ 参见《1940 年投资公司法案》第 6 条(f)款，54－65。

④ 参见《1940 年投资公司法案》第 3 条(c)款(3)项至(13)项。

在 Prudential v. SEC,326 F. 2d 383(3d Cir. 1964)案中,法院采纳了证券交易委员会的观点,即保险公司为“可变年金”募资而设立的独立账户本身,就是一家依据《1940 年投资公司法案》规定需要登记的投资公司,尽管运营该账户的主体显然是一家主要从事保险业务的公司。后来,《1970 年投资公司法案修正案》对用于为特定类型雇员养老金计划募资的独立账户进行了豁免。[①] 当保险公司于 20 世纪 70 年代早期开始开展“变额人寿保险”业务时,证券交易委员会首先采取的立场是,因为与州保险法之间存在潜在的冲突,用于为此等保险募资的独立账户应免受《1940 年投资公司法案》管辖。[②] 然而,证券交易委员会随后改变了这一立场,其撤销了全面豁免,转而仅豁免《1940 年投资公司法案》项下特定条款对此等账户的管辖。[③]

共同信托基金和由银行管理的用于养老基金资产投资的集体基金被明确排除于“投资公司”定义之外。[④] 1962 年,货币监理署授权全国性银行为“管理代理账户”设立混合基金,这实际上允许全国性银行向其客户发行由银行管理的“共同基金”权益。然而,最高法院认为银行对此等基金的运营涉及“承销”证券,违反《格拉斯—斯蒂格尔法案》(《1933 年银行法案》)。[⑤] 10 年后,最高法院支持了美国联邦储备委员会的

---

① 参见《1940 年投资公司法案》第 3 条(c)款(11)项。

② 参见《1940 年投资公司法案》Rel. IC－7644(1973)。

③ 参见《1940 年投资公司法案》Rel. IC－9482(1976)。

④ 参见《1940 年投资公司法案》第 3 条(c)款(3)项至(11)项。

⑤ 参考案例:Investment Co. Inst. v. Camp,401 U. S. 617(1971)。

一项法规,该法规允许银行控股公司管理封闭式投资公司。[1]自此,下级法院开始允许银行广泛从事与投资公司相关的活动。[2] 1999 年颁布的《格雷姆—里奇—比利雷法案》允许银行从事证券活动,从而扩大了银行与《1940 年投资公司法案》之间的潜在互动。

## 第二十七节 对基金活动的监管

**登记和报告要求**。投资公司向证券交易委员会登记时,须提交载明其投资策略声明和其他特定信息的登记通告。[3]完成登记的公司必须向证券交易委员会提交年度报告,[4]并保留指定的账目和展业信息。[5]

**对资产的保护**。为了防止投资公司资产被洗劫,所有证券必须被银行或证券交易所会员托管,或严格按照证券交易委员会设立的程序进行保管。[6] 盗窃或侵占投资公司的资产是一项联邦刑事犯罪,[7]除非提供担保,否则任何人不得担任

---

① 参考案例:Federal Reserve Board v. Investment Co. Inst. , 450 U. S. 46 (1981)。

② 参考案例:诸如 Investment Co. Inst. v. Conover, 790 F. 2d 925 ( D. C. Cir. 1986)。

③ 参见《1940 年投资公司法案》第 8 条。

④ 参见《1940 年投资公司法案》第 30 条。

⑤ 参见《1940 年投资公司法案》第 31 条。

⑥ 参见《1940 年投资公司法案》第 17 条(f)款和《投资公司法案规则》17f-2。

⑦ 参见《1940 年投资公司法案》第 37 条。

有权接触投资公司现金或证券的高管和职员。[①]

**资本结构**。除银行借款证明票据之外，开放式公司（共同基金）不可发行任何“高级证券”（债券或优先股）。[②] 在其资产足以覆盖债项证券金额的3倍时，封闭式公司可以发行不超过1种的债项证券，在其资产足以覆盖优先股金额的2倍时，封闭式公司可以发行不超过1种的优先股。[③] 登记的管理公司不得为购买任何其自身证券而发行任何权利或权证。[④] 在自身净资产超过100,000美元前，投资公司不得公开发行其任何证券。[⑤]

**分红**。除非附有披露分红来源的书面声明，否则不能从累计未分配净收入、当前或上一财年净收入以外的收入来源中分配红利。依据税法，投资公司必须每年向其股东分配金额不低于其一般应税收入90%的红利，以避免就其收入对其自身和股东进行双重征税。[⑥]

**投资活动**。投资公司不得从事融资融券、卖空或参与联合交易账户业务。[⑦] 其承担的包销义务累积不得超过自身总资产价值的25%。[⑧] 除非经其有表决权证券之持有人的多数决通过，投资公司不得借款、发行高级债券、承销任何证券、购入或卖出不动产或商品、发放贷款、改变其集中或多样化的投资策略、更改其

---

① 参见《1940年投资公司法案》第17条(g)款和《投资公司法案规则》17g－1。

② 参见《1940年投资公司法案》第18条(f)款。

③ 参见《1940年投资公司法案》第18条(a)款和(c)款。

④ 参见《1940年投资公司法案》第18条(d)款。

⑤ 参见《1940年投资公司法案》第14条(a)款。

⑥ 参见《美国国内税收法案》第852条(a)款(1)项。

⑦ 参见《1940年投资公司法案》第12条(a)款。

⑧ 参见《1940年投资公司法案》第12条(c)款。

子分类或变更其业务性质以致其不再是一家投资公司。[1]

不同于信托、保险公司和其他类型的机构投资者，投资公司在进行投资时并不限于“合法投资清单”，它们也不受“谨慎人”规则的约束。因此，投资经理们不必为那些被证明是糟糕的或被保守投资者认为是“不谨慎”的投资所产生的损失承担责任。但是，如果未能提供其在销售宣传品或销售策略声明中所宣传的投资管理和监管，那么投资经理们将受到证券交易委员会的处罚。[2] 在此等情况下，依据州法律，基金的董事们也会对因不当管理产生的损害承担民事责任。[3] 在 Brouk v. Managed Funds，286 F. 2d 901（8th Cir. 1961）案中，法院认为，依据《1940 年投资公司法案》，此等不当管理并不产生一种针对董事们的默示诉权，但法院在随后的判决中认可了此默示诉权。[4]

**基金投资于其他基金**。因为 20 世纪 60 年代与母基金（重仓投资美国共同基金份额的大型欧洲共同基金）有不甚愉快的经历，证券交易委员会敦促国会禁止任何投资公司购入任何其他投资公司的份额。然而，《1970 年投资公司法案修正案》并未完全禁止此种行为。作为替代，他们对此等投资进行了限制，投资公司一般不得持有其他投资公司超过 3% 的股份，其对任何单一投资公司的投资不得超过自身资产的 5%，以及对其他投资公司的总投资不得超过自身资产的 10%。[5]

---

① 参见《1940 年投资公司法案》第 13 条（a）款。

② 参见管理基金，《1933 年证券法案》Rel. 33 - 4122（1959）、金融项目，《1934 年证券交易法案》Rel. 34 - 11312（1975）和大通银行，《1940 年投资顾问法案》Rel. IA - 449（1975）。

③ 参考案例：Lutz v. Boas，39 Del. Ch. 585，171 A. 2d 381（1961）。

④ 参考案例：Fogel v. Chestnutt，668 F. 2d 100（2d Cir. 1981）。

⑤ 参见《1940 年投资公司法案》第 20 条（d）款。

## 第二十八节　管理和控制

### 一、股东、董事和高管

投资公司发行的所有股票必须拥有同等的表决权，并且禁止表决权信托（股东将其所有权证书和表决权转让给受托人以合并股东的表决权）。[①] 向投资公司股东征集表决权的规则与《1934 年证券交易法案》第 14 条规定的向上市公司股东征集表决权的规则大致相同。[②]

除投资公司注册地所在州的法律赋予股东们对某些事项的表决权之外，股东们还有权对如下事项进行表决：变更投资策略或身份，[③]批准或转让投资顾问合同，[④]填补董事会中超过规定数量的空缺，[⑤]以低于资产净值的价格出售封闭式公司的股票，[⑥]委任独立审计师。[⑦]

《1940 年投资公司法案》包含若干旨在确保董事和高管廉洁性以及董事会独立性的条款。依据《1940 年投资公司法案》第 9 条（a）款，10 年内被判犯有与证券相关之重罪的或被禁止

---

① 参见《1940 年投资公司法案》第 18 条（i）款和第 20 条（b）款。

② 参见《1940 年投资公司法案》第 20 条（a）款和《1940 年投资公司法案规则》20a－1，2，3。

③ 参见《1940 年投资公司法案》第 13 条（a）款。

④ 参见《1940 年投资公司法案》第 15 条（a）款。

⑤ 参见《1940 年投资公司法案》第 16 条（a）款。

⑥ 参见《1940 年投资公司法案》第 23 条（b）款。

⑦ 参见《1940 年投资公司法案》第 32 条（a）款。

从事与证券相关活动的人员，不得担任投资公司的董事、高管或某些其他特定职务。此外，依据《1940年投资公司法案》第17条(b)款，因故意渎职、不诚实信用、重大过失或玩忽职守行为导致董事或高管对公司承担责任的，任何对此等责任进行补偿的约定均无效。

为确保董事会中存在独立的声音，《1940年投资公司法案》第10条(a)款规定董事会中公司“利害关系人”的数量不得超过董事会总人数的60%。(例外情形是，由登记的投资顾问管理的无佣基金，其被要求只能有一位“非利害关系”董事。)[1]《1970年投资公司法案修正案》引入了“利害关系人”这一术语，这代表了对1970年之前作为标准的“关联人士”范畴的显著扩大。“利害关系人”这一术语除包括“关联人士”(对投资公司或其投资顾问拥有直接控制关系的人)之外，还包括所有券商或券商关联方、过去两年中担任公司法律顾问的人、关联人士的直系家庭成员以及证券交易委员会认定的在过去两年中与公司或公司主要执行官拥有“重大业务或专业关系”的人。[2]

1999年，证券交易委员会提出了旨在增强投资公司董事独立性的规则，该规则于2001年正式颁布。[3] 依据修订后的规则，作为《1940年投资公司法案》众多修正案前提条件的独立性要求，其包含如下内容:(1)独立董事占基金董事会成员的大多数或绝大多数(2/3);(2)独立董事选择并提名其他独立董事;(3)任何基金独立董事的法律顾问须为独立法律顾问。证券交

① 参见《1940年投资公司法案》第10条(d)款。

② 参见《1940年投资公司法案》第2条(a)款(19)项。

③ 参见《1940年投资公司法案》Rel. No. IC－24082(1999)。

易委员会还一直在朝着要求董事会和董事长独立于基金经理的方向努力。

## 二、管理报酬

大多数商业公司由其自己的高管进行管理,而这些高管的行为则受到董事会监督。相比之下,投资公司,特别是共同基金,通常与被称作“投资顾问”的独立实体签订合约,由它们有偿为投资公司提供全部管理和顾问服务。事实上,标准的流程是由投资顾问组织(这些组织可能是合伙企业、私人或公众持股公司)成立一个或多个共同基金作为“壳公司”,再由这些“壳公司”充当汇集大量小客户投资的工具。

为了防止投资公司的股东们被投资顾问过度干预,《1940年投资公司法案》第15条(a)款规定,投资顾问必须依据书面合同提供服务,该合同须首先由股东们表决通过,其后每年由投资公司的董事会批准一次。典型的投资顾问合同要求以基金净资产的一定比例为基数,计付投资顾问的报酬。随着共同基金的发展,最常见的报酬安排,是以一年中基金净资产平均值的0.5%或1%计算年度顾问或管理费用。20世纪50年代随着一些基金的规模增长至10亿美元以上,其投资顾问们收取的年度费用相应增长至500万美元/年以上。对行业批评的声音直指这些费用与顾问们提供的服务价值无关,并且大大超过了对养老基金以及其他类似规模和投资标的的投资组合进行管理的费用,后来证券交易委员会也加入批评者的行列。股东们以多家基金的名义提起派生诉讼,他们诉称高昂的费用构成了对公司资产的浪费,并且违反了州公司法和《1940年投资公司法案》规定的董事对基金的信义义务。在经历完整诉讼流程的案件中,原告并未胜诉。尽管裁定费用“高昂”,但法院仍认为这不足以达到“不合情理”或“令人震惊”的程度以至于构成“浪费”。[①]但是,在某些其他案件中,原被告双方达成了和解,投资顾问同意当基金达到一定规模时,调减计费比例或作出其他调整。

在其于1966年向国会提交的有关共同基金的报告中,证券交易委员会建议对《1940年投资公司法案》作出修订,通过列明确定一笔费用是否“合理”的判断要素,为顾问费确立法定的“合理性”标准。该建议遭到了投资顾问行业的激烈反对,最终《1970年投资公司法案修正案》对此采取了另一种处置方法。国会为《1940年投资公司法案》第36条增加了一项新规定,依据该项规定,投资顾问“被认为对从投资公司获取的服务报酬负有信义义务”。无论是在证券交易委员会还是在基金股东提起的诉讼中,该项义务均具有明确的强制效力,无须由董事们事前向投资顾问提出要求。[②]

尽管在针对该修正案的国会报告中提到了导致立法的最新发展情况,但立法者们并未对投资顾问所负“信义义务”的具体内容作出定义。依据该规定,在增加顾问费用对投资公司没有好处的情况下,即使股东同意,投资顾问费用也不能增加。[③]

根据《1940年投资公司法案》第36条(b)款提起的股东诉讼通常集中于因急剧增长而产生高额费用的货币市场基金上

---

① 参考案例:Acampora v. Birkland,220 F. Supp. 527(D. Colo. 1963)、Saxe v. Brady,40 Del. Ch. 474,184 A. 2d 602(1962)和 Meiselman v. Eberstadt,39 Del. Ch. 563,170 A. 2d 720(1961)。

② 参考案例:Daily Income Fund v. Fox,464 U. S. 523 (1984)。

③ 参考案例:Galfand v. Chestnutt,545 F. 2d 807(2d Cir. 1976)。

（见本书第二十六节第一部分）。在第一起经历完整诉讼流程的案件中，在综合考虑了修正案立法历程中提到的所有因素后，法院认定，向拥有110亿美元资产的基金收取3300万美元的年度管理费是公平的。[①] 后续案例连续驳回了依据《1940年投资公司法案》第36条(b)款针对管理费提出的诉请。[②]

在Jones v. Harris Associates L. P.，559 U. S. 335（2010）案中，最高法院全体大法官一致支持在审查投资顾问合同项下报酬时考虑信义义务标准。最高法院认为将法庭调查限定在披露方面既不符合《1940年投资公司法案》的规定，也不符合国会本意。证明违反《1940年投资公司法案》规定标准的举证责任应由原告承担。在对费用安排进行评估时，当审法院应考虑所有相关因素，而不是仅考虑信息披露是否充分。评价顾问费的标准应该基于该费用是否系因公平交易而产生。正如法院所释明的，这项测试标准的核心为，是否在所有的情况下，该交易都符合公平交易的特征。最高法院认可第七巡回法院的观点，即法院应当在一定程度上尊重董事们的集体判断，而不应对其进行事后批判。尽管如此，法院在依据《1940年投资公司法案》强制规定的信义义务审查费用的同时，应给予董事会决议一定尊重，前提是此种尊重符合所有的相关原委。原告仅通过与可比费用安排进行对比，是不足以证明降低费用可能性的。相反，原告必

---

① 参考案例：Gartenberg v. Merrill Lynch，694 F. 2d 923（2d Cir. 1982）和740 F. 2d 190（2d Cir. 1984）。

② 参考案例：Jones v. Harris Associates L. P.，527 F. 3d 627，633（7th Cir. 2009），cert. granted 556 U. S. 1104（2009），rev'd 559 U. S. 335（2010）、Krinsk v. Fund Asset Management，875 F. 2d 404（2d Cir. 1989）、Kalish v. Franklin Advisers，742 F. Supp. 1222（S. D. N. Y. 1990），aff'd，928 F. 2d 590（2d Cir. 1991）以及But cf. Gallus v. Ameriprise Financial Inc.，561 F. 3d 816（8th Cir. 2009）（被告再审判决）。

须就证明费用"差距悬殊"承担更重的证明责任。在驳回第七巡回法院的观点时,最高法院认可了第二巡回法院在 Gartenberg 案中阐述的如下因素:在审查顾问合同项下费用合理性时,除考虑"(1)向基金和股东所提供服务的类型和质量;(2)记入顾问名下的基金盈利能力;(3)任何'辐射金融收益',顾问因其与共同基金之间的关系而获得的附加收益;(4)比较费率结构(意思是对比类似基金的费率);以及(5)董事会评估顾问报酬的独立性、专业性、谨慎性和尽责性"等因素之外,法院还应考虑"顾问经理在提供服务时付出的成本……随着基金规模的扩大,顾问经理实现规模经济收益的程度和必须由经理处理的订单数量"。

作为确保投资公司董事会充分考虑顾问费的额外措施,《1970 年投资公司法案修正案》还为《1940 年投资公司法案》增加了第 15 条(c)款,根据该条款,任何对顾问合同的修订或续签必须获得过半数无利害关系董事的同意,而这些董事负有要求获得"合理评估合同条款所必须之信息"的义务。

### 三、顾问合同转让

顾问合同中的"贩运交易"系《1940 年投资公司法案》所针对的负面事项之一,在这些包含"贩运交易"的合同中,投资公司的顾问会将其在顾问合同项下的权利委派给其他自然人或实体。相应地,《1940 年投资公司法案》第 15 条(a)款(4)项规定,如投资公司签订的任何一份顾问合同项下发生委派,该合同将自动终止。此处"委派"的定义中包括对任何管理机构控制利益的让渡，[①]因此任何此等让渡同样需要取得投资公司股东们的同意。

在其1966年报告中，证券交易委员会提出为《1940年投资公司法案》增加一项规定，禁止“可能对投资公司强加额外负担，或限制投资公司未来行为自由”的管理机构控制权让渡行为。鉴于这一提案在意图和范围方面的不确定性，该条款并未被纳入《1970年投资公司法案修正案》。然而，在Rosenfeld v. Black，445 F. 2d 1337（第二巡回法院，1971）案中（这是一起质疑向前顾问支付有关顾问变更费用的股东派生诉讼），法院采纳了最初由证券交易委员会在Insurance Securities案中竭力主张的观点，并认为在当时的情况下，该交易违反了《1940年投资公司法案》项下默示的投资顾问信义义务。

该判决导致一个巨大的不确定性，那就是在何时可以用高于资产净值的溢价卖出管理机构股票。因此，美国国会于1975年为《1940年投资公司法案》增加了第15条(f)款，该条款规定，在满足(1)此等销售行为发生后的3年内，该投资公司至少75%的董事必须为无利害关系的董事（而不是通常情况下的40%），且(2)该交易未对投资公司强加不公平的负担（以补偿善意服务以外事项的形式）的前提条件下，不得对从此等销售行为中获得的款项提出异议。对于违反《1940年投资公司法案》第15条(f)款的行为，股东拥有默示的私人诉权。[②]

---

① 参见《1940年投资公司法案》第2条(a)款(4)项。

② 参考案例：Meyer v. Oppenheimer，764 F. 2d 76 (2d Cir. 1985)。

## 第二十九节　关联交易

投资公司的控制人可能会滥用职权，一种常见的方式是投资公司的控制人安排自己控制的公司向自己低价出售证券或高价从自己手中购买证券。因此，根据《1940 年投资公司法案》第 17 条(a)款的规定，除某些有限的例外情况外，任何投资公司的关联人士、发起人或主要承销商向该投资公司出售证券或其他财产、从该投资公司购买证券或其他财产以及从该投资公司借款的行为，均属非法行为。然而，根据《1940 年投资公司法案》第 17 条(b)款的规定，经申请，若证券交易委员会认为某项拟议的交易(1)是公平合理且不存在任何相关人士的越权干预，(2)符合投资公司的投资策略，并且(3)符合《1940 年投资公司法案》的常规宗旨，则证券交易委员会有权将该交易自《1940 年投资公司法案》第 17 条(a)款项下的禁令中予以豁免。根据这一标准，若要豁免前述类型的交易就必须让证券交易委员会确信，该交易不仅对投资公司是公平的，而且对交易中的其他各方同样是公平的。[①]

### 一、共同交易

除禁止投资公司与关联方之间的交易以外，《1940 年投资公司法案》第 17 条(d)款还禁止关联方和承销商签订任何由投

① 参考案例：E. I. du Pont v. Collins，432 U. S. 46 (1977)。

资公司作为“共同参与方”的交易，因为这与证券交易委员会建立的旨在防止投资公司在与“其他参与方”不同或不利地位上参与交易的规则相抵触。依据该条款的授权，证券交易委员会引入了《1940年投资公司法案规则》17d－1，该条款要求，在任何交易达成前，所有的共同参与安排必须取得证券交易委员会的批准。高管或董事向投资公司已经投资的公司进行重复投资的模式或做法，被认为是该条款管辖范围内的“共同参与安排”。[①]

**“投资组合关联方”问题。**《1940年投资公司法案》第2条(a)款(3)项定义的“关联人士”一词，不仅涵盖任何“控制”投资公司或持有投资公司5%以上股票的人士，还包括任何由投资公司持股超过5%以上的公司或其他实体。投资公司和“投资组合关联方”中任一方达成的任何非正式协议(如涉及从其他公司的股票中获得与股权收购要约有关的实质利益)也可能构成需要证券交易委员会批准的“共同参与安排”。[②]

## 二、经纪交易

《1940年投资公司法案》第17条(e)款禁止关联人士以在任何交易中担任投资公司的代理人或经纪人的方式获得报酬，除非此等关联人士系为投资公司办理证券交易而收取经纪佣金，但前提是金额不得超过“符合此等交易通常和交易习惯的经纪佣金金额”。这一例外规则允许担任投资公司顾问的经纪公司同时兼任其经纪人。然而，股票交易所于1975年废除了固

---

① 参考案例:SEC v. Midwest,CCH ¶ 91,252(D. Minn. 1963)。

② 参考案例:SEC v. Talley,399 F. 2d 396(2d Cir. 1968)。

定最低佣金（见本书第二十五节第二部分），这也导致认定经纪佣金何时属于超过“符合通常和交易习惯的经纪佣金”这一问题变得复杂化。证券交易委员会于1979年引入了一项规则，该规则阐明了符合法定佣金标准所需满足的各项条件。[①] 除此之外，证券交易委员会还于2004年修订了《1940年投资公司法案规则》12b－1（通常与开放式管理公司股票的分销有关），旨在禁止共同基金因证券经纪人指导投资者购买共同基金份额而向其支付额外的佣金。

然而，关于经纪佣金，最困难的问题并不是直接支付给关联经纪人的佣金，而是将佣金支付给为投资公司或其顾问提供其他服务的经纪公司的路径。1975年之前，各个证券交易所的规则都明确规定了所有交易的最低佣金。投资公司倾向于进行规模高于平均水平的交易，依据当时在行的佣金率表，这些交易可以为涉足其中的经纪公司带来可观的收益。投资公司的经理们因此开始将他们的经纪业务转向那些同时开展其他业务的公司，特别是那些向公众销售共同基金份额的公司，从而扩大了基金规模，随之也相应提高了顾问们的费用。依据证券交易所规则，将实际订单转向销售基金份额的公司并不是必需的；大额订单可以转向善于实施此类订单的公司，并同时指示它们将一部分佣金（通常高达75%）“放弃”给其他销售基金份额的公司。

固定佣金率于1975年被终止后，“放弃”佣金问题被基本解决。然而，在《1975年证券法案修正案》中，美国国会为《1934年证券交易法案》补充了第28条（e）款。依据该条款，若投资公司或任何其他机构的投资顾问在诚实信用的基础上，认定就

① 参见《1940年投资公司法案规则》17e－1。

经纪人向其管理下的全部账户所提供的“经纪和研究服务的价值”而言，佣金是合理的，那么即使该投资顾问机构支付给相应经纪人的佣金高于其他经纪人对同样交易收取的佣金，其也不会被认定为违反了州或联邦法律规定的任何信义义务。这一旨在允许机构管理者们使用由被管理账户支付的资金来获取研究和执行服务的规定，反而促进了通过所谓的“软美元”安排，将经纪业务分配给高成本的经纪人。1976 年，证券交易委员会发布了一份旨在限制此类安排的公告，该公告规定“软美元”安排不得用于获取“在商业行为基础上随时或通常可得且向公众提供的产品和服务”。[①] 然而，10 年后，证券交易委员会得出结论：该标准“难以应用并且在某些情况下施加了过度限制”，并指出“用于判断某些事项是否属于研究的原则，是其是否为基金经理履行投资决策职责提供了合法且恰当的辅助”。[②] 这一限制的放宽导致“软美元”安排爆炸式增长。据估计，截至 1990 年，纽约证券交易所 1/3 至 1/2 交易的付款安排都涉及“软美元”安排。

## 第三十节　基金份额销售

如上文所述，投资公司被划分为“封闭式”和“开放式”公司。像其他公司一样，封闭式投资公司通过一次性承销发行的方式向公众发行自己的份额。开放式公司或称“共同基金”，以

① 参见《1934 年证券交易法案》Rel. 34 - 12251(1976)。

② 参见《1934 年证券交易法案》Rel. 34 - 23170(1986)。

与当前“资产净值”(例如,当前基金投资组合的市场价值/已发行股份的数量)相关的价格持续发行份额。共同基金又分为“有佣”和“无佣”基金。有佣基金通过证券交易商或(在少数大型基金联合体的情况下)其自有的“专属”销售力量向公众分销基金份额,该种基金会收取最高可达公开发行价格8.5%的销售费用或“佣金”。无佣基金通过邮件直接向公众销售基金份额,其定价为当前资产净值并且不额外收取销售费用。基金份额的主承销商必须依据书面合同进行运作,该合同至少需由全体基金份额持有人或董事每年续签一次。①

近年来,投资公司的销售行为暴露出了一些问题。一些基金会根据发行份额的类型或投资额来决定是否为其份额提供“盈亏点”定价优惠。一项证券交易委员会的研究显示,许多投资公司并未向大量投资者提供本可以适用的盈亏点折扣。这些发现导致投资者们更加关注与投资公司份额及其份额定价有关的信息披露。

共同基金的其他不当行为也在逐渐浮出水面。证券交易委员会和纽约总检察长的调查显示,许多知名的共同基金曾实施欺诈行为。最常见的两种欺诈行为是延迟交易和市场择时。

延迟交易涉及内部人士通过其职务上的便利,利用远期定价牟利。开放式基金的份额基于远期定价机制进行定价。开放式基金每天根据证券市场常规交易收盘时(美国东部标准时间下午4时)基金资产的资产净值,确定其份额的单价。延迟交易是指交易市场关闭以后接到订单,但是按下午4时计算确定的价格水平计价的交易。这让延迟交易者可以利用那些下午4时

① 参见《1940年投资公司法案》第15条(b)款。

以后发生的可以导致资产净值上升或下降的事件。延迟交易者能够以只有其能获得的价格,基于人尽可知的资讯进行交易,从而能够提前锁定收益。其他所有想要基于同样资讯进行交易的投资者,只能以下一个交易日下午4时确定的价格进行交易,而此时这些资讯已经对基金投资组合中的证券价格产生了影响。因此,延迟交易的运作像极了内幕交易。一部分内部人士可以基于其职务而利用手中的权限暗箱操作。在内幕交易案件中,其违法性源自以公众投资者可得的价格,利用公众投资者无法常规获得的信息来获取利益。延迟交易使内部人士获利的方式是利用公众可得信息所导致的价格波动,以公众投资者无法获得的价格进行牟利。延迟交易行为使参与延迟交易的投资者获得了不公平的收益,该行为一直是证券交易委员会打击的重点。2003年年底,证券交易委员会提出,共同基金下午4时停止交易以消除延迟交易问题。

共同基金份额交易的市场择时是另一种利用开放式共同基金份额远期定价机制的行为。其为交易员提供了另一种利用过时价格非法获利的方法,因为一旦在收盘时进行下一次净资产估值,那么即使后续出现可以影响基金份额价格的事件和新闻,共同基金份额的价格也不会改变。市场择时允许交易员在某一交易日中进行交易,然后根据前一交易日的收盘价锁定共同基金份额的价格,在接下来的交易日中,一旦基金份额的价格体现了新消息的影响,就卖掉共同基金的份额。参与该行为的共同基金行业部门声称,虽然市场择时行为可能有问题,但它并不违法。尽管如此,证券交易委员会和美国各州一直致力于将特定的市场择时行为认定为违反证券法的行为。至少有两种共同基金份额的机构市场择时情形是明显不当的。第一种情形是,若某一共同基金不鼓励短期投资策略（它本应如此），但却与市场择时者签订了鼓励择时的合约，则该基金违反了其对其他基金份额持有人的义务。第二种情形涉及离岸基金，所处时区的不同使市场择时者像美国的延迟交易者那样，可以利用共同基金的远期定价机制。某一基金为了便于账户持有人进行未披露或其他形式的不当市场择时行为而不收取赎回费的行为，同样是不当行为。

## 一、信息披露要求

《1933 年证券法案》对信息披露的要求同样适用于投资公司，但也作出了一些修改。根据《1940 年投资公司法案》第 24 条（a）款的规定，在投资公司的登记声明中，可以使用《1940 年投资公司法案》第 30 条项下以公司报告披露的特定信息，替代《1933 年证券法案》附录 A 要求披露的信息。《1940 年投资公司法案》第 24 条（b）款规定，共同基金必须向证券交易委员会提交所有用于对其募集说明书中所含信息进行补充的销售材料。此外，因为共同基金持续发行其份额，《1940 年投资公司法案》第 24 条（e）款（3）项对《1933 年证券法案》第 11 条和第 13 条作出修改。根据修改后的条款，基金登记声明最新修正案的生效日，被视为登记声明的生效日以及基金公开发行的起始日（若无该项规定，则在基金公开发行数年后才购入基金份额的投资者，将不享有任何基于《1933 年证券法案》第 11 条和第 12 条的诉讼权利）。

证券交易委员会因为对共同基金的广告用语进行过度限制而饱受批评。因此，证券交易委员会于 1979 年实施了急剧减少限制的“三步走”策略：（1）证券交易委员会引入了《1933 年证券法案规则》482，根据该规定，对于印刷或广播媒体上刊登的广告，若该广告中仅含有可被纳入法定募集说明书的信息（但不需要包含全部此类信息），则符合《1933 年证券法案》第 5 条对募集说明书的送达要求；（2）证券交易委员会废除了其详细控制投资公司销售材料内容和表现形式的“政策声明”；以及（3）证券交易委员会引入了《1933 年证券法案规则》156，明确了依据一般反欺诈条款认定投资公司销售材料是否为虚假或具有误导性时需要考虑的因素。[①] 国会于 1996 年进一步放宽了相关限制，其授权证券交易委员会许可投资公司在募集说明书中使用某些信息，即使这些信息未记载在与法定登记报告书一并提交的募集说明书中。[②]

为了提升共同基金投资者比较不同基金成本的能力，证券交易委员会于 1988 年修订了其信息披露表格，要求所有基金在其募集说明书的显著位置放置一份标准化的费用表，该表需载明不同时段进行 1000 美元投资会产生多少管理费用、销售费用和其他费用。

## 二、价格管控

**封闭式公司**。为防止“稀释”已有份额持有人的权益，《1940 年投资公司法案》第 23 条（b）款禁止封闭式公司在未取得其大多数份额持有人同意的情况下，以低于现时资产净值的价格发行新份额。由于封闭式公司的份额在市场上的交易价格通常大幅低于其资产净值，该规定使现有封闭式公司极难额外

① 参见《1933 年证券法案》Rels. 33 – 6034，6116，6140（1979）。

② 参见《1940 年投资公司法案》第 24 条（g）款。

发行份额。

**开放式公司**。《1940 年投资公司法案》第 22 条对开放式公司(或称“共同基金”)可以向公众销售的份额价格,作出了一系列复杂的管控规定。为了防止稀释权益或不公平区别对待基金份额的不同买受人或持有人,《1940 年投资公司法案》第 22 条(a)款授权全国证券交易商协会引入新的规则,对其成员购买基金份额后转售给公众的价格计算方法作出规定。《1940 年投资公司法案》第 22 条(d)款规定:“除非以募集说明书中记载的现时发行价格进行销售”,否则不得向公众出售基金份额。若某特定基金在其募集说明书中注明,其份额的发行价格为当期资产净值加上 8.5% 的销售佣金,则任何证券交易商不得以其他价格向公众销售基金份额。正如其他“零售价格维持”法规一样,《1940 年投资公司法案》第 22 条(d)款的价格垄断条款一直受到行业回护,理由是其对于维护“基于秩序的分销系统”至关重要。在其提交给国会的“1966 年共同基金报告”中,证券交易委员会指出了法规对竞争的限制是如何造就了共同基金份额的非经济性高额销售费用的,但其并没有建议废除《1940 年投资公司法案》第 22 条(d)款。相反,证券交易委员会说服国会对《1940 年投资公司法案》第 22 条(b)款(该条款之前曾包含针对“不合理或极其过分”销售佣金的禁令)作出修订,授予全国证券交易商协会(现在是美国金融监管局)修正最高销售佣金的权限,以使公开发行价格“不会包含过高的销售佣金,但也允许给予销售人员、证券交易经纪商和承销商以合理报酬,并使投资者承担合理的销售佣金”。全国证券交易商协会依据该“合理”标准进行运作,并最终引入新规则,规定销售佣金不得超过 8.5%(之前的主流数字),该规则于 1976 年 6 月 1 日生效。不过，大多数有佣基金目前收取销售佣金的平均费率值为5%。

**按基金支付分销成本。**除非符合证券交易委员会的规则，否则《1940年投资公司法案》第12条(b)款禁止共同基金担任其自身证券的分销商。1980年之前，该条款有效地阻止了基金自身承担任何销售基金份额的成本，这意味着销售成本必须出自承销商收取的佣金中，而对于“无佣”基金来说，这些销售成本则需由管理公司来承担。1980年，证券交易委员会引入了《1940年投资公司法案规则》12b－1，根据该条款的规定，基金可以担任其自身份额的分销商并承担全部或部分的分销成本，但前提是必须依据基金董事和份额持有人批准的计划行事。这些“12b－1计划”很快就遭到滥用。证券交易委员会对基金经理们发起了多项调查程序，指控他们使用基金财产支付与销售无关的费用，全国证券交易商协会也禁止收取《1940年投资公司法案》12b－1费用的基金对外宣传他们自己是“无佣”基金。

### 三、交易型开放式指数基金

近年来，一种新型的共同基金开始变得越来越受欢迎。多家封闭式基金现在像股票一样在交易所(包括纽约股票交易所)内进行交易。这些交易型开放式指数基金(以下简称指数基金)允许投资者购入“一揽子”的股票。指数基金对股票的选择可能是为了再造一个像标准普尔存托凭证(以下简称标普存托凭证)一样被广泛追随的股票指数。指数基金也可以是允许投资者在确定的行业、股票和/或市场中进行分散投资的部门或行业基金。指数基金并不仅限于证券。若基金进行了诸如掉期合约或其他更传统的商品期货合约等衍生品投资，那他们同样要依据《1936年商品交易法案》的规定，受到美国商品期货委员会监管。

## 第三十一节　对投资顾问的监管

定义以及《1940年投资顾问法案》管辖范围

《1940年投资顾问法案》第203条(a)款要求所有通过州际商业工具展业的投资顾问进行登记，除非其可以依据第203条(b)款得到豁免。《1940年投资顾问法案》定义的“投资顾问”包括“任何为求报酬，就证券价值以及投资、购买或出售证券的适当性，直接或通过出版物及著作向他人提供建议之人”。[①] 但是，投资顾问的定义项下也存在重大例外情形。一些比较重要的例外情形包括：银行职员、律师、会计师、工程师或教师，这些人的职业行为会附带发生给出前述建议的情况。在开展证券交易经纪商业务时附带提供建议的证券交易经纪商，亦被排除在投资顾问的定义之外。另一个被排除的，是提供中立投资建议的出版物。同样被排除在外的还有理财规划师和其他专业人士，这些人可能会就人们应该如何管理其自有资金（包括其投资行为）给出笼统的建议，但不会就个别证券或共同基金给出建议。当某一实体的行为是纯粹管理式的，且不涉及给予投资建议，那么它不会被认定为《1940年投资顾问法案》中的“投资

① 参见《1940年投资顾问法案》第202条(a)款(11)项。

顾问”。不过,即使某一实体的主要功能并非给予投资建议,也不能排除《1940 年投资顾问法案》对其适用。

从投资顾问定义的排除情形可以看出,某人不会仅因为提供投资建议系其职业行为的一部分,而被认定为《1940 年投资顾问法案》中的“投资顾问”。这一结论同样适用于那些没有被《1940 年投资顾问法案》明确列出的职业。举例来说,某体育经纪人并不必然会因为向专业运动员提供有关投资事宜的建议而被认定为投资顾问。[①] 对于提供投资建议系其职业行为一部分的人士,在确定其是否符合投资顾问的定义时,则需要考量多个因素。

提供的投资建议越是个性化,就越有可能会被归类为“投资顾问”。如上文所述,其中的考量因素就是提供投资建议之人是不是在开展给出此等建议的业务。提供建议的某人是否会被认定为在开展提供此等建议的业务取决于多个因素。第一个考量因素就是,提供建议之人是将他或她自己称为“投资顾问”还是称为“提供投资建议之人”。第二个有利于将某人归类为“投资顾问”的因素是,他或她是否从那些建议性服务中收到了任何属于“明确收费”的单独或额外报酬。[②] 对于什么是建议性服务报酬这一问题,证券交易委员会的看法较为宽泛。无偿给出投资建议之人很可能会被排除在《1940 年投资顾问法案》管辖范围之外。第三个因素是,若提供具体投资建议之人不是在“罕见、孤立且非周期性”的时机下给出具体的投资建议,他或

---

① 参考案例:Zinn v. Parrish,644 F. 2d 360,364(7th Cir. 1981)。

② 参考案例:United States v. Elliott,62 F. 3d 1304,1309 - 1311(11th Cir. 1995)。

她将可能不会被认定为从事提供投资建议的业务。

对“投资顾问”的定义是以提供有关证券而非其他投资类型的建议为前提。然而,需要牢记的是,证券的定义是扩张性的,并不局限于股票和债券这样的传统证券。举例而言,向客户提供有关投资工具(如免税回购协议、股票收益协议或抵押贷款协议)建议的人士,也会被认定为《1940 年投资顾问法案》中的“投资顾问”。①

对互联网的使用已经引发了证券法下形形色色具有挑战性的监管问题。其中之一就涉及互联网在投资建议方面的使用。投资建议可通过网站以及聊天室提供。为了提供投资建议而使用互联网之人也会被认定为投资顾问,除非他或她符合提供中立投资建议出版物的排除情形。② 证券交易委员会指出,为了便利发布证券信息而提供“被动式”电子公告牌的行为,不属于《1940 年投资顾问法案》项下需要登记的提供投资建议的行为。为了避免登记,被动式电子公告牌的供应商不得参与任何与公告牌所载信息有关的购买或销售谈判,并且不得就任何特定交易提供有关其优点或缺点的建议。③

在共同基金行业的丑闻曝光后,证券交易委员会引入了一系列针对投资公司和投资顾问的新合规要求。《1940 年投资顾问法案规则》206(4)-7 要求已登记的投资顾问,采用并实施经

---

① 参考案例:United States v. Elliott, 62 F. 3d 1304, 1309 - 1311 (11th Cir. 1995)。

② 参考案例:SEC v. Park, 99 F. Supp. 2d 889 (N. D. Ill. 2000)(认定被告不符合投资顾问定义项下一般出版物的排除情形)。

③ 参见 Internet Capital Corp., 1998 WL 9357(证券交易委员会 No Action Letter Jan. 13, 1998)等。

过合理设计的书面政策和程序以防止发生违反《1940 年投资顾问法案》的情况。在这些政策和程序的涵摄范围内，至少必须解决投资组合的管理流程问题，这包括：(1)对投资机会的分配以及对客户所设定的投资目标和投资限制的遵守；(2)交易惯例，包括“最佳执行”和“软美元安排”；(3)投资顾问的自营交易及其雇员的个人交易行为；(4)信息披露的准确度；(5)客户资产的安全保障；(6)制作和保存所需档案；(7)营销服务，包括聘请律师；(8)对客户资产进行评估，并在此估值基础上评估费用；(9)客户个人信息的安全保障措施；(10)业务持续性计划。

《1940 年投资顾问法案规则》206(4)－7 进一步要求已登记的投资顾问每年审查其政策和程序，以确定这些政策和程序的充分性和实施的有效性。该规则还要求已登记的投资顾问任命一位首席合规官，由其管理投资顾问的合规政策和程序。首席合规官必须具有足够的资历和权力，(1)以使其胜任该工作且熟悉《1940 年投资顾问法案》以及(2)授予其制定和实行恰当政策和程序的全部职责和权力。

投资顾问定义的排除情形

投资顾问的定义排除了其职业行为会附带提供投资建议的银行职员、律师、会计师、工程师或教师。[①] 同样被排除的还有仅就美国政府发行的政府证券提供建议的顾问。[②]

一般排除情形有别于豁免。投资顾问定义的排除情形意味着免受《1940 年投资顾问法案》中任何条款的监管。与此相反，

---

① 参见《1940 年投资顾问法案》第 202 条(a)款(11)项(B)目。

② 参见《1940 年投资顾问法案》第 202 条(a)款(11)项(E)目。

豁免仅是针对《1940 年投资顾问法案》中登记义务的豁免。

**证券交易经纪商的排除情形。**《1940 年投资顾问法案》第 202 条(a)款(11)项(C)目将那些顾问服务“仅系其作为经纪人或交易商开展业务所附带的服务”,并且不收取特别报酬的证券交易经纪商,排除在投资顾问的定义之外。一旦确定某人是经纪人,则证券交易委员会(或其他原告)有责任证明被告提供投资建议的行为超出了其经纪业务附带行为的范畴,并且还为该建议获得了特别报酬。[①] 在缺乏特别报酬相关证据的情况下,证券交易经纪商不会被归类为投资顾问。证券交易经纪商可以将自身定义为理财规划师,这本身并不涉及《1940 年投资顾问法案》项下登记条款。[②] 在处理经纪公司提供的投资建议时,一个关键问题是,客户是否特意针对该建议付款或该建议是否仅是代理服务的一部分? 尽管其不受《1940 年投资顾问法案》的监管,但提供此等附带建议的经纪人和交易商在向客户提供投资推荐时,仍须受“适合性”规则(“了解你的客户”和“了解你的产品”)的约束(见本书第二十二节第二部分)。

**出版物。**和其他被证券交易委员会规则排除的主体一样,善意的新闻媒体,包括普通发行量的金融出版物和仅针对联邦政府发行或提供担保之证券给出建议的人士,均不受《1940 年投资顾问法案》登记规定的约束。[③] 然而,证券交易委员会表示,尽管没有推荐具体的证券,但由计算机生成的金融规划服务仍然提供了由非关联组织开发的服务,而且该服务会识别可能

---

① 参考案例:SEC v. Kenton Capital, Ltd. ,69 F. Supp. 2d 1,13(华盛顿特区法院,1998)。

② 参见《1940 年投资顾问法案》Rel. No. IA – 770(Aug. 13,1981)。

③ 参见《1940 年投资顾问法案》第 202 条(a)款(11)项(D)目至(F)目。

影响笼统投资推荐的投资,故由计算机生成的金融规划服务可能需要登记。[①] 在 Lowe v. SEC,472 U. S. 181(1985)案中,最高法院对出版物和投资时事通信的排除情形进行了解读,其认为该项排除情形仅针对提供中立投资建议的出版物。最高法院随后认定,案涉出版物,即一份半月刊时事通信,属于应被排除的出版物。这也就意味着出版商不是投资顾问。不管出版商是不是投资顾问,出版物的推荐中如包含重大误导性事实信息仍会违反《1934 年证券交易法案规则》10b－5。

**理财规划师**。理财规划在过去数个时代见证下逐步发展成为一个行业,理财规划行业的兴起必然引发有关《1940 年投资顾问法案》登记规定适用性的问题。仅仅提供笼统投资建议的理财规划师无须依据《1940 年投资顾问法案》进行登记。

《1940 年投资顾问法案》的豁免情形

除以上提到的投资顾问定义的排除情形,《1940 年投资顾问法案》还规定了登记条款的豁免情形。[②] 这些豁免情形并不免除投资顾问们在《1940 年投资顾问法案》项下的反欺诈义务。依据《1933 年证券法案》,面向成熟投资者的证券可免予注册,但对投资顾问们则没有类似的豁免情形。

投资顾问的登记要求有三种豁免情形。第一种,本地顾问(其客户是该顾问主要经营地所在州的居民)可以豁免登记,但前提是该顾问坚持不就已在交易所上市的证券提供建议。[③] 1997 年 4 月 10 日以后,该项针对本地顾问的豁免就变得没什

---

① 参见 In re Computer Language Research, Inc. , [1985－1986 Transfer Binder] Fed. Sec. L. Rep. (CCH) ¶ 78,185(SEC No Action Letter Dec. 26,1985)。

② 参见《1940 年投资顾问法案》第 203 条(b)款。

③ 参见《1940 年投资顾问法案》第 203 条(b)款(1)项。

么意义了。因为自该日起,对于管理资产总值低于 2500 万美元的投资顾问,若其不是登记投资公司的投资顾问,则各州政府对其拥有专属监管管辖权。[①]

第二种登记豁免情形适用于那些客户仅为保险公司的投资顾问。[②]

第三种则适用于那些客户数量不超过 15 个且不将其自身定义为公开公司或投资公司之投资顾问的投资顾问。[③]

针对所谓私人投资顾问的第三种豁免,被大多数对冲基金用于规避监管。大多数对冲基金的投资顾问也并不受《1940 年投资顾问法案》项下登记要求的约束。证券交易委员会曾尝试过让对冲基金的投资顾问根据《1940 年投资顾问法案》第 203 条进行登记。[④] 对那些仅有少数客户的投资顾问,证券交易委员会修订了针对他们的排除规则,新增了"穿透"要求,即不再将一个基金算作一个客户,而是"向上穿透",将基金的投资者也算作客户。然而,如前文所述,"穿透"要求因为与现有法规体系不兼容而被推翻。[⑤] 如下文所述,证券交易委员会现在已经对大多数对冲基金进行了监管。

投资顾问作为信义义务人

**信义义务**

《1940 年投资顾问法案》监管下的投资顾问们需要恪守信

---

① 参见《1940 年投资顾问法案》第 203A 条。

② 参见《1940 年投资顾问法案》第 203 条(b)款(2)项。

③ 参见《1940 年投资顾问法案》第 203 条(b)款(3)项。

④ 参见《某些对冲基金的投资顾问依据〈1940 年投资顾问法案〉进行登记的规则》和《1940 年投资公司法案》Rel. No. IA – 2333,2004 WL 2785492(证券交易委员会 2004)。

⑤ 参考案例:Goldstein v. SEC,451 F. 3d 873(D. C. Cir. 2006)。

义标准。[1] 2019 年,证券交易委员会重申了投资顾问们的信义义务。[2]

所有投资顾问都需要遵守的注意义务包括:(1)提供最符合客户利益的投资建议之义务;(2)在投资顾问负有选择证券交易经纪商责任的情况下,寻求客户交易最佳执行之义务;(3)在顾问关系存续期间,给出建议和进行监督之义务。[3] 其中,提供最符合客户利益的投资建议之义务要求投资顾问们就客户的目标进行合理调研,并且合理地相信他们的建议最符合客户利益。

**私募基金监管规则**

作为《多德—弗兰克法案》的一部分,国会赋予了证券交易委员会法定权限并授权其对私募基金进行监管。《多德—弗兰克法案》第 403 条取消了之前《1940 年投资顾问法案》第 203 条(b)款(3)项规定的对拥有少于 15 个客户的投资顾问进行豁免的规则。根据这一新法规体系,较大型私募基金的投资顾问需要遵守《1940 年投资顾问法案》规定的登记、报告和信息披露义务。私募基金被定义为无须依据《1940 年投资顾问法案》进行登记的投资公司,因为该种基金的份额持有人不超过 100 个或其全部份额持有人均为《1940 年投资顾问法案》规定的合格投资者。[4] 对于在美国境内管理的资产低于 1.5 亿美元且仅向一

---

① 参考案例:SEC v. Capital Gains Research Bureau, Inc. ,375 U. S. 180,191 - 192(1963)。

② 参见《证券交易委员会对投资顾问行为标准的解释》,《1940 年投资顾问法案》Rel. No. IA - 15248,2019 WL 2417615(证券交易委员会 2019 年 6 月 5 日)。

③ 参见《证券交易委员会关于投资顾问行为标准的解释》,《1940 年投资顾问法案》Rel. No. IA - 15248,2019 WL 2417615(证券交易委员会 2019 年 6 月 5 日)。

④ 参见《1940 年投资顾问法案》第 202 条(a)款(29)项。

个或多个符合定义的私募基金提供投资建议的投资顾问,《多德—弗兰克法案》指示证券交易委员会豁免针对该顾问的私募基金登记要求。① 此外,《1940 年投资顾问法案》还规定了一项登记豁免,适用于拥有不超过 15 个美国客户且在美国管理的客户资产累积不超过 2500 万美元的外国私募顾问。②

私募基金的登记、报告和档案保管要求须依据证券交易委员会制定的规则执行。不过,《1940 年投资顾问法案》为某些档案保管以及报告要求设定了标准。例如,要求保管的档案和报告包括:所管理资产的金额、杠杆程度(包括表外杠杆)、投资资产的类型、作为交易对手的信用风险敞口、交易和投资头寸、估值政策和程序、任何向某些基金投资者提供比其他投资者更有利待遇的安排或谅解、公司的交易习惯以及证券交易委员会为了公共利益、投资者保护以及促进系统风险评估而可能要求的必要且恰当的其他信息和报告。

**证券交易委员会规则的制定**

2011 年 6 月,证券交易委员会引入了实施《多德—弗兰克法案》中有关私募投资顾问条款的规则。③ 根据《多德—弗兰克法案》及其实施条例,许多以前得到豁免的私募基金投资顾问必须依据《1940 年投资顾问法案》向证券交易委员会登记。④ 不过,某些类型的投资顾问无须根据《1940 年投资顾问法案》进

---

① 参见《1940 年投资顾问法案》第 203 条(m)款(1)项。

② 参见《1940 年投资顾问法案》第 203 条(b)款(3)项。

③ 参见《对创业投资基金投资顾问、管理不超过 1.5 亿美元资产的私募基金投资顾问以及外国私募投资顾问的豁免规则》,《1940 年投资顾问法案》Rel. No. IA－3222,2011 WL 2482894(2011 年 6 月 22 日)。

④ 参见《1940 年投资顾问法案修正案实施条例》,《1940 年投资顾问法案》Rel. No. IA－3221,2011 WL 2482892(2011 年 6 月 22 日)。

行登记。这些投资顾问包括：客户仅为创业投资基金的投资顾问；客户仅为管理在美资产不超过1.5亿美元的私募基金的投资顾问；以及某些在美无营业地的美国境外投资顾问。以下是对私募投资顾问规则的讨论总结。

**联邦和州司法管辖权的划分**

根据《1996年投资顾问法案修正案》，较大型的投资顾问和那些为已登记投资公司提供咨询服务的投资顾问，由联邦政府行使专属管辖权。其中，管理超过2500万美元资产的投资顾问以及登记投资公司的投资顾问，由证券交易委员会行使专属管辖权。其他的投资顾问由州政府行使专属管辖权。对于投资顾问主要经营地所在州之外的各州，《1940年投资顾问法案》对它们可以向投资顾问施加的监管作出了进一步限制。某些属于前述例外情形的投资顾问一直尝试保留其在《1940年投资顾问法案》中规定的登记义务。此种请求的动机很可能是更喜欢联邦政府而不是州政府的监管体制。即使某些投资顾问管理的资产未达到2500万美元的门槛，证券交易委员会规则也允许它们进行联邦层面的登记。对需要在超过30个州登记的投资顾问，《1940年投资顾问法案规则》203A－2豁免了证券交易委员会不允许低于2500万美元门槛的投资顾问进行登记的禁令。因此，无论其管理的账户资产几何，真正的全国性投资顾问都可向证券交易委员会登记。新设投资顾问也可以进行联邦层面的登记，但前提是该投资顾问必须能合理预期其可在证券交易委员会登记后的90日内，满足需要在30个州进行登记的标准。此外，无论所管理的基金金额多少，通过互联网提供全部投资建议的互联网投资顾问,也可以在证券交易委员会处登记。[①]

根据《多德—弗兰克法案》的修正案,为确定非豁免投资顾问是需要进行州一级还是联邦一级登记,可以将投资顾问划分为三类:小型、中型和大型投资顾问。小型投资顾问这一类由管理低于2500万美元资产的投资顾问组成。非豁免小型投资顾问必须依据州法律进行登记而不是向证券交易委员会登记。大型投资顾问是那些管理超过1亿美元资产的投资顾问。依据其享有的法定权限,证券交易委员会可通过制定规则来提高1亿美元的登记门槛。[②] 在没有可适用豁免的情况下,大型投资顾问必须向证券交易委员会登记。处在两者中间的是中型投资顾问,其管理的资产在2500万美元至1亿美元。非豁免中型投资顾问必须进行州一级登记或向证券交易委员会登记,具体取决于要求其登记的州之数量。对于这些中型投资顾问,若要求其登记的州不超过15个,则其必须进行州一级登记,否则中型投资顾问可以向证券交易委员会进行登记。

依据州登记规定需要登记的投资顾问,通过投资顾问登记存管处进行电子登记。该登记存管处由证券交易委员会和北美证券管理者协会(NASAA)共同设立。

---

① 参见《1940年投资顾问法案规则》203A-2(f)。

② 参见《1940年投资顾问法案》第203A条(a)款(2)项。

## 第七章

# 违法行为处罚措施

联邦证券法针对违反法律的主体规定了多种不同类型的处罚措施，并且明确规定了适用相关处罚措施时应遵守的程序。

## 第三十二节 证券交易委员会的调查程序

证券交易委员会拥有通过调查程序确定是否存在违反联邦证券法行为的法定权限。这一权限包括传唤证人、主持宣誓以及在美国境内任意地方强制采集账簿和档案的权力。① 对存有管辖权争议的领域，该等权限授权证券交易委员会进行初步调查，以确定被调查对象是否实际上应受证券法管辖。② 然而，若证券交易委员会的调查程序被指控系因政治压力发起，法院则

① 参见《1934 年证券交易法案》第 21 条、《1933 年证券法案》第 19 条(b)款和第 20 条(a)款。

② 参考案例：SEC v. Wall St. Transcript，422 F. 2d 1371(2d Cir. 1970)和 SEC v. Brigadoon，480 F. 2d 1047(2d Cir. 1973)。

可能以滥用传票为由,拒绝送达证券交易委员会的传票。[1]

一般来说,当表明可能发生证券违法行为的信息引起证券交易委员会关注时,其会首先发起一项非正式调查程序,询问相关证人,但是不会送达任何强制性传票或采集任何宣誓证词。如果初步调查的结果显示存在证券违法行为,调查人员会向证券交易委员会申请正式调查令,该调查令会载明调查的范围以及有权主持宣誓、强制要求证人作证和采集档案的调查人员名单。

证券交易委员会的《有关调查的规则》(RRI)对"正式调查程序"所应遵守的程序进行了规定。[2] 根据这些规则,被强制要求作证或提供证据的证人有权要求查看正式调查令的副本,[3] 并且该证人有权要求律师陪同、代理以及提供咨询。[4] 为了防止证人之间串供,在询问证人时,其他证人及其辩护人应回避[5];然而,即使在辩护人已经代理了涉案证人的情况下,证券交易委员会也可能不会禁止其他涉案证人由该辩护人进行代理,除非其能证明该双重代理会"妨碍其调查"。[6] 尽管证人有审查笔录的绝对权利,但是证券交易委员会也有凭借正当理由剥夺证人获取其证言笔录副本的权利。[7]

与司法程序一样,证券交易委员会的调查行为也应受到包

---

① 参考案例:SEC v. Wheeling – Pittsburgh, 648 F. 2d 118(3d Cir. 1981)。

② 参见《美国联邦法规汇编》第 17 编第 203 部分。

③ 参见《有关调查的规则》第 7 条(b)款。

④ 参见《有关调查的规则》第 7 条(b)款和(c)款。

⑤ 参见《有关调查的规则》第 7 条(b)款。

⑥ 参考案例:SEC v. Csapo, 533 F. 2d 7(D. C. Cir. 1976)。

⑦ 参见《有关调查的规则》第 6 条。参考案例:Commercial Capital v. SEC, 360 F. 2d 856(7th Cir. 1966)。

括律师—委托人特免权、宪法第四修正案禁止不合理的搜查和扣押以及宪法第五修正案禁止自证其罪等在内的证言及相关特免权约束。[①] 然而,由于证券业务“关乎公共利益”并且证券法要求保留特定账簿和档案,故即便有第五修正案的规定,与展业有关的档案仍可能被强制采集。[②]

在可以证明其从金融机构获取某些客户的金融档案具有正当理由的情况下,证券交易委员会受到《1978 年金融隐私权法案》的豁免。[③] 在 90 天内,证券交易委员会可以不向被调取档案的客户通知调查事宜。

证券交易委员会的正式调查程序通常以非公开方式进行,以避免对被调查对象的声誉造成不当损害。《1934 年证券交易法案》第 21 条(a)款授权证券交易委员会在调查过程中公布其发现的任何违法行为信息。在某些案件中,证券交易委员会允许被调查的对象提交书面声明,描述其行为并承诺未来会进行整改,随后证券交易委员会将根据《1934 年证券交易法案》第 21 条(a)款将该书面声明公开,并“作为解决被调查对象涉案问题程序的一部分”。证券交易委员会的一位委员对此程序提出了强烈的批评,他认为公示行为属于处罚措施,并认为“政府公诉人员基于据实招供而不是违法行为来施以处罚措施是错误的”。[④]

若证券交易委员会决定在某一特定情形下发起公开调查,

---

① 参考案例:McMann v. SEC,87 F. 2d 377(2d Cir. 1937)。

② 参考案例:Shapiro v. United States,335 U. S. 1(1948)和 SEC v. Olsen,354 F. 2d 166(2d Cir. 1965)。

③ 参见《1934 年证券交易法案》第 21 条(h)款。

④ 参见《1934 年证券交易法案》Rels. 34 – 15664,15665,15667(1979)。

并且调查记录中载有任何主体实施不法行为的线索，则必须给予该主体交叉盘问和提交答辩意见或书面证据的合理机会。[①]然而，在非公开调查过程中，即使某主体知道其自身被列为调查对象，其也无权当面反驳调查人员或证券交易委员会针对该主体提出的指控。[②]

证券交易委员会的调查程序可以作为多种不同类型政府诉讼的序幕。

## 第三十三节　证券交易委员会的行政程序

如果证券交易委员会通过调查程序发现了违反证券法行为的证据，则其可能下令举行行政听证会以确定违法行为的责任并宣布处罚措施。行政程序仅可针对已经向证券交易委员会登记的主体（如证券交易经纪商、投资顾问、投资公司或其他受监管的实体）或已经向证券交易委员会注册的证券。行政程序中可以实施的处罚措施包括谴责、限制登记（注册）主体的行为或撤销登记（注册）。

证券交易委员会停牌程序受《美国法典》第28编第2462条规定的5年诉讼时效的约束，该时效适用于有关“强制执行任何民事罚金、处罚措施或没收”的案件。[③]

① 参见《有关调查的规则》第7条(d)款。

② 参考案例：SEC v. National Student Marketing, 538 F. 2d 404 (D. C. Cir. 1976)。

③ 参考案例：Johnson v. SEC, 87 F. 3d 484 (D. C. Cir. 1996)。

在 1964 年之前,证券交易委员会没有对参与了证券交易经纪商违法行为之相应雇员施以惩戒的直接手段。《1964 年证券法案修正案》赋予了证券交易委员会直接暂停或禁止其认定的任何违反了一个或多个《1934 年证券交易法案》明确规定的主体,与任何证券交易经纪商之间产生关联关系的权力。

国会作出的补充修正案通过授予证券交易委员会以下职权,极大地扩充了证券交易委员会的权力:(1)在行政程序中处以不超过 500,000 美元的民事处罚措施和/或追缴收益;(2)对被发现的正在违反或将要违反证券法的主体发布禁止令,而不论其是否已经向证券交易委员会登记。①

《多德—弗兰克法案》将证券交易委员会的行政权限扩展到证券领域之外。相应地,证券交易委员会现在有权向任何主体发起行政禁止程序以及处以罚款,而不是像以前那样只能对证券交易经纪商、投资顾问和投资公司以及其他受监管的企业处以罚金。通过引入《1933 年证券法案》第 8 条 A 款规定的三级惩罚附表,《多德—弗兰克法案》还提高了证券交易委员会在行政程序中可以判处的罚款金额。对于许多此前需要提请联邦法院发起的执法行动来说,证券交易委员会对任何主体处以行政处罚措施的能力极大地提高了行政执法效率。与此同时,行政执法程序的对象也并不拥有民事诉讼程序中属于被告的广泛权利。例如,证据开示的权利、证据保护规则、陪审团审判权或审查标准低于行政命令的上诉标准等。在《多德—弗兰克法案》扩大了证券交易委员会行政程序的权力之后,许多被调查对象对行政法法官的任命程序提起了合宪性挑战。2018 年,最

① 参见《1934 年证券交易法案》第 21B 条和第 21C 条。

高法院判决证券交易委员会行政法法官属于宪法规定的公职人员，因此要求证券交易委员会通过委员们的官方行为任命行政法法官。[①] 随即证券交易委员会纠正了此前任命程序中的缺陷。但即使在最高法院作出了 Lucia 案的终审判决后，对行政法法官的合宪性挑战仍在继续。在 Cochran v. SEC，969 F. 3d 507（5th Cir. 2020）案中，证券交易委员会行政程序的被调查对象，主张行政法法官享有针对撤换的违宪性保护措施。该挑战是基于最高法院在 Seila Law LLC v. Consumer Financial Protection Bureau，140 S. Ct. 2183（2020）案中的判决，该判决认定消费者金融保护局局长可被随意撤换这一点是违反宪法的。华盛顿特区巡回法院不是这场本应向证券交易委员会提出的合宪性挑战的适格审判地。[②] 因此，行政法法官的不可撤换性是否导致程序违宪仍有待观察。

## 一、举行听证

行政听证会开始前，证券交易委员会应向所有被指名的被调查对象送达一份听证会命令。听证会由被称为“行政法法官”的证券交易委员会独立雇员主持。其举办形式通常与无陪审团审判相同，证券交易委员会的调查人员和被调查对象均有出示证据、证词以及交叉盘问证人的权利。听证会可以基于证券交易委员会的自由裁量公开或不公开举行（依据《1933 年证券法案》规定提起的行政程序必须公开举行），而被调查对象通常倾向于不公开程序以期将负面新闻的影响降到最低。

---

① 参考案例：Lucia v. SEC，138 S. Ct. 2044（2018）。

② 参考案例：Cochran v. SEC，969 F. 3d 507（5th Cir. 2020）。

在听证会结束时，行政法法官必须提交一份“初审裁决”，该裁决中包含行政法法官对事实的认定以及法律结论。证券交易委员会可能基于当事一方的请求或自身主动对初审裁决进行审查。证券交易委员会不是必须批准对初审裁决的复议申请，但证券交易委员会的《实务规则》规定，当涉及停牌、拒绝或撤销注册（登记）时，证券交易委员会将依申请审查初审裁决。证券交易委员会根据案情摘要和（如有所需）口头答辩对案件作出裁决，其可能以任何方式修改初审裁决，包括加重处罚措施。①

被调查对象提出和解、认罪认罚和由证券交易委员会公开其违法裁决以节省费用，并避免旷日持久的调查造成持续负面宣传效应的情况是十分常见的。作为和解的条件之一，证券交易委员会通常会坚持要求被调查对象同意其可以公布有关被调查对象违法行为的裁决。证券交易委员会的批评者们指责其利用权力强迫和解，以求在本质上属于非对抗制的程序中制定并颁布新“法律”。

根据证券交易委员会《实务规则》第 102 条（e）款的规定，证券交易委员会声称“在发出听证通知和给出听证机会之后，证券交易委员会发现任何主体有如下情况，其有权拒绝 × × × 该主体的出庭特免权或执业特免权”：（1）不具备必要的资格；（2）品行不端或参与了不道德或不正当的职业行为；（3）故意违反联邦证券法律。尽管反对者主张由州法律授权执业的任何主体，均有权在证券交易委员会发起的行政程序中出庭执业，但证券交易委员会仍根据前述规则剥夺了大量律师和会计师在其发

① 参考案例：Hanly v. SEC，415 F. 2d 589（2d Cir. 1969）。

起的行政程序中出庭执业的资格。虽然法院可能以缺乏实质性证据支持或程序不当为由，推翻证券交易委员会作出的失格裁定，[1]但《实务规则》第 102 条(e)款本身却被确认为是证券交易委员会有效行使其保护自有行政程序完整性权力的条款。[2]

## 二、证券交易委员会行为的司法审查

任何不服证券交易委员会行政程序终裁命令的一方，均可向美国哥伦比亚特区上诉法院、其居住地或主要营业地的巡回法院申请复议该命令。[3] 法院有时会批评证券交易委员会未能明确阐述其据以作出裁决的法规或事实。[4] 尽管主张必须依据“明确且有说服力的证据”才能对被指控的欺诈行为施以严厉的处罚措施，但最高法院仍确认了证券交易委员会有权依据《联邦行政程序法案》第 7 条，基于“优势证据”对违法行为作出裁决。[5]

证券交易委员会的立场是，其作出的某些行为不是应受司法审查的“命令”。这些行为包括：(1)不要求公司在其股东签署的委托书中载明股东提案的决定；[6](2)不反对股票交易所提高其会员收取的最低佣金率的决定；[7](3)引入一项取消特定类

---

① 参考案例：Kivitz v. SEC，475 F. 2d 956(D. C. Cir. 1973)。

② 参考案例：Touche Ross v. SEC，609 F. 2d 570(2d Cir. 1979)。

③ 参见《1933 年证券法案》第 9 条、《1934 年证券交易法案》第 25 条以及《投资公司法案》第 43 条。

④ 参考案例：Berko v. SEC，297 F. 2d 116(2d Cir. 1961)，316 F. 2d 137(2d Cir. 1963)。另有参考案例：Checkosky v. SEC，23 F. 3d 452(D. C. Cir. 1994)。

⑤ 参考案例：Steadman v. SEC，450 U. S. 91(1981)。

⑥ 参考案例：Medical Committee v. SEC，432 F. 2d 659(D. C. Cir. 1970)。

⑦ 参考案例：Independent Investor Protective League v. SEC，CCH ¶ 93，270(2d Cir. 1971)(证券交易委员会摘要汇编)。

型实体的证券交易所会员资格的规则。[①] 不被归类为裁定的后果是，上述行为不会受到司法审查。

关于证券交易委员会的“非行为”立场，法院采取的立场是，若行为涉及证券交易委员会适当授权其工作人员并且拒绝重新审查的例行事项，则该事项就不是需要接受司法审查的“裁定”。[②] 关于证券交易委员会的规则制定程序，《1975 年证券法案修正案》推翻了前述 PBW 股票交易所案的判决，授予了因证券交易委员会引入规则而“受到不利影响”的主体，申请上诉法院司法审查的权利。[③] 此外，法院还认为，虽然证券交易委员会引入规则的行为不是“裁定”，但仍是《联邦行政程序法案》第 10 条项下应受到司法审查的“机构行为”。[④]

## 第三十四节　证券交易委员会的禁制令诉讼

除有权向在证券交易委员会处登记的个人和公司发起行政程序和发布禁止令之外，证券交易委员会还明确拥有在联邦地区法院提起诉讼的法定权限，以禁止任何主体违反证券法。[⑤]

**发布标准**。在确定证券交易委员会是否为发布禁制令准备

① 参考案例：PBW Stock Exchange v. SEC，485 F. 2d 718（3d Cir. 1973）。

② 参考案例：Kixmiller v. SEC，492 F. 2d 641（D. C. Cir. 1974）和 Koss v. SEC，364 F. Supp. 1321（S. D. N. Y. 1973）。

③ 参见《1934 年证券交易法案》第 25 条（b）款。

④ 参考案例：Independent Broker – Dealers' Trade Assn. v. SEC，442 F. 2d 132（D. C. Cir. 1971）和 Natural Resources Defense Council v. SEC，389 F. Supp. 689（D. D. C. 1974）。

⑤ 参见《1934 年证券交易法案》第 21 条（d）款。

了“恰当证据”时,法院可能不会使用“无法挽回的损失”这一适用于私人当事方的禁制令诉讼标准。然而,证券交易委员会的禁制令诉讼,通常开始于被控违法行为发生后的一段时间,而且“相较于以前,对于证券交易委员会要求基于已发生的违法行为发布禁制令的情况,现行的司法态度变得更加慎重”。[①] 因此,只有在“未来很有可能发生进一步的违法行为”,或被告对公众构成“持续性威胁”的情况下,才可以发布禁制令。

**禁制令的范围**。在适当的情况下,禁制令可以禁止针对任何证券的特定种类非法行为,而不仅是那些已经发生的违法行为。然而,禁制令的范围不可能宽泛到将任何违法行为都变为“藐视法庭罪”。[②]

**后果**。若被告再次实施了违反证券法的行为,除了导致可能收到藐视法庭罪的传票外,禁制令的发布也会产生特定的直接后果。被禁止再次违法的主体将失去享受《A 条例》和《1933 年证券法案》第 506 条规定的,豁免《1933 年证券法案》规定的登记义务的资格,也将失去与登记的投资公司发生关联关系的资格。[③] 更重要的是,最高法院认为,基于间接禁反言原则,在证券交易委员会禁制令诉讼中被认定为违法的被告,不得在随后基于同一行为的私人损害赔偿诉讼中就该事项再次提起诉讼。最高法院驳回了在损害赔偿案件中,前述裁定侵犯了被告有接受陪审团审判之宪法权利的论点。

**附属救济措施**。除了针对进一步违法的禁制令,证券交易

① 参考案例:SEC v. Commonwealth,574 F. 2d 90(2d Cir. 1978)。

② 参考案例:SEC v. Savoy,665 F. 2d 1310(D. C. Cir. 1981)。

③ 参见《投资公司法案》第 9 条(a)款(2)项。

委员会还经常请求法院根据违法行为的类型判处适当的附属救济措施。附属救济措施可以包括追缴非法收益。但最高法院仅限于在将非法收益追缴并赔偿给受害投资者的范围内支持追缴行为。[①] 若罪行涉及普遍的公司管理不善问题，则证券交易委员会可能获得任命管理人的权利，[②]或任命独立董事和特别律师代表公司提出索赔的权利，[③]或任命“特派代理”监督被告合规事宜的权利。[④]

1990 年，国会扩大了法院在证券交易委员会提起的诉讼中的权力，其方法是授予法院：(1)禁止任何违反了《1934 年证券交易法案》第 10 条(b)款的主体，担任根据《1934 年证券交易法案》注册之公司的董事或高管；(2)对违反证券法的主体处以最高 500,000 美元罚款的权力。[⑤]

## 第三十五节　刑事诉讼

故意违反证券法或其规则，将被处以罚款和监禁。[⑥] 证券交易委员会自身不会提起刑事诉讼，但会将相关证据转交司法部，由司法部决定是否起诉并处理诉讼事宜。[⑦]

---

① 参考案例：Liu v. SEC, 140 S. Ct. 1936(2020)。

② 参考案例：SEC v. Fifth Avenue Coach Lines, 289 F. Supp. 3 (S. D. N. Y. 1968)。

③ 参考案例：SEC v. Mattel, Lit. Rels. 6531, 6532(D. D. C. 1974)。

④ 参考案例：SEC v. Beisinger, 552 F. 2d 15(1st Cir. 1977)。

⑤ 参见《1934 年证券交易法案》第 21 条(d)款(2)项和(3)项。

⑥ 参见《1933 年证券法案》第 24 条和《1934 年证券交易法案》第 32 条。

⑦ 参见《1934 年证券交易法案》第 21 条(e)款。

与一般刑事诉讼一样，“故意”的认定只需要确认被告的行为是有意为之即可，并不要求证明被告明知其行为违反了证券法。[①]

被告关于证券法的各项条款在作为刑事诉讼定罪基础时属于违宪性模糊条款的论点一直不被法院认可。[②]

以违反证券法为由被定罪的同时，被告会自动失去获取特定福利或担任特定职位的资格，如使用《A 条例》的豁免条款，[③]或与已登记的投资公司之间发生关联关系。[④]

## 第三十六节　自律组织纪律程序

在证券交易委员会针对证券交易经纪商的行政程序中，证券交易委员会一项可选的处罚措施，是中止或撤销被调查对象在自律组织中的会员资格，如全国性证券交易所或全国性证券协会的会员资格。此外，自律组织本身被特别授权，实际上也确实需要，对违反证券法或自律组织自身规则的会员实施处罚。[⑤]

最初，自律组织的纪律程序相当不正式，被调查对象几乎没有获得与政府处罚相关联的保护措施。然而，自律组织被认为

---

① 参考案例：United States v. Schwartz, CCH ¶ 93,023(E. D. N. Y. 1971), aff'd 464 F. 2d 499(2d Cir. 1972)。

② 参考案例：United States v. Wolfson, 405 F. 2d 779(2d Cir. 1968)。

③ 参见《1933 年证券法案》第 252 条(c)款(3)项和(d)款(1)项。

④ 参见《投资公司法案》第 9 条(a)款(1)项。

⑤ 参见《1934 年证券交易法案》第 6 条(b)款(6)项、第 15A 条(b)款(7)项和第 19 条(g)款(1)项。

与证券交易委员会进行了充分的合作，使其纪律处分行为“处于宪法第五修正案对政府正当程序的控制范围内”。[①] 另外，自律组织也被认为无须遵守《行政程序法案》规定的程序性要求，[②]并且以纪律处分裁决是由行业成员作出，而它们会因被调查对象的停业获得金钱利益为由，主张自律组织存在“结构性歧视”的观点也遭到驳斥。根据《1975 年证券交易法案修正案》，自律组织必须向会员告知其受到的具体指控，给予它们为自己辩护的机会，并且任何处罚措施都应附带列明其会员所实施的具体行为、违反的具体规则以及被处罚原因的声明，以支持其作出的处罚措施。[③]

1975 年之前，全国证券交易商协会作出的纪律处分行为要受到证券交易委员会审查，但证券交易所作出的纪律处分行为不受证券交易委员会审查。根据《1975 年证券交易法案修正案》，所有自律组织的纪律处分行为必须向证券交易委员会报告，证券交易委员会将依职权或依被处罚方的申请，对相应的纪律处分行为进行审查。如果证券交易委员会认定被调查对象实施了被指控的行为，且该行为违反了明文规定，同时此等规定的适用方式符合《1934 年证券交易法案》的主旨，则证券交易委员会将认可该处罚；如果不符合前述情形，则撤销该处罚，然后在适当的情况下将该案件发还自律组织作进一步调查。若处罚超过必要限度或对竞争施加了任何不利于促进《1934 年证券交易

---

① 参考案例：Intercontinental Industries v. American Stock Exchange，452 F. 2d 935(5th Cir. 1971)。

② 参考案例：Shultz v. SEC，614 F. 2d 561(7th Cir. 1980)。

③ 参见《1934 年证券交易法案》第 6 条(d)款(1)项和第 15A 条(h)款(2)项。

法案》主旨的负担,则证券交易委员会也必须撤销该处罚。[①] 证券交易委员会对自律组织处罚的认可令将受到法院的审查,其方式与法院审查证券交易委员会在其自身行政程序中作出的处罚措施相同。

---

① 参见《1934 年证券交易法案》第 19 条(e)款。

| 第八章 |

# 民事责任

在对违反联邦证券法行为的行政性和准行政性处罚措施之外,还可以针对被控违法者发起私人损害赔偿诉讼和其他救济措施。近年来,随着联邦证券法提起的私人诉讼数量的快速增长,目前私人诉讼所占据的时间和金钱成本已经远远超过政府的行政执法行为。且私人诉讼的增长速度并未因《1995 年私人证券诉讼改革法案》和《1998 年证券诉讼统一标准法案》的颁布而降低。

## 第三十七节　责任来源

联邦证券法项下有三种不同类型的条款会引发民事责任。

第一种是明确创设了私人诉讼权利的条款。这其中有四条最为重要。第一条,对于依据包含重大误导性陈述或事实遗漏的注册声明而出售之证券的购买者,《1933 年证券法案》第 11 条授予其提起诉讼的权利。第二条,对于违反注册要求或以误导性陈述方式出售之证券的购买者,《1933 年证券法案》第 12

条授予其提起诉讼的权利。第三条,对于通过发行人股票"短线"交易获利的高管、董事以及主要股东们,《1934 年证券交易法案》第 16 条(b)款授予该发行人(或股东以发行人的名义)提起诉讼的权利。第四条,对于依赖根据《1934 年证券交易法案》提交之报告中的误导性陈述而买卖证券的主体,《1934 年证券交易法案》第 18 条授予其提起诉讼的权利。

第二种可能引发民事责任的条款,是指影响私人当事人之间的法律关系,但并未明确创设诉权的条款。此种类型条款的实例,是《1934 年证券交易法案》第 29 条(b)款和《1940 年投资公司法案》第 47 条(a)款。根据该两条款的规定,凡是违反这些相关法案所订立的合同,其中涉及指定主体权利的约定属于"无效"约定,由此也创设了一种主张合同无效的默示诉讼权利。《1940 年投资公司法案》第 47 条于 1980 年进行了修订。修订后的该条款规定,对于违反该条款所订立的合同,如果法院认定"执行合同将比不执行合同的结果更公平,且执行该合同并不会与《1940 年投资公司法案》的主旨相抵触",则该合同具有可执行性。立法历史显示,国会相信此种改变"充实了《1940 年投资公司法案》现行章节以及其他证券法项下类似章节的案例法"。[①]

第三种类型是禁止特定行为或宣布特定行为"不合法"的条款。就诉讼数量而言,这也是到目前为止最重要的一种类型。以著名的 Kardon v. National Gypsum Co. ,69 F. Supp. 512(E. D. Pa. 1946)案判决为开端,通过适用传统的侵权法原则,对于遭到被控违法行为侵害的主体,若其属于法规禁令予以保护的一类主体,则法院认可以该主体名义提起私人诉讼的默示权利。

---

① 参见 H. Rep. 96 – 1341 ,at 37(1980)。

该类私人诉讼最广泛应用的基础条款是:(1)《1934年证券交易法案》第10条(b)款和第15条(c)款(1)项、《1933年证券法案》第17条(a)款和《1940年投资顾问法案》第206条规定的一般反欺诈禁令;(2)《1934年证券交易法案》第14条关于表决权代理征集和要约收购的规定。

就该问题,最高法院的首个判决来自J. I. Case Co. v. Borak, 377 U. S. 426(1964)案。在该案中,最高法院认可了原告有起诉误导性表决权代理征集违反《1934年证券交易法案》第14条(a)款的默示私人诉讼权利,其理由是“保护投资者的法定宗旨……意味着要达成这一结果就应有必要的可用司法救济措施”。关于《1934年证券交易法案》第10条(b)款和《1934年证券交易法案规则》10b－5规定的私人诉讼权利的可用性,在Superintendent v. Bankers Life,404 U. S. 6(1971)案中,最高法院并未展开论述,而仅是在脚注中标明,此种诉讼理由是“确定无疑的”存在。

自1975年开始,最高法院采纳了更加限缩性的观点。最高法院明确拒绝认可原告有依据《证券投资者保护法案》[1]或《1934年证券交易法案》第17条规定的档案保管要求[2]提起私人诉讼的默示权利,并指出了上述条款与Borak案所涉及条款的差异。最高法院曾在多份判决中示意,其不再坚持Borak案的基本原理,Borak和Superintendent of Insurance案属于“反常

① 参考案例:SIPC v. Barbour,421 U. S. 412(1975)。
② 参考案例:Touche Ross v. Redington,442 U. S. 560(1979)。

现象”。[1] 最终，在 Transamerica Mortg. Advisors v. Lewis，444 U. S. 11（1979）案中，最高法院以 5 票同意、4 票反对的表决结果，拒绝认可原告有依据《1940 年投资顾问法案》第 206 条的反欺诈规定提起私人诉讼的默示权利。而正如异议者指出的那样，这一判决“无法与我们那些用基本相同的表述认可证券法下有默示私人损害赔偿诉讼权利之判决相协调一致”。[2]

然而，在 Transamerica Mortg. 案宣判 3 年后，最高法院再次以 5 票同意、4 票反对的投票结果，裁定可以认可原告有依据《商品交易法案》项下反欺诈条款提起私人诉讼的默示权利。[3] 尽管在 Merrill Lynch 案中，多数法官的依据是《商品交易法案》立法历史中某些特殊之处，但异议者发现该判决与 Transamerica Mortg. Advisors 案的判决完全不一致。事实上，两案不同判的唯一原因是布莱克蒙大法官改变了立场，因为其他 8 名大法官始终保持同一立场。

目前的情况如下：（1）最高法院不会推翻其在 Borak 和 Bankers Life 案中的判决，并且会继续认可《1934 年证券交易法案》第 14 条（a）款和第 10 条（b）款项下的默示私人损害赔偿诉讼权利。（2）除非最高法院从法规的措辞或立法的历史中发现存在证明国会有意创设私人诉讼权利的证据，否则最高法

---

① 参考案例：Blue Chip v. Manor，421 U. S. 723，730（1975）、Cannon v. University of Chicago，441 U. S. 677，692 n. 13，735 – 36（1979）以及 Touche Ross v. Redington。

② 参见《1934 年证券交易法案》第 10 条（b）款和《1934 年证券交易法案规则》10b – 5。

③ 参考案例：Merrill Lynch v. Curran，456 U. S. 353（1982）。

院不会认可其他法律项下存在默示的私人诉讼权利。[①] (3)大多数下级法院将会拒绝认可其他条款项下存在默示的私人诉讼权利。[②] (4)美国国会的专门委员会可能会开始在其报告中纳入对默示诉讼权利的明确引用。[③]

对于依据相关联邦证券法的不同实体条款而产生的私人诉讼权利,其要件已经在之前章节中进行了阐述。以下论述涉及前述法律项下全部私人诉讼的共性问题。

## 第三十八节　管辖权问题

根据《1934 年证券交易法案》第 27 条的规定,联邦法院对追究《1934 年证券交易法案》项下任何责任的诉讼拥有专属管辖权。尽管根据《1933 年证券法案》第 22 条(a)款和《1940 年投资公司法案》第 44 条,联邦法院和州法院对《1933 年证券法案》和《1940 年投资公司法案》项下的索赔请求拥有共同管辖权,但实际上前述两项法律项下的大多数索赔请求是向联邦法院提出的。根据管辖权争议的一般规则,原告可以并且经常将违反州普通法或成文法的指控添加到其根据证券法提起的联邦

---

① 参考案例:Transamerica Mortg. Advisors v. Lewis, at 15 – 16 和 Touche Ross v. Redington, at 568。

② 参见 In re Washington Public Power Supply System Securities Litigation, 823 F. 2d 1349(9th Cir. 1987)(认定《1933 年证券法案》第 17 条(a)款项下不存在默示的私人诉讼权利)。

③ 参见 H. Rep. 96 – 1341, at 29(1980)。(委员会希望清楚表明,在原告属于《1980 年小企业投资激励法案》所保护主体的情况下,其期待法院认可该法项下默示的私人诉讼权利。)

索赔诉讼的请求中。

## 一、地域管辖和送达程序

对于原告来说,联邦证券法律宽泛的地域管辖和送达程序条款是促使他们提起控告的重要激励因素,这些条款便于原告依据联邦证券法提出索赔请求。原告可以向被告所在地、居所地或交易业务发生地中任一地区的法院提起诉讼,并可以向前述地区的任何被告或其他任何可以找到被告的地区进行送达。[①] 不过,证券法项下适用于特定类型被告的特殊地域管辖条款,可能会限制原告的选择权。例如,最高法院曾判决,只能在《全国性银行法案》规定的地区,依据联邦证券法律对全国性银行提起诉讼。[②]

当若干包含共同事实问题的私人诉讼在不同司法管辖区同时提起时,根据《美国法典》第 28 编第 1407 条的规定,跨地区诉讼专门司法小组可以指令所有待决诉讼进行合并或进行协同的庭前程序。然而,依据《1975 年证券交易法案修正案》的规定,在未经证券交易委员会同意的情况下,由私人当事方依据《美国法典》第 28 编第 1407 条提起的诉讼不能与证券交易委员会提起的诉讼进行合并或协同。[③]

## 二、诉讼时效

证券法的具体民事责任条款各自规定了相应的诉讼时效。

---

① 参见《1933 年证券法案》第 22 条、《1934 年证券交易法案》第 27 条以及《1940 年投资公司法案》第 44 条。

② 参考案例:Radzanower v. Touche Ross,426 U. S. 148(1976)。

③ 参见《1934 年证券交易法案》第 21 条(g)款。

《1933年证券法案》第11条或第12条(a)款(2)项规定，诉讼必须在发现虚假陈述或事实遗漏之日起的1年内且不超过销售后的3年内提起，而《1933年证券法案》第12条(a)款(1)项规定，诉讼必须在违法行为发生后的1年内提起。[①]《1934年证券交易法案》第16条(b)款规定，诉讼必须在内幕交易者实现其违法收益后的2年内提起。《1934年证券交易法案》第18条规定，诉讼必须在发现真实事实后的1年内且不超过违法行为发生后的3年内提起。《1934年证券交易法案》第20A条(1998年正式添加)规定，诉讼必须在违法行为发生后的5年内提起。

此前，没有适用于默示诉讼权利的一般联邦诉讼时效。2002年，作为《萨班斯—奥克斯利法案》的一部分，国会颁布了包括《1934年证券交易法案规则》10b－5在内的适用于证券欺诈索赔的诉讼时效。《美国法典》第28编第1658条(b)款并不适用于证券法下所有索赔诉讼，而是仅涵盖"对欺诈、欺骗、操纵或圈套的索赔"，该条款还规定了自发现之日起2年的诉讼时效和自违法行为发生之日起5年的除斥期间。

## 第三十九节　适格原告

明示的民事责任条款通常明确规定了有权起诉的主体，但是对这些条款的解释可能会为确定适格原告带来困难。更大的困难来自确定谁有资格主张一般禁止性条款所默示的私人诉讼

---

① 参见《1933年证券法案》第13条。

权利。

在基于《1933 年证券法案》第 10 条(b)款和《1934 年证券交易法案规则》10b－5 的诉讼中,最高法院于 1975 年重申了其在 Birnbaum v. Newport,193 F. 2d 461 (2d Cir. 1952)案所确立的规则,即只有在涉案交易项下买卖证券的主体才有资格提起诉讼。[①]

在基于《1934 年证券交易法案》第 14 条规定的表决权代理征集和要约收购的诉讼中,法院对适格原告的认定较为宽松。法院认为,可以由公司自身对违反表决权代理征集规则的行为提起诉讼。[②] 也可以由因其他股东以欺骗手段获取其表决权而受到损害的股东提起诉讼。[③] 对于要约收购案件,法院认为目标公司或要约人均有资格就相对方的违法行为申请禁制令。[④]

不过,最高法院否决了在要约收购中失败的收购方具有向目标公司管理层和成功收购方提起索赔诉讼的资格,其理由是该主体并非国会在制定《1934 年证券交易法案》第 14 条(e)款时想要保护的主体。[⑤]

在某些案件中,法院依据广泛的政策议题,而不是原告与涉案交易之间的技术关系,对原告适格性问题作出裁决。例如,在第二巡回法院对 Piper 案的判决中,曼斯菲尔德法官对此表示赞同,他表示其对原告适格性的认定"仅仅建立在通过私人诉讼

---

① 参考案例:Blue Chip v. Manor(见本书第十八节第二部分)。

② 参考案例:Studebaker v. Gittlin,360 F. 2d 692(2d Cir. 1966)。

③ 参考案例:J. I. Case Co. v. Borak,377 U. S. 426(1964)。

④ 参考案例:Electronic v. International,409 F. 2d 937(2d Cir. 1969)以及 Florida Commercial Banks v. Culverhouse,772 F. 2d 1513(11th Cir. 1985)。

⑤ 参考案例:Piper v. Chris－Craft,430 U. S. 1(1977)。

有力实施反欺诈条款需要默示诉讼权利这一理由”之上。[①] 然而，最高法院似乎在 Blue Chip 和 Piper 案判决中，拒绝将该理由作为在任何默示诉讼权利尚未被认可的情形下，认定原告适格性的基础。

## 一、集体诉讼

因为违反证券法的行为频繁涉及大量潜在的索赔人，因此《联邦民事诉讼规则》的“集体诉讼”条款常被用来允许一名或多名主体代表全部受影响主体提起诉讼。事实上，在每一个原告个体所遭受的损害小到无法承担诉讼费用的情况下，集体诉讼是唯一的救济途径。

《联邦民事诉讼规则》第 23 条规定，仅在满足以下条件的情况下允许提起集体诉讼：“(1)集体的人数众多，以至于无法让集体中所有成员都参与诉讼；(2)集体成员间存在共同的法律或事实问题；(3)代表方的诉讼请求是集体诉讼请求中的典型请求；并且(4)代表方将公平且充分地保护集体利益。”此外，原告还必须证明单独诉讼会导致同案不同判或侵害非当事方权利的风险，或“集体成员间存在的共同法律或事实问题明显优先于任何仅影响个别成员的问题”，以及集体诉讼在争议解决方面“优于其他可行途径”。

通常来说，在公开发行证券或发布的误导性言论涉嫌影响证券在公开市场交易价格的情况下，证明无法让集体中所有主

① 参见 480 F. 2d at 396。

体都参与诉讼并不困难。[①] 至于原告作为集体适当代表的地位问题，找到一位主张“典型”诉讼请求且不存在利益冲突的原告通常也不困难。原告代理人作为集体诉讼的推动力量，其是否有能力代表集体的利益可能会引发疑问。不过，法院不曾过度共情被告对该问题的关注。[②]

至于共同的法律或事实事项是否明显优先于个别事项，则通常是更加困难的问题。如果诉讼的争议焦点系口头误导性陈述，则法院会不愿意批准集体诉讼。[③] 若性质类似的误导性陈述是在一系列募集说明书或其他书面文件中作出的，法院可能会依据《联邦民事诉讼规则》第 23 条（c）款（4）项（B）目，将全体原告的集合划分为若干子集。[④] 使用净损差额法衡量损害赔偿也可能为集体诉讼的实施带来麻烦。[⑤]

**《1995 年私人证券诉讼改革法案》**。出于对涉及公开公司误导性陈述的集体诉讼可能被滥用的担忧，国会制定了《1995 年私人证券诉讼改革法案》。经参众两院专门委员会认定的滥用情形包括：“（1）每当发行人股票价格发生重大变化时，就例行向证券发行人或其他主体提起诉讼，只寄微小希望于证据开示程序可能会带来的一些看似合理的诉讼理由，而不关注发行人是否有任何潜在的可责性；（2）以具有雄厚财力的被告为目

---

① 参考案例：Green v. Wolf，406 F. 2d 291（2d Cir. 1968）以及 Cannon v. Texas Gulf Sulphur，47 F. R. D. 60（S. D. N. Y. 1969）。

② 参考案例：Dolgow v. Anderson，43 F. R. D. 472（E. D. N. Y. 1968）。

③ 参考案例：Moscarelli v. Stamm，288 F. Supp. 453（E. D. N. Y. 1968）。

④ 参考案例：Green v. Wolf 和 Blackie v. Barrack，524 F. 2d 891（9th Cir. 1975）。

⑤ 参考案例：Green v. Occidental，541 F. 2d 1335（9th Cir. 1976）（Sneed，J.，concurring）。

标，而不关注他们实际的可责性，这些被告包括会计师、承销商和可获得保险保护的主体；(3)滥用证据开示程序，使诉讼成本过于繁重，以至于对受害方来说和解往往是更经济的选择；以及(4)集体诉讼的律师操纵其自称所代表的客户。"《1995 年私人证券诉讼改革法案》试图通过引入如下程序上的改革，解决这些已经被发现的集体诉讼滥用行为：

· 要求指定的集体诉讼原告提交一份旨在披露其是否为原告集体律师工具的声明。

· 禁止证券交易经纪商因协助律师识别集体诉讼原告而收取费用。

· 要求法院将原告集体中"对该集体诉讼所寻求的救济拥有最大经济利益"的成员指定为首席原告。该"首席原告"通常是金融机构，由其负责选择代表原告集体的律师。

· 当驳回原告起诉的申请尚未裁决时，禁止原告律师发起证据开示程序。

· 要求全面披露任何在议和解方案的条款。

· 将律师费限定在"实际支付给原告集体之损害赔偿金的合理百分比以内"。

· 若败诉方被认定违反了《联邦民事诉讼规则》第 11 条规定的辩护要求，则要求败诉方支付胜诉方的律师费，并授权法院要求原告和/或其律师为此等费用的支付提供担保。[①] 通过确立一个新的因果关系标准（见本书第十八节第二部分），《1995 年私人证券诉讼改革法案》还收紧了针对欺诈的辩护标准（见本书第十八节第一部分），并且限制了未被明确认定为故意实

① 参见《1933 年证券法案》第 27 条和《1934 年证券交易法案》第 21D 条。

施其行为之被告的责任(见本书第四十节)。

**《1998年证券诉讼统一标准法案》**。《1995年私人证券诉讼改革法案》颁布3年后,国会取代了州法律和州法院在证券集体诉讼方面的角色。《1998年证券诉讼统一标准法案》指令联邦法院管辖大多数涉及公开交易证券的集体诉讼。其中涉及州证券法律和普通法有关"保值证券"的集体诉讼被优先管辖。保值证券的定义涵盖大多数公开交易证券。[①]《1998年证券诉讼统一标准法案》仅适用于集体诉讼而并不适用于个体或派生诉讼。在公司设立州提起涉及特定公司交易的诉讼也有同样的排除情形。该法还优先适用于与欺诈有关的诉讼请求,且因此并未排除基于州法律项下诸如侵占、合同违约或违反信义义务等其他法理的诉讼请求。

## 二、派生诉讼

在涉及公司合并、收购或所谓管理层不当行为的案件中,通常是由股东以公司名义提起派生诉讼。在公司合并案件中,诉讼既可能以提起个人请求的形式进行,也可能以提起派生请求的形式进行,法院并不总是能精准确定哪种形式更恰当。[②]

任何向联邦法院提起的派生诉讼必须遵守《联邦民事诉讼规则》第23.1条。该条规定除需具备其他构成要件之外,原告还需在被控交易发生时担任公司股东,并且原告需要"特别说明"其为使董事以及"如有必要时"使股东采取预期诉讼措施而

---

① 参见《1933年证券法案》第6条(f)款(3)项、《1934年证券交易法案》第28条(f)款(5)项(E)目和《1933年证券法案》第8条(b)款。

② 参考案例:J. I. Case v. Borak, 377 U. S. 426(1964)。

付出过的努力。在董事会已经被诉讼案件被告控制的情况下，通常会豁免由董事先采取诉讼措施的前置要求。在 Kamen v. Kemper，500 U. S. 90（1991）案中，最高法院认为在依据《1940年投资公司法案》提起的诉讼中，应依据公司注册州的法律确定是否可以豁免董事行为前置这一要求，而不是依据联邦法律。

为获得针对董事之派生诉讼的驳回判决，目前主流的辩护策略是将该诉讼提交给由"无利害关系"董事们组成的委员会。若该委员会认定继续诉讼不符合公司的最佳利益，则其会请求法院驳回该派生诉讼。某些州法院作出的判决认为，在此等情况下，法院应当遵从无利害关系董事的"商业判断"，驳回该诉讼。[①] 在 Burks v. Lasker，441 U. S. 471（1979）案中，最高法院认为，联邦法院在确定某投资公司的无利害关系董事是否有权终止指控涉及违反《1940 年投资公司法案》和《1940 年投资顾问法案》的派生诉讼时，应当适用州法律而不是联邦法律，除非法院认为州法律的规则与这两部法律的原则相矛盾。在该案中，最高法院强烈暗示其没有发现此等矛盾之处，并且两份后续的下级法院判决都认为授权无利害关系的董事终止指控违反《1934 年证券交易法案》第 10 条和第 14 条的派生诉讼，与《1934 年证券交易法案》第 10 条（b）款以及第 14 条（a）款的原则并无矛盾之处。[②] 然而，当董事成为派生诉讼的被告时，授权董事停止派生诉讼的做法可能与《1934 年证券交易法案》第 14

---

① 参考案例：Auerbach v. Bennett，47 N. Y. 2d 619，419 N. Y. S. 2d 920，393 N. E. 2d 994（1979）以及 Zapata v. Maldonado，430 A. 2d 779（Del. 1981）。

② 参考案例：Abramowitz v. Posner，672 F. 2d 1025（2d Cir. 1982）和 Maldonado v. Flynn，671 F. 2d 729（2d Cir. 1982）。

条(a)款规定的原则相矛盾。[①]

以公司名义依据《1934 年证券交易法案》第 16 条(b)款提起的追偿“短线交易”收益的诉讼由该条中具体条款管辖,根据这些条款的规定,该诉讼的提起以事先向董事提出维权要求为前提。然而,与一般派生诉讼的管辖规则相反,法院一直秉持的观点是:第 16 条(b)款项下诉讼中的原告无须在案涉交易发生时担任公司的股东,其理由要么是此等要求与该条的主旨不一致,[②]要么是法规创设了一种不同于传统意义上派生诉讼的基本诉权。[③] 在 Gollust v. Mendell,501 U. S. 115(1991)案中,最高法院认为,只要原告因拥有并购后所存续公司之证券的所有权而保有对诉讼的“持续经济利益”,则在提起第 16 条(b)款项下的诉讼时,担任发行人股东的主体可以在该公司被其他公司并购之后继续提起诉讼。

## 三、追偿限制

对于已经放弃任何权利或以其他方式被禁反言,以及被认定为与被告有同等过错的原告,普通法和衡平法禁止其提起诉讼的一般规则适用于证券案件,但附加有重要的限制条件。

**弃权与禁反言。**《1933 年证券法案》以及《1934 年证券交易法案》均规定,“要求任何主体放弃遵守本法任何条款的任何条件、约定或条款均属无效”。[④] 尽管有该等条款,第九巡回法院仍认为在依据这两部法律提起的诉讼中,普通法下的弃权和

---

① 参考案例:Galef v. Alexander,615 F. 2d 51(2d Cir. 1980)。

② 参考案例:Blau v. Mission,212 F. 2d 77(2d Cir. 1954)。

③ 参考案例:Dottenheim v. Murchison,227 F. 2d 737(5th Cir. 1955)。

④ 参见《1933 年证券法案》第 14 条和《1934 年证券交易法案》第 29 条(a)款。

禁反言抗辩是可以适用的。[①] 与此相反，第五巡回法院则认为依据《1933 年证券法案》第 14 条的规定，原告拒绝被告回购非法出售证券之要约的行为，不能被认定为其放弃了任何权利，但若被告曾就回购非法出售的证券作出无条件的要约和要求，则禁反言抗辩可以对抗该原告。[②]

**仲裁协议**。在 Wilko v. Swan，346 U. S. 427（1953）案中，最高法院认为，在客户依据《1933 年证券法案》第 12 条（a）款（2）项提起的有关股票销售中误导性陈述的案件中，客户与其经纪人之间达成的通过仲裁解决任何有关其账户纠纷的协议不能作为抗辩事由。最高法院认为该仲裁协议是《1933 年证券法案》第 14 条所称的放弃遵守《1933 年证券法案》的“条款”，因此该条款无效。然而，24 年后，在 Shearson v. McMahon，482 U. S. 220（1987）案中，最高法院却作出了相反的判决。该案系一起客户依据《1934 年证券交易法案规则》10b－5 对经纪人提起的诉讼。在最高法院的大法官们以 5 票支持、4 票反对所作出的判决中，多数派法官们援引了《联邦仲裁法案》所体现的强力支持仲裁的原则，他们认为没有证据表明在制定《1934 年证券交易法案》时国会打算推翻该原则，同时多数派法官们还注意到自 1953 年以来证券交易委员会对行业中仲裁程序监管的不断改进。

在 McMahon 案的判决中，最高法院并未清楚表明其到底是推翻了 Wilko 案的判决还是进行了区别对待。在后续的

---

① 参考案例：Straley v. Universal Uranium & Milling Corp.，289 F. 2d 370（9th Cir. 1962）和 Royal Air v. Smith，312 F. 2d 210（9th Cir. 1962）。

② 参考案例：Meyers v. C & M，476 F. 2d 427（5th Cir. 1973）。

Rodriguez v. Shearson,490 U. S. 477(1989)案中,最高法院的大法官们以 5 票支持、4 票反对的投票结果,明确推翻了Wilko 案的判决。他们认为与经纪人签订仲裁协议可以禁止客户依据《1933 年证券法案》第 12 条明文规定的责任条款对经纪人提起诉讼。最高法院认为"将《1933 年证券法案》第 14 条对放弃遵守任何该法案条款的禁令,解释为适用于《1933 年证券法案》第 12 条的程序性条款(有别于实体条款)"是没有任何坚实基础的。异议者们则认为对于国会在随后 35 年内选择不修订的法规,最高法院不应推翻之前对该法规的理解。

在 McMahon 案判决生效后,国会议员们向证券交易委员会施加压力以促使行业仲裁程序的改革。行业自律组织们建立了证券行业仲裁大会,该大会与证券交易委员会的工作人员们一起进行了为期数月的合作,最终制定了一系列能够相互接受的规则。1989 年 5 月,证券交易委员会批准了由全美证券交易商协会、纽约股票交易所和美国证券交易所提交的规则。① 这些不时修订的规则,除其他事项外,通常规定如下:

(1)自律组织将为每个仲裁程序准备摘要,列明当事人、仲裁事项、仲裁请求以及仲裁裁决,此等摘要在自律组织的公共资料室中可供查阅;

(2)每一家会员单位必须向客户解释签署仲裁协议的后果以及客户在仲裁程序中的权利;

(3)与证券行业存在特定关系的仲裁员(包括律师、会计师和专业人士)将被视为"行业"仲裁员,而不是"公众"仲裁员;

(4)建立仲裁文书送达、信息开示以及更换仲裁员的程序,

---

① 参见《1934 年证券交易法案》Rel. 34 - 26805(1989)。

并规定需保存每一个程序的文字记录；

(5)会员单位不得签订限制客户提起索赔、寻求惩罚性赔偿或律师费的协议，也不得签订限制仲裁听证会地点的协议。

将客户争议转由仲裁方式解决引发了部分客户的不满，还有些人提议应保障经纪业务客户提起诉讼的权利。然而，面对证券交易经纪商将客户签署仲裁协议作为开户前置条件的行为，国会并未在禁止该等行为方面采取任何立法行动。虽然某些州通过了类似法律，但却收效甚微。例如，在 Securities Industry Ass'n v. Connolly, 883 F. 2d 1114 (1st Cir. 1989) 案中，法院就认为《联邦仲裁法案》应优先于包含前述条款的马萨诸塞州法规。2001 年，修订后的《加利福尼亚州民事诉讼法案》规定，自拟任命中立仲裁员之日起的 10 日内，该中立仲裁员应以书面形式披露"所有可能导致知情人对该中立仲裁员是否公正无私产生合理怀疑的事项……包括司法委员会依据该章节颁布的中立仲裁员职业道德标准所要求披露的任何事项"。在法院就质疑前述规则的案件作出裁决前，全美证券交易商协会和纽约股票交易所，允许当事方以放弃其在加利福尼亚州规则项下权利的方式推进仲裁，从而规避了加利福尼亚州的仲裁职业道德规则。因此，虽然迄今为止各州付出了各种努力，但在将客户保护扩展到涵盖仲裁程序方面仍未取得成功。

《联邦仲裁法案》项下强力支持仲裁的原则也延伸出对执行仲裁协议的支持。这意味着法院绝对不会相信这些仲裁协议是应被撤销的格式合同或是显失公平的合同。法院在解读仲裁协议范围方面也比较宽松。例如，仲裁协议被认为适用于不涉及证券的交易，但前提是这些交易是在经纪人—客户关系项下开展的。甚至程序性事项也可以由仲裁员而不是法院来确定。

例如，仲裁庭诉讼时效的适用性就可以由仲裁员确定。[①]

**同等过错**。传统上，法院拒绝向与被告具有同等过错的原告提供救济。另外，在寻求衡平法救济的案件中，如果原告在诉讼中被发现也不“清白”，那么法院也会拒绝向其提供救济。在证券法项下的诉讼中，即使原告参与了非法行为，在其罪责不高于被告的情况下，原告并不会被禁止提起诉讼。[②] 最高法院明确表示，基于虚假“内幕消息”购买股票的“内幕消息接收人”并不会因为“清白”原则而被禁止依据《1934 年证券交易法案规则》10b－5 起诉他的“内幕消息泄露人”，因为该内幕消息接收人不能被准确描述为“实质上与他的内幕消息泄露人具有同等罪责”。[③] 在 Pinter v. Dahl，486 U. S. 622（1988）案中，这一观点被适用于依据《1933 年证券法案》第 12 条（a）款（1）项提起的诉讼中，法院认为仅限在原告于发行过程中所扮演的角色“更多是发起人而不是投资者”的情况下，才可以在该等诉讼中适用同等过错抗辩。

**与有过失**。只有在原告知晓虚假或遗漏的情况下，为误导性陈述创设明确私人诉权的条款才会禁止原告获取赔偿。[④] 就反欺诈条款项下默示的私人诉权，法院通常认为，原告必须证明其事实上进行了“尽职调查”，才能获得要求赔偿的权利。然而，鉴于最高法院在 Ernst & Ernst v. Hochfelder 案（见本书第十八节第一部分）的判决中持有原告必须证明被告方存在恶意才

① 参考案例：Howsam v. Dean Witter Reynolds，Inc.，537 U. S. 79（2002）。

② 参考案例：Can－Am v. Beck，331 F. 2d 371（10th Cir. 1964）。

③ 参考案例：Bateman Eichler v. Berner，472 U. S. 299（1985）。

④ 参见《1933 年证券法案》第 11 条（a）款和第 12 条（a）款（2）项以及《1934 年证券交易法案》第 18 条（a）款。

能根据反欺诈条款维系诉讼的观点，某些法院认为原告不会因为一般过失丧失追偿权，而是只有在原告“故意拒绝调查且‘无视其已知的风险，或无视其明显应知的极可能造成损害后果的风险’”的情况下，才会丧失追偿权。①

## 第四十节 适格被告

证券违法的主要行为人通常是不具备任何经济赔偿能力的个人或实体。因此，原告会试图将与违法行为有关联且具有更强赔付能力的个人或实体列为被告——理由是其“财力雄厚”到足以履行判决。这些被称为“次要被告”的当事人通常包括：个体不法行为人的雇主、实施不法行为之公司的董事、承销商、证券交易经纪商、银行、参与交易的代理商、会计师、律师以及自治组织。

依据《1933 年证券法案》第 11 条提起的诉讼中，与发行人有特定关系之主体的责任已被相当详细地列明。然而，依据其他条款提起的诉讼中，次要被告的责任必须依据诸如代理责任、帮助与教唆、共谋、侵权责任、责任分担以及损失补偿等原则确定。

### 一、委托人责任

有两种独立的请求权基础可以要求经纪公司或其他委托人

① 参考案例：Dupuy v. Dupuy，551 F. 2d 1005（5th Cir. 1977）。

为其雇员或代理人的证券违法行为承担责任。依据传统的代理规则,有权代理、表见代理或以代理人名义进行交涉的“固有代理权”项下代理人对第三方造成的损害,应由委托人承担赔偿责任。[①] 此外,《1933 年证券法案》第 15 条和《1934 年证券交易法案》第 20 条规定,任何“控制”他人之人对被控制之人在这两部法案项下应对任何第三方承担的责任,负有连带责任。然而,若控制他人之人可以证明“其行为是善意的且不存在诱使违法的行为”[②]“不知道或没有合理的理由相信导致违法的事实存在”[③],则其可免于承担责任。关于是否必须先证明控制他人之人是违法行为的“可责参与者”才能要求其承担责任的问题,请对比 Orloff v. Allman,819 F. 2d 904(9th Cir. 1987)案与 Metge v. Baehler,762 F. 2d 621(8th Cir. 1985)案。

在协调这些责任来源过程中产生的主要问题是:法规设立的“善意”或“不知情”抗辩,是否也减轻了被告依据传统代理原则所要承担的责任。某些法院认为,设立法定抗辩并不禁止依据代理关系索赔,因为国会旨在通过“控制他人之人”条款将责任扩大到新类型的主体,而不是限制适用已有的索赔请求权基础。然而,另一些法院则认为,“控制他人之人”条款是要求委托人为其代理人违反证券法律的行为承担责任的唯一请求权基础。[④]

还有一个问题是,根据最高法院于 1994 年就 Central Bank 案作出的免除帮助与教唆违反《1934 年证券交易法案》第 10 条

---

① 参见 Rest. (2d),Agency §257。

② 参见《1934 年证券交易法案》第 20 条。

③ 参见《1933 年证券法案》第 15 条。

④ 参考案例:Marbury v. Kohn,629 F. 2d 705(2d Cir. 1980)。

(b)款行为责任的判决,最高法院是否会认可基于雇主责任原则所产生的责任。该判决的异议者们表达了如下观点:依据《1934 年证券交易法案》第 10 条(b)款提起的诉讼中,基于雇主责任原则和其他普通法代理原则,要求承担赔偿责任的判决似乎不太可能在最高法院后续的判决中继续有效。Central Bank 案判决后,下级法院的判决在这一问题上产生了分歧。这可以通过对比 Seolas v. Bilzerian,951 F. Supp. 978(D. Utah 1997)案(认为雇主责任原则所产生的责任不受 Central Bank 案的影响)和 Converse v. Norwood,1997 WL 742534(S. D. N. Y.)案(主张"在 Central Bank 案中,最高法院默示所有形式的次要责任均不再可行")的不同观点来一窥端倪。

## 二、帮助和教唆

"帮助者和教唆者"与违法行为的实际行为人承担连带责任的观点,源于刑法和《侵权法重述》第 876 条。相关法条规定,向其他主体违反义务的行为故意"给予实质帮助和鼓励"的主体,应承担赔偿责任。

"因此,成立此种赔偿责任应具备三个要件:(1)存在一个独立的不法行为;(2)'帮助者或教唆者'知道该不法行为的存在;且(3)为实施该不法行为提供了实质性帮助。"[①]1994 年之前,法院就在多起涉及违反《1934 年证券交易法案》第 10 条(b)款和其他证券法律规定的一般反欺诈条款的案件中,判决其中的"帮助者或教唆者"承担赔偿责任。然而,到了 1994 年,在一份 5 票支持、4 票反对的判决中,最高法院认为没有证据证明国

① 参考案例:Landy v. FDIC,486 F. 2d 139,162(3d Cir. 1973)。

会有意创造任何此等责任。因此,私人原告不能将任何人作为违反《1934 年证券交易法案》第 10 条(b)款行为的"帮助者或教唆者"进行起诉。[①]

最高法院在 Central Bank 案中并未解决证券交易委员会是否仍可以在其禁制令诉讼中,对"帮助者和教唆者"进行追责的问题。1995 年,国会通过增加《1934 年证券交易法案》第 20 条(e)款的方式对该问题作出了解答。该条款规定,在证券交易委员会依据《1934 年证券交易法案》第 21 条(d)款提起的所有诉讼中,"任何故意或疏忽大意的,为其他主体违反《1934 年证券交易法案》任何条款的行为提供实质性帮助的主体,都将被视为与其所帮助的主体在同等程度上违反了该条款"。

帮助和教唆行为一直是刑事和证券交易委员会执法行动项下的重要事项。2010 年,国会扩大了证券交易委员会的权限,允许证券交易委员会仅需证明存在疏忽大意的行为,即可以向帮助者和教唆者追责。在私人诉讼领域,越来越多的原告正尝试将证券欺诈活动的参与者列为主要违法者。

**主要责任与次要责任的比较。**Central Bank 案判决生效后,私人诉讼领域产生了一个关键问题,即被告是否系主要违法者而不仅是一名帮助者或教唆者。主要与次要之间的界限并不总是泾渭分明。某些法院认为,要想被认定为主要违法者,被告必须起草或发表构成欺诈诉讼基础的陈述。另一些法院则认为,若被告故意参与了欺诈阴谋,即使其并不负责涉案的陈述,也可以被认定为负主要责任。在 Stoneridge Investment Partners, LLC v. Scientific – Atlanta, Inc. ,552 U. S. 148(2008)案的判决中,最

---

① 参考案例:Central Bank v. First Interstate Bank,511 U. S. 164(1994)。

高法院至少是在私人诉讼中，为这一所谓的“共谋责任”问题画上了句号。除其他事项外，最高法院认为，被告对案涉虚假陈述的参与必须显著到足以让原告产生信赖的程度。

《1934 年证券交易法案规则》10b－5(b)禁止任何主体发表虚假陈述。虽然该 10b－5(b)条款处理的是所有发表重大虚假陈述的主体，但其是否也处理某些仅充当信使以及信息传播者的主体呢？第五巡回法院对此持否定的观点。他们认为《1934 年证券交易法案规则》10b－5 规定的主要责任仅适用于那些传播重大误导性陈述的主体。[①] 如前文所述，证券交易委员会可以依据帮助和教唆理论（该理论不适用于私人诉讼）追究次要违法者的责任。最高法院在一份分歧严重的判决中，以 5 票支持、4 票反对的表决结果，依据《1934 年证券交易法案规则》10b－5(b)的明确措辞裁定存在主要责任，因此私人诉讼的权利仅针对那些发表案涉重大误导性陈述的主体行使。[②] 在这份判决中，最高法院驳回了“发表”应该被定义为“创造”的观点，而这导致了在虚假或误导性信息是由其他主体加入案涉陈述中的情况下，私人原告仍可以起诉提供信息的主体。最高法院判决，尽管共同基金与其投资顾问之间关系紧密，但即使投资顾问参与了虚假陈述的起草，其也不会以主要违法者的身份为共同基金发表的虚假陈述承担责任。很不幸，这是对《1934 年证券交易法案规则》10b－5(b)的一种狭义解读，且正如异议者所指出的那样，这种解读可能会起到鼓励由两家独立的实体分

---

① 参考案例：SEC v. Tambone, 597 F. 3d 436 (1st Cir. 2010)。

② 参考案例：Janus Capital Group, Inc. v. First Derivative Traders, 131 S. Ct. 2296, 180 L. Ed. 2d 166 (2011)。

别披露和起草虚假信息的作用。该案中多数派的大法官们将主要责任限制在了发表者而不是虚假陈述的创造者身上。

Janus 案的判决留下了许多悬而未决的问题，这些问题很可能会引起下级法院出现司法观点的冲突。例如，该判决对实体与个人是否一视同仁？在某案件中，地区法院认为 Janus 案并不意味着只要公司高管对陈述拥有"终极权限"，该高管就会被认定为陈述的实际发表者。① 与此相反，另一地区法院则认为，实体与个人并无区别，因此《1934 年证券交易法案规则》10b－5(b)关于被告是陈述发表者的规定适用于所有被告。② 这些案例凸显了最高法院在 Janus 案中对《1934 年证券交易法案规则》10b－5(b)进行不必要的狭义解读所带来的司法观点分歧。

此外，该判决也并未解决证券交易委员会在其执法行动中是否可以继续认定共谋责任的问题。其他判决认为，在证券交易委员会执法行动中，共谋责任足以构成《1934 年证券交易法案规则》10b－5 的主要违法行为。不管怎样，未发表陈述但有重大过失的参与方都可以被证券交易委员会以发表陈述的帮助者或教唆者的身份进行追责。第四巡回法院认为 Janus 案的判决限于默示的私人诉讼，因此并不适用于包括刑事诉讼在内的政府性诉讼。③

最高法院在 Janus 案中重点关注于《1934 年证券交易法案

---

① 参见 In re Merck & Co., Inc. Securities, Derivative & "ERISA" Litigation, 2011 WL 3444199(D. N. J. 2011)。

② 参考案例：Hawaii Ironworkers Annuity Trust Fund v. Cole, 2011 WL 3862206 (N. D. Ohio 2011)案[驳回了基于《1934 年证券交易法案规则》10b－5(b)的诉讼请求，但是支持了基于针对欺骗行为的《1934 年证券交易法案规则》10b－5(a)和(c)的诉讼请求]。

③ 参考案例：Prousalis v. Moore, 751 F. 3d 272(4th Cir. 2014)。

规则》10b－5(b)，该条款明确提及了发表陈述的主体。可以预见，陈述发表者（按最高法院在 Janus 案狭义解释的概念）以外的主体，可能以主要违法者的身份为违反《1934 年证券交易法案规则》10b－5(c)之规定实施欺诈的主体承担责任，该条款将“参与对任何人实施的或将要实施的构成欺诈或欺骗的所有行为、专业业务或商业惯例”定义为非法。私人诉讼中任何此等责任都必须以被告对欺诈行为的参与构成原告的信赖基础为前提。[①] 证券交易委员会可以依据《1934 年证券交易法案规则》10b－5(a)或(c)之规定，查明未发表陈述但利用“任何设备、共谋或技巧进行欺骗”之人或查明任何参与实施或将要实施任何构成欺诈或欺骗的行为、专业业务或商业惯例之主体。证券交易委员会裁定 Janus 案判决仅针对《1934 年证券交易法案规则》10b－5(b)，故而其观点并不适用于违反《1934 年证券交易法案规则》10b－5(a)和 10b－5(c)的操纵或欺骗行为。正如下文所要讨论的，Janus 案判决建立的被告必须实际发表陈述，而不仅是参与了陈述准备工作的标准，并不适用于《1933 年证券法案》第 17 条(a)款。

若证券交易委员会重新修改《1934 年证券交易法案规则》10b－5(b)的措辞，将在“创造”违法陈述过程中扮演积极作用的主体包括在内，则 Janus 案判决的负面影响可以被规避。此外，《1933 年证券法案》第 17 条(a)款和《1940 年投资公司法案》第 34 条(b)款也不应仅限于发表涉案陈述的主体。第七巡回法院认可该观点，并认为 Janus 案判决所建立之被告必须实

① 参考案例：Stoneridge Investment Partners, LLC v. Scientific－Atlanta, Inc., 552 U. S. 148(2008)。

际发表陈述的标准仅适用于依据《1934 年证券交易法案规则》10b－5(b)和《1933 年证券法案》第 17 条(a)款(2)项提起的案件。[①] ["Janus 案判决仅讨论了《1934 年证券交易法案规则》10b－5(b)主旨项下'发表'陈述的含义,并不涉及《1933 年证券法案》第 17 条(a)款(1)项或(3)项,也不涉及《1934 年证券交易法案规则》10b－5(a)或(c)。"]最高法院在 Lorenzo v. SEC,139 S. Ct. 1094,1101(2019)案中认可了该观点,该案中最高法院认为,Janus 案对发表者的规定仅限于《1934 年证券交易法案规则》10b－5(b),因此,实际"发表"涉案陈述以外的行为可以构成《1934 年证券交易法案规则》10b－5(a)和 10b－5(c)项下案件的违法基础。

**会计师和律师**。在各类人群中,会计师和律师是证券违法项下最受关注的次要责任人,他们会在执业过程中从其客户或其他人那里了解到此类违法行为。1994 年之前,可以以他们协助和教唆(或参与)违法行为为由,或者以他们负有向侵权行为受害者或预期受害者披露其所知信息的独立义务为由,对会计师和律师主张赔偿责任。尽管他们已经明确不会以帮助者或教唆者的身份承担责任,但最高法院在 Central Bank 案的判决中仍专门论述道,"假设《1934 年证券交易法案规则》10b－5 项下主要责任的所有要件均已具备,则使用了操纵手段或发表了证券买方或卖方所依赖之重大虚假陈述(或事实遗漏)的任何人员或实体,包括律师、会计师或银行,都可能会以主要违法者的身份承担《1934 年证券交易法案规则》10b－5 项下责任。

在 Wessel v. Buhler,437 F. 2d 279(9th Cir. 1971)案中,法

---

① 参考案例:SEC v. Monterosso,756 F. 3d 1326(11th Cir. 2014)。

院认为，会计师事务所无须就未能向潜在投资者披露，其在客户财务报表中所了解到的违法行为或缺陷一事承担《1934 年证券交易法案规则》10b－5(b)规定的责任。在 Fischer v. Kletz，266 F. Supp. 180(S. D. N. Y. 1967)案中，法院也采纳了类似的观点，至少是针对未经审计的中期财务报表。不过，在 Fischer 案中，法院指出，会计师会因普通法项下的欺骗行为而承担责任，并且会计师还可能就未能披露经其审计之财务报表中存在的不准确或误导性信息，承担《1934 年证券交易法案规则》10b－5 项下的相应责任。

关于律师，证券交易委员会在具体案件中的立场是：获知其客户正在开展的交易违反证券法时，律师有义务拒绝就相应交易的有效性发表法律意见，此外，律师还负有坚持要求其客户遵守证券法的义务，并有在客户拒绝整改的情况下，将其相关违法行为报告给证券交易委员会的义务。尽管法院并不认可上述全部立场，但他们也认为，若律师知晓足以影响并购的表决权代理系通过误导性表决权代理征集声明获得，且未采取任何措施防止其客户完成并购，则该律师可以被视为帮助或教唆了违反证券法的行为。[①]

在随后就律师未能阻止其客户向证券交易委员会提交虚假陈述而发起的纪律处分程序中，尽管证券交易委员会查明涉案的律师并未违反任何当时有效的标准，证券交易委员会还是宣布将如下标准适用于未来案件："当一名对确保公司在联邦证券法项下的信息披露要求方面负有重大合规责任的律师发现，

① 参考案例：SEC v. National Student Marketing，457 F. Supp. 682(D. D. C. 1978)。

其客户实施了实质且持续性的违反信息披露义务之行为,除非其迅速采取措施终止客户的不合规行为,否则律师的持续不作为就被视为违反了职业标准。”[1]

《萨班斯法案》第 307 条显著加重了证券律师的责任。该法案据此要求证券交易委员会为律师设立强制报告公司内部不当行为的义务。但该法案并不要求律师在公司实体之外“吹哨”(或被称为“举报”义务)。然而,在证券交易委员会为《萨班斯法案》规定的律师“逐级”上报义务制定实施条例时,一项更具争议的条款被提出(但其尚未被通过)。该条款的内容是,若相关问题经逐级上报后并未得到妥善解决,则律师负有“大动静辞任”义务,并以此警示相关问题的存在。[2] 颁布后的证券交易委员会规则允许但不要求以这样的方式对问题进行“举报”。证券交易委员会保留了最终颁布强制举报义务的可能性。证券交易委员会规则采取了宽泛视角审视其自身业务构成问题,以便让律师承担逐级上报义务。该规则适用于很多不认为自己在证券法领域执业的律师。诸如,律师就任何其明知将提交给证券交易委员会的文档或将整合进前述文档的文件发表了证券法方面建议的行为。[3] 为了适配证券交易委员会的规则,美国律师协会修订了其《职业行为示范准则》。修订后的《职业行为示范准则》第 1.13 条(b)款规定,若律师“知道”某公司雇员以一种可能对公司或其他组织产生“重大伤害”的方式实施了违法行为,“那么,该律师应在符合组织最大利益的情况下采取合理

---

① 参见 In re Carter,《1934 年证券交易法案》Rel. 34 - 17597(1981)。

② 参见《1934 年证券交易法案规则》205.3 以及《1934 年证券交易法案》Rel. No. 34 - 48282(2003)。

③ 参见《1934 年证券交易法案规则》205.2(a)(1)(iv)。

必要措施”。《职业行为示范准则》还为律师规定了逐级上报义务，其方式是通过阐明“除非其有合理理由相信为了组织的最大利益没必要这样做，否则律师应向组织内的上级机关汇报此事，包括如果情况需要，将之汇报给现行法律项下能够代表组织的最高权力机关”。[①]

在针对律师涉嫌协助和教唆违法行为的私人损害赔偿诉讼中，法院不认为律师有义务对其客户的不当行为进行“吹哨”。[②] 在 Breard v. Sachnoff, 941 F. 2d 142(2d Cir. 1991)案中，法院认为，从律师未将其客户成立邮件欺诈罪的相关信息纳入发行备忘录这一事实，可以得出律师疏忽大意的推论，甚至可能是“被认定为法律意义上的疏忽大意”。在 Molecular Technology v. Valentine, 925 F. 2d 910(6th Cir. 1991)案中，法院认为律师要为其明知的虚假陈述承担责任。然而，在 Schatz v. Rosenberg, 943 F. 2d 485(4th Cir. 1991)案中，法院认为律师不能因其未向交易的另一方披露其所知道的客户虚假陈述，而承担责任。

## 三、连带责任

促使《私人证券诉讼改革法案》通过的主要问题之一，是“边缘”被告们可能会为主要不法行为人所造成的损失承担全额赔偿责任。该法案因此作出相应规定：只有事实审理者明确认定被告故意实施了违反证券法的行为，私人欺诈诉讼案件中的被告才需为全额损失承担连带赔偿责任。在其他所有情况

---

① 参见《职业行为示范准则》第 1.13 条(b)款。

② 参考案例：Barker v. Henderson, 797 F. 2d 490(7th Cir. 1986)。

下，被告只能根据事实审理者的判定，对“判决中与其责任比例相对应的部分”承担责任。为此，对每一位被告，必须明确要求陪审团确定：(1)被告是否故意实施了违法行为；(2)被告占“造成或促成损失之所有人员的全部过错”的百分比。①

然而，对连带责任的这种限制，存在一些特殊的除外情形。第一，所有被告对任何资产少于200,000美元以及有权获得的损害赔偿超过被告净资产总额10%的个人原告，共同承担连带责任。第二，如果任何被告因破产而无力支付其所承担的损害赔偿份额，则除该被告之外的每一位被告还须承担不超过其自身责任份额50%的额外付款责任，以弥补差额。

## 四、损失补偿和责任分担

在私人损害赔偿诉讼中，对一名或多名被告作出赔偿判决后，特定被告可以主张：(1)由另一被告对自己所承担的全部责任进行补偿；或(2)由其他被告对判决的履行进行分担。

联邦证券法中并无有关补偿的具体规定。证券交易委员会对依《1933年证券法案》注册并公开发行之证券项下的董事、高管和承销商补偿责任的立场，已经在本书第八节中进行了论述。在依据《1934年证券交易法案规则》10b－5提起的诉讼中，被判犯有欺诈罪的被告无权从其他不法行为者处获得补偿，但仅为其代理人之不法行为承担转承责任的公司有权获得补偿。②

另外，在依据《1934年证券交易法案》第14条(a)款提起的

① 参见《1934年证券交易法案》第21D条(g)款和《1933年证券法案》第11条(f)款(2)项。

② 参考案例：DeHaas v. Empire, 286 F. Supp. 809 (D. Colo. 1968), aff'd in part, 435 F. 2d 1223 (10th Cir. 1970)。

诉讼中,公司董事因与误导性表决权代理征集声明有关的疏忽而承担责任的,无权获得补偿。其政策依据与证券交易委员会就《1933 年证券法案》注册声明规定的内容类似。[1]

与上述有关补偿的情形形成鲜明对比的是,很多证券法的民事责任条款明文规定,允许任何承担此等条款项下责任的主体“如合同纠纷案件一样”从同为被告的其他主体处获得责任分担,但前提是这些主体需被判承担与其相同的付款责任。[2] 基于这些条款,默示的责任分担同样在依据《1934 年证券交易法案规则》10b – 5 提起的诉讼中被认可。[3] 因为责任分担是“如合同纠纷案件一样”,早期的判决倾向于按比例分配损害赔偿责任,而不是按照过错程度。[4] 然而,《1933 年证券法案》第 11 条(f)款禁止任何犯有欺诈性虚假陈述罪的主体向未犯该罪的主体追讨责任分担款项,并且依据《1934 年证券交易法案规则》10b – 5 作出的判决认为,责任分担应基于“相对可责性”进行判定。[5]

关于负有《1934 年证券交易法案》第 10 条(b)款或其他反欺诈条款项下责任的被告,是否有权从其他被告处获得责任分担这一问题,直到 1993 年才得到最终解决。在这一年,最高法

---

① 参考案例:Gould v. American – Hawaiian,387 F. Supp. 163(D. Del. 1974),aff'd,535 F. 2d 761(3d Cir. 1976)。

② 参见《1933 年证券法案》第 11 条(f)款、《1934 年证券交易法案》第 9 条(e)款和第 18 条(b)款。参考案例:See Globus v. Law Research Service,318 F. Supp. 955(S. D. N. Y. 1970),aff'd,442 F. 2d 1346(2d Cir. 1971)。

③ 参考案例:DeHaas v. Empire,286 F. Supp. 809(D. Colo. 1968),aff'd in part,435 F. 2d 1223(10th Cir. 1970)。

④ 参考案例:See Globus v. Law Research Service,318 F. Supp. 955(S. D. N. Y. 1970),aff'd,442 F. 2d 1346(2d Cir. 1971)。

⑤ 参考案例:Smith v. Mulvaney,827 F. 2d 558(9th Cir. 1987)。

院在一份6票支持、3票反对的判决中认为,被告有权获得责任分担,其主要的事实依据是国会在《1934年证券交易法案》第9条(e)款和第18条中对责任分担进行的明确规定,法院认为这些规定处理了类似种类的不当行为问题。[①] 1995年,美国国会在《1934年证券交易法案》的反欺诈条款中创设了明确的责任分担规定,并规定有关责任分担的诉讼需在基础诉讼判决生效后的6个月内提起。[②]

## 第四十一节 损害赔偿

在联邦证券法项下的私人诉讼中,对因被告的不法行为所造成的经济损失,损害赔偿是最常寻求的救济措施。由于引发责任的情形千差万别,因此很难归纳损害赔偿的通用计算方法。然而,因为证券和证券发行实体的独特属性,某些特定类型的交易适配于特定责任理论,且任何类型的证券案件也都存在某些常见问题。

**直接损害赔偿。**最简单的情形是原告起诉其在证券买卖交易中的相对方。若原告是买方,其控诉购买了依据虚假注册声明销售的证券,依据《1933年证券法案》第11条(e)款,则此种情形的赔偿标准是其买入价款与原告起诉时的证券价值或与原告卖出价款之间的差额。不过,通过证明证券价值的贬损系由注册声明中虚假陈述以外因素所导致,卖方可在相应程度内降

---

① 参考案例:Musick v. Employers Insurance,508 U.S. 286(1993)。

② 参见《1934年证券交易法案》第21D条(g)款(8)项和(9)项。

低或者归零赔偿请求金额（见本书第十一节第一部分）。在关于销售未注册证券或《1933 年证券法案》第 12 条项下虚假陈述的诉讼案件中，买方可诉请全额追回证券竞买时的购买价款，并减去由此获得的任何收益；如果买方已不再持有相关证券，其可能诉请“损害赔偿”，赔偿的金额通常为买入价款与卖出价款之间的差额。在 Randall v. Loftsgaarden，478 U. S. 647（1986）案中，最高法院认为因投资而节省的所得税不是《1933 年证券法案》第 12 条意义上“由此获得的收益”，买方有权全额追回其买入价款。

若原告是卖方，控诉买方虚假陈述或隐瞒重要事实，则其诉请通常是承担《1934 年证券交易法案》第 10 条（b）款和《1934 年证券交易法案规则》10b－5 项下默示的民事责任。在这种情况下，法院通常认为损害赔偿的金额是卖方收到的价款与“其在无欺诈行为情况下可以收到的公平价款”之间的差额。[①] 然而，如果相关证券在交易后发生了增值，法院通常将销售价款与当前价值（或被告转售时所获得的价款）之间的差额判给原告，其理由是“意外之财”更应流向受屈之人而不是不法行为人。[②] 支持该结论的第二个论据是，若被告没有通过其虚假陈述诱使交易发生，原告将会自行实现这部分收益。[③] 在并购案系基于误导性代理表决权声明而发生，且被并购公司的资产在并购后发生增值的情况下，法院并未将前述观点适用于该情形。[④] 但是，法院将该观点扩展适用于虚假陈述与所收到对价有关的要

---

① 参考案例：Affiliated Ute Citizens v. United States，406 U. S. 128，155（1972）。

② 参考案例：Janigan v. Taylor，344 F. 2d 781（1st Cir. 1965）。

③ 参考案例：Zeller v. Bogue，476 F. 2d 795，802 n. 10（2d Cir. 1973）。

④ 参考案例：Gerstle v. Gamble－Skogmo，478 F. 2d 1281（2d Cir. 1973）。

约并购情形。[①]

**间接损害赔偿**。在原告以交易相对方以外的其他主体为诉讼对象的情况下，损害赔偿就难以计算了。这种案件类型通常是集体诉讼或派生诉讼，案件中的原告可能是在证券交易所内进行证券买卖，他们通常指控通过误导性陈述影响市场价格的发行人，或指控在原告交易的同时进行“内幕”信息交易的主体。问题在于，原告所遭受的任何“损失”所对应的“收益”并不由被告获得，而是由其他无过错主体获得。并且全体原告的“损失”之和可能远远超过实施不法行为的被告所获得的“收益”。在误导性陈述案件中，法院倾向于关注基于误导性陈述而买卖证券的原告所遭受之实际损失[②]（见本书第二十节第二部分）。在内幕交易案件中，现行的观点是以被告收益而不是原告损失来判定损害赔偿[③]（见本书第十九节第二部分）。

**常见问题**。若损失系基于交易中支付或收到的“价款”与特定时刻证券“价值”之差来确定，那么可能会出现若干问题。

**价款**。在现金交易的情况下，价款必须进行调整以反映与该交易有关的其他款项。当交易方式为用一种证券交换另一种证券时，为一种证券支付或收到的“价款”就是另一种证券的“价值”，对对价的估值可能会极大改变损害赔偿的金额。[④]

---

① 参考案例：Osofsky v. Zipf，645 F. 2d 107（2d Cir. 1981）。

② 参考案例：Green v. Occidental，514 F. 2d 1335 19th Cir. 1976。

③ 参考案例：Elkind v. Liggett & Myers，635 F. 2d 156（2d Cir. 1980）和《1934年证券交易法案》第20A条。

④ 参考案例：Allis – Chalmers v. Gulf & Western，372 F. Supp. 570（N. D. Ill. 1974），因为其他原因被修订，527 F. 2d 335（7th Cir. 1975）。

**价值**。在已知所有相关事实的情况下,确定证券在某一特定时刻所拥有的“价值”也不是一件易事。在某些案件中,法院关注的是相关事实为人所知,且市场经历了一段合理时间吸收新信息之后的价格。① 然而,市场价格可能会同时受到披露该类特定事实以外的其他因素影响。②

**大宗交易**。大宗股票交易的每股“价值”不一定与小额交易中同一支股票的当前市场价格相同。在大宗股票代表对公司的控制权益时,其价值可能溢价到当前市场价格之上。③ 但是,当其代表被其他主体控制之公司的少数派权益时,其价值可能显著低于当前市场价格。④

**衍生损害赔偿**。若违法行为包含证券交易代理商或其他专业人士的不当行为,如频密交易或不当推荐,就经常会出现一个问题:被告需要在多大责任范围内为客户的交易损失承担责任。第二巡回上诉法院遵循的方法为,以投资组合的初始价值为基准,根据违法行为持续期间恰当指数的百分比变化对其进行调整,然后减去违法行为终止时投资组合的价值。⑤ 某些法院允许原告在频密交易案件中同时追讨超额支付的佣金和账户价值损失。⑥

---

① 参考案例:Mitchell v. Texas Gulf Sulphur,446 F. 2d 90(10th Cir. 1971)等。

② 参考案例:Green v. Occidental,541 F. 2d 1335(9th Cir. 1976)(Sneed,J.,concurring)。

③ 参考案例:Newmark v. RKO,425 F. 2d 348(2d Cir. 1970)。

④ 参考案例:Chris – Craft v. Piper,516 F. 2d 172(2d Cir. 1975),因为其他原因被修订,430 U. S. 1(1977)。

⑤ 参考案例:Rolf v. Blyth,637 F. 2d 77(2d Cir. 1980)。

⑥ 参考案例:Miley v. Oppenheimer,637 F. 2d 318(5th Cir. 1981)和 Mihara v. Dean Witter,619 F. 2d 814(9th Cir. 1980)。

**惩罚性损害赔偿**。允许私人诉权的一个主要原因，尤其是在所有原告均未遭受任何可确定“损害”（如公开市场中的内幕交易）的情况下，是通过剥夺违法者的非法收益来阻止违法行为。因此，至少在该类案件中，将允许主张惩罚性赔偿作为一种额外威慑手段，是合乎逻辑的。然而，有法院认为《1934 年证券交易法案》第 28 条（a）款规定的是禁止惩罚性损害赔偿，即在依据该法提起的诉讼中“任何人获得的赔偿都不得超过其所受的实际损害”，不过，该条款的措辞明显是为了防止在州和联邦两级法律下获得双重赔偿，而不是针对惩罚性赔偿。[①] 惩罚性赔偿同样被认为不适用于依据《1933 年证券法案》第 17 条（a）款反欺诈条款提起的诉讼，其理由是基于其他的政策考量压倒了惩罚性赔偿所能提供的额外威慑效果。[②] 然而，如果将其在证券法下的诉讼请求与普通法下的欺诈诉讼请求相结合，原告可能可以在同一案件中基于后一项诉讼请求获得惩罚性损害赔偿。[③]

## 第四十二节　衡平法救济

联邦证券法既关注受害人在“衡平法上的诉讼”也关注其在“普通法上的诉讼”。[④] 作为损害赔偿的替代措施，私人原告可能寻求解除交易，对先兆或进一步的违法行为实施禁制令，或

---

① 参考案例：Green v. Wolf，406 F. 2d 291（2d Cir. 1968）和 Cyrak v. Lemon，919 F. 2d 320（5th Cir. 1990）。

② 参考案例：Globus v. Law Research Service，418 F. 2d 1276（2d Cir. 1969）。

③ 参考案例：Coffee v. Permian Corp. ，474 F. 2d 1040（5th Cir. 1973）。

④ 参见《1933 年证券法案》第 22 条（a）款和《1934 年证券交易法案》第 27 条。

寻求其他形式的衡平法救济。

**解除**。在被告销售了未注册证券或通过误导性陈述销售了证券，且原告依然持有该证券的情况下，证券法明确将解除视为一项适当的补救措施。[①] 在依据《1934 年证券交易法案》提起的诉讼中，原告可以依据《1934 年证券交易法案》第 29 条(b)款寻求解除合同，该条款规定，所有违反该法案的合同对违反者不产生效力。在 Transamerica Mortg. Advisors v. Lewis, 444 U. S. 11 (1979)案中，最高法院依据《1940 年投资顾问法案》第 215 条中类似的规定，明确支持原告有权要求解除合同，或有权要求对合同的继续履行实施禁制令。不过，解除往往也是不切实际或不适当的补救措施。

例如，若原告是受害卖方，其主张被告在未披露重大事实的情况下向其购买了证券，则解除可能因发行公司介入性重组或证券转售第三方等原因无法适用。另外，在并购案系基于违反《1934 年证券交易法案》第 14 条项下误导性代理权征集程序而被批准和实施的情况下，法院认为《1934 年证券交易法案》第 29 条(b)款并未规定解除并购，另外，由于衡平法上的救济措施为公众股东带来的现实困境，法院还通常将原告索赔范围限于金钱损害赔偿。[②] 同时，当初始选举因误导性代理表决权声明而发生舞弊时，法院会裁定重新选举董事。[③]

**禁制令**。证券法下最适合禁制令救济的情形就是并购和要约收购，这两种情形都要满足《1934 年证券交易法案》第 14 条

---

① 参见《1933 年证券法案》第 12 条。

② 参考案例：Mills v. Electric Auto – Lite, 396 U. S. 375(1970)。

③ 参考案例：Gladwin v. Medfield, 540 F. 2d 1266(5th Cir. 1976)和 Kennecott v. Curtiss – Wright, 584 F. 2d 1195(2d Cir. 1978)。

规定的信息披露要求。认为信息披露不充分的主体，可以寻求一项在信息充分披露前禁止召开股东会或不得受让被收购股票的临时禁制令。[①] 法院的观点是，他们应当在交易完成前慷慨地作出临时禁制令，因为"此时实施衡平法救济的机会要比以后好得多"。[②]

私人原告有时采取与证券交易委员会相近的立场，即认为对于任何已经被证明违反证券法的主体，原告应有权针对该主体申请防止其进一步违法的禁制令。然而，在 Rondeau v. Mosinee，422 U. S. 49（1975）案中，最高法院驳斥了该观点，并认为私人原告依据联邦证券法对禁制令的申请应该依据传统的公平标准进行审查，这就要求原告证明存在造成不可挽回损害的风险和符合禁制令救济的其他常规前提条件。

**其他形式的救济措施**。与证券交易委员会执法行动一样，在涉及掠夺或普遍违法模式的私人诉讼中，法院可能裁定任命管理人或进行其他治理结构的变化，以防止违法行为再次发生。例如，在一起某大型石油公司的董事因未能披露违法付款和政治献金，而被股东起诉其违反证券交易委员会代理规则的案件中，法院批准了一项针对董事会中占大多数的"独立外部董事"的和解协议，任命了审计委员会，提名了 6 名指定人士担任董事，并采取了其他救济措施。[③]

---

① 参考案例：Studebaker v. Gittlin，360 F. 2d 692（2d Cir. 1966）和 General Host v. Triumph American，359 F. Supp. 749（S. D. N. Y. 1973）。

② 参考案例：Electronic v. International，409 F. 2d 937（2d Cir. 1969）和 Humana v. American Medicorp，445 F. Supp. 613（S. D. N. Y. 1977）。

③ 参考案例：Gilbar v. Keeler，Civ. No. 75 – 611 – EAC（C. D. Cal. 1976）。

| 第九章 |

# 域外适用

近几年证券市场的日益“国际化”和全球化带来了一系列难题。比如,美国证券法律可以在何时、何种程度上适用于那些同时与美国及一个或多个其他国家有关联的证券交易。这些交易被划分为三类:(1)发生在美国境内的美国境外证券交易;(2)发生在美国境外的美国证券交易;(3)发生在美国境外,但是对美国投资者或市场有影响的美国境外证券交易。以上三种分类中的每一类项下又存在若干不同的子问题:(1)美国法院或证券交易委员会是否对案涉交易拥有事务管辖权;(2)美国法院是否可以获得对美国境外被告的属人管辖权;(3)美国法院根据现行的国际法原则行使管辖权是否恰当;(4)美国法院或证券交易委员会是否可以制定并执行有效的救济措施。

许多证券法律的实体性规定强调“使用州际商业设施或邮件”来实现具体的交易。《1933 年证券法案》第 2 条(a)款(7)项和《1934 年证券交易法案》第 3 条(a)款(17)项对“州际商业”一词作出定义,将任何美国与其他国家之间的商业活动纳入定义范围,以便明确涵盖此类国际交易。依据《1934 年证券交易法案》第 30 条(b)款,该法“不适用于任何在美国管辖范围以外从事证券交易之人”,但这段文字中的“管辖”一词含义并不明确。

在根据《1933 年证券法案》或《1934 年证券交易法案》提起的诉讼中,法院可向任何被告送达传票而“无论被告在哪里”。[①]不过,法院认为,为了满足正当程序原则的要求,“被指控之人必须知道,或者应当知道,其行为将在寻求对其行使管辖权的州产生影响”。[②]

## 第四十三节　发生在美国境内的美国境外证券交易

**向美国投资者公开发行。**美国境外发行人向美国投资者公开发行证券当然要像美国境内发行人一样遵守《1933 年证券法案》规定的注册要求。事实上,《1933 年证券法案》(附录 B)为外国政府注册发行证券制定了特殊的信息披露要求,其享有与美国联邦政府、州政府和地方政府不同的豁免。证券交易委员会在《1933 年证券法案》和《1934 年证券交易法案》项下为美国境外发行人引入了特殊的注册和信息披露表格。

证券监管的国际化在 1991 年迈出了重要一步。这一年,证券交易委员会引入了“多重管辖信息披露制度”,根据该制度,符合特定标准的加拿大发行人可使用符合加拿大监管机构要求

① 参见《1933 年证券法案》第 22 条(a)款和《1934 年证券交易法案》第 27 条。

② 转引自 Leasco v. Maxwell,468 F. 2d 1326(2d Cir. 1972)。参考案例:SEC v. Unifund,910 F. 2d 1028(2d Cir. 1990)。

的信息披露文件，为其在美国发行的证券进行注册。[①] 与此同时，加拿大三个省的证券委员会引入了类似规则，允许美国发行人使用符合美国证券交易委员会要求的信息披露文件，为其在加拿大发行的证券进行注册。

美国境外发行人享有同境内发行人一样的豁免权［除了《A条例》项下豁免权，依据《1933 年证券法案规则》252(a)(1)，仅限美国和加拿大发行人享有《A 条例》项下豁免权］。然而，其整个发行行为必须符合豁免条款的规定。对于在其他国家公开发行且同时仅向一名美国投资者单独销售的交易架构，美国境外发行人不能主张《1933 年证券法案》第 4 条(a)款(2)项规定的"私募发行"豁免权。《1933 年证券法案规则》144A(见本书第十节第九部分)在很大程度上是为了便利美国境外发行人向美国境内机构发行证券被引入的。该条款允许向合格机构无限制转售未注册证券，以及合格机构买家无限制转售未注册证券。

**在美国境内交易的美国境外证券**。更麻烦的问题来源于美国投资者在二级交易中购买后，再在美国证券交易所或者场外市场交易的由美国境外发行人发行的证券。依据《1934 年证券交易法案》第 12 条、第 13 条、第 14 条和第 16 条，所有在交易所上市交易以及在特定场外市场交易之证券的发行人，必须向证券交易委员会注册，并且提交年报和当期报告。这些发行人同样受到表决权代理征集以及内幕交易有关规则的约束(见本书第十二节)。因为，在大多数情况下，美国境外发行人并不在美国境内发行证券，而且也不以任何方式受美国管辖，故而除了暂

① 参见《1933 年证券法案》Rel. 33 – 6902(1991)和《1933 年证券法案》的表格 F – 7 至 F – 10。

停这些证券在美国的交易，证券交易委员会没有其他办法可以强制对方执行其规定，而暂停交易对美国投资者的伤害要大于对美国境外发行人的伤害。

1964年，在对《1934年证券交易法案》作出修订以将其管辖范围扩大到场外交易证券之时，有人基于现实考量，建议该法案应对美国境外发行人进行豁免。然而，美国国会不愿意以比美国境内发行人更宽松的条件对待境外发行人，于是转而授权证券交易委员会对美国境外发行人进行豁免，但前提是证券交易委员会认为相关豁免“符合公众利益且与投资者保护规定相一致”。[①] 经过慎重考量和微妙的国际谈判，证券交易委员会引入了《1934年证券交易法案规则》12g3－2，根据该规则，如果发行人或其母国政府，每年向证券交易委员会提供过去一年间已在其母国公开的事关投资者的重大信息副本，则美国境外发行人发行的证券可豁免于《1934年证券交易法案》第12条(g)款。同时，其还必须向证券交易委员会提交一份信息条目清单，但并未要求该清单和信息必须翻译成英文。

## 第四十四节　发生在美国境外的美国证券交易

**美国发行人在美国境外公开发行证券。**在注册报告中存在重大虚假陈述或事实遗漏的情况下，购买依据《1933年证券法案》注册之证券的美国境外投资者，享有同美国境内投资者同

① 参见《1934年证券交易法案》第12条(g)款(3)项。

等的诉讼权利。不过，证券交易委员会认为，既然《1933 年证券法案》的主要意图是保护美国投资者，那么在证券发行经过合理设计、排除了相关证券在美国境内再分销或出售给美国投资者的情况下，证券交易委员会不会反对美国公司在没有依据《1933 年证券法案》进行注册的情况下，于境外公开发行其证券。[①] 1990 年，证券交易委员会将该观点编入了由《1933 年证券法案规则》901～904 组成的《S 条例》。[②] 根据该条例，若证券未向美国境内主体发行，也未在美国境内有“直接销售的尝试”，要么是买家于离岸状态发出购买订单，要么是交易发生在美国境外成规模的证券交易所，或者是交易发生于指定离岸证券市场，并且该交易并非与美国境内买家事先安排的结果，则该证券的发行可豁免于《1933 年证券法案》监管。

1995 年，证券交易委员会表达了其对《S 条例》遭到滥用的担忧：本应在美国境外市场发行的证券很快回流到了美国市场。1997 年，证券交易委员会提出了新的修正案。该修正案规定，依据《S 条例》发行的证券将被认定为“受限证券”，其只有在符合《1933 年证券法案规则》144 之规定的情况下才可以在美国境内转售（见本书第十节第九部分）。[③] 1998 年，证券交易委员会通过了该提案。相应地，依据《S 条例》发行的证券被设置了“一年禁止转售期”。[④] 《S 条例》证券现在被归类为“受限证券”。[⑤] 此外，根据 1998 年修正案，《S 条例》证券的投资者必须

---

① 参见《1933 年证券法案》Rel. 33－4708（1964）。

② 参见《1933 年证券法案》Rel. 33－6863（1990）。

③ 参见《1933 年证券法案》Rel. 33－7392（1997）。

④ 参见《1933 年证券法案规则》903（b）（3）。

⑤ 参见《1933 年证券法案规则》905。

证明其既不是美国居民也不是代表美国居民购买该证券。

尽管《1933 年证券法案》豁免了对美国发行人在美国境外发行证券的注册要求，但若存在与该交易有关的虚假陈述，则美国境外投资者仍能够依据联邦证券法项下的欺诈条款提出索赔请求。[①]

与对美国工业公司在美国境外发行证券的观点相反，证券交易委员会认为美国共同基金在其他国家发行其份额，必须遵守《1933 年证券法案》对信息披露的要求，这包括提供法定的募集说明书，且在必要时，将其翻译为目标投资者使用的语言。证券交易委员会采取这种不同态度的根本原因在于：不同于其他证券，共同基金的份额"在海外被大力推销给大量小型投资者"并且"在销售时进行信息披露，可以确保美国境外投资者不会因为后来发觉其未被充分告知有关的投资信息而寻求赎回，从而在整体上有助于保护整个美国证券市场"。[②] 然而，若共同基金可以证明以美国境内市场的销售佣金水平于美国境外销售基金份额在经济上不可行，并且计划中的佣金水平与有关国家的法律不抵触，则证券交易委员会允许共同基金以不同于美国境内市场的销售佣金水平在海外销售其份额。

**在美国境外交易的美国证券**。在必须使用邮件或州际商业设施的情况下，参与交易美国发行人发行之证券的外国主体，可能要依据美国证券法承担相应责任。依据《1934 年证券交易法案》第 16 条(b)款规定，持有超过美国公司 10% 股票的美国境外共同基金，需要为其从购买和销售股票行为中获取的利润，承

---

① 参考案例：Wandschneider v. Industrial Incomes, 1972 WL 312(S. D. N. Y.)。

② 参见《1933 年证券法案》Rel. 33 - 5068(1970)。

担相应责任。[①] 该案中的交易发生在美国证券交易所。但即使该交易发生在美国境外，也应该得到同样结果。因为《1934 年证券交易法案》第 16 条项下的管辖权，来源于股票依据《1934 年证券交易法案》第 12 条进行了注册，而不是使用了州际商业设施。

关于《1934 年证券交易法案规则》10b－5 规定的内幕交易的责任，在 Texas Gulf Sulphur 案这一里程碑案件中，被告之一是一名生活在加拿大的工程师，其通过多伦多的经纪人下单（他是在纽约通过电话下达订单且交易是发生在美国的证券交易所）。法院在果断认定该交易受美国司法管辖的同时，也认定可以向被告在加拿大的家中有效送达传票。[②] 在一桩证券交易委员会对内幕交易的调查案中，美国法院还曾命令一家瑞士银行披露那些参与了美国公司股票交易的客户姓名。[③]

依据《1934 年证券交易法案》第 7 条，美国联邦储备委员会颁布了"保证金制度"，该制度限制了可用于购买美国证券的信贷额度（见本书第二十四节第五部分）。目前还不清楚这些规定是否可以适用于向美国证券的美国境内投资者提供信贷的美国境外出借方。[④] 然而，1970 年，国会修订了《1934 年证券交易法案》第 7 条，禁止任何"美国主体"通过向美国境外出借方借贷的方法，从事在美国境内被禁止发生的交易。自此，若美国境

① 参考案例：Roth v. Fund of Funds，405 F. 2d 421（2d Cir. 1968）。

② 参考案例：SEC v. Texas Gulf Sulphur，258 F. Supp. 262，287（S. D. N. Y. 1966），aff'd in part，rev'd in part，401 F. 2d 833（2d Cir. 1968）。

③ 参考案例：SEC v. Banca Della Svizzera，92 F. R. D. 111（S. D. N. Y. 1981）。

④ 参考案例：Metro－Goldwyn－Mayer v. Transamerica，303 F. Supp. 1354（S. D. N. Y. 1969）。

外银行在美国境内从事可以被认定为经纪人或交易商业务的交易,则其必须遵守“保证金制度”的规定。[①]《1934 年证券交易法案》第 13 条(d)款规定,对于依据《1934 年证券交易法案》第 12 条注册的公司,任何收购超过其 5% 股票的人或团体,都需要披露特定信息。该条款一直被认为同样适用于美国境外投资者,且证券交易委员会获得了向美国境外投资者和银行发布禁制令的权力,用以要求他们遵守信息披露要求。[②]

## 第四十五节 发生在美国境外的美国境外证券交易

美国法院已经在相当数量的案件中,将联邦证券法规定的反欺诈条款适用于发生在美国境外的美国境外证券交易。在某些案件中,司法管辖权的基础是被控的欺诈犯罪对公司的美国股东造成了损害。[③] 在其他案件中,司法管辖权基础是某些构成侵权的被控行为发生在美国境内。[④]

在 Bersch v. Drexel Firestone,519 F. 2d 974(2d Cir. 1975)案中,法院认为反欺诈条款应适用于以下情形:

(1)向居住于美国境内的美国主体销售证券,而不论是否

---

① 参考案例:United States v. Weisscredit,325 F. Supp. 1384(S. D. N. Y. 1971)以及 UFITEC v. Carter,CCH ¶ 94,841(Cal. Super. 1974),aff' d 20 Cal. 3d 238,142 Cal. Rptr. 279,571 P. 2d 990(1977)。

② 参考案例:SEC v. General Refractories,400 F. Supp. 1248(D. D. C. 1975)。

③ 参考案例:Schoenbaum v. Firstbrook,405 F. 2d 200(2d Cir. 1968)。

④ 参考案例:Leasco v. Maxwell,468 F. 2d 1326(2d Cir. 1972)以及 Travis v. Anthes Imperial,473 F. 2d 515(8th Cir. 1973)。

在美国境内发生了任何重要行为；

（2）向居住于美国境外的美国主体销售证券，但前提是发生于美国境内的行为对美国主体的损失有重大影响；

（3）向美国境外的美国境外主体销售证券，但仅限于发生在美国境内的行为给他们造成了损失的情形。

关于向美国境外主体销售证券这一问题，有法院突破了前述规定，认为联邦证券法……授权对跨国证券案件进行管辖的前提是，至少某些旨在放任欺诈阴谋的行为发生于美国境内……我们不愿意断定国会想要将美国变成"巴巴里海岸"，即一个"国际证券海盗"的避风港。①

以前，若案涉行为发生于美国境内，那么不管该交易最终发生在何处，美国法院均可对与其有关的私人诉讼和证券交易委员会诉讼行使管辖权——这最终演变成了著名的"行为"标准。然而，最高法院认为仅凭行为发生在美国境内是不充分的。②《1934 年证券交易法案》第 10 条（b）款和《1934 年证券交易法案规则》10b－5 仅适用于发生于美国境内的交易或者在美国证券交易所上市的证券。因此，根据 Morrison 案的判决，行为和效果标准被针对私人诉讼的交易标准所取代。2010 年美国国会在《多德—弗兰克法案》中赋予证券交易委员会依据行为标

① 参考案例：SEC v. Kasser，548 F. 2d 109（3d Cir. 1977）和 Zoelsch v. Arthur Andersen，824 F. 2d 27（D. C. Cir. 1987）。

② 参考案例：Morrison v. National Australia Bank Ltd.，561 U. S. 247，274（2010）。

准或效果标准追究欺诈行为[①]的权力,而 Morrison 案所采用的交易标准仍然是私人诉讼规则。这项“立法补丁”是否成功,在某些程度上也受到质疑,因为国会虽然修订了管辖条款,但是却保持第 10 条(b)款的措辞不变。另外,Morrison 案中法院的判决参考了第 10 条(b)款的措辞。因此,即便依据 2010 年修正案所授予的扩大后的管辖权,第 10 条(b)款的表述是否可以保证在政府执法行动中采纳交易标准,仍旧是值得商榷的。尽管立法的意图明显与之相反,但可以想象,某些咬文嚼字的法院可能会将扩大的管辖权限制为不适用第 10 条(b)款。

在此种类型的诉讼中,向美国境外被告送达传票的有效性取决于被告在美国境内的活动范围。将 Alco Standard v. Benalal,345 F. Supp. 14(E. D. Pa. 1972)案以及 Rosen v. Dick,1974 WL 443,CCH 94,590(S. D. N. Y. 1974)案与 Bersch v. Drexel Firestone,519 F. 2d 974,999(2d Cir. 1975)案相比较,被指控于美国市场中基于内幕消息而交易了美国股票的美国境外实体,被法院认定其在美国境内所实施之“引起后果”的行为足以支持对其适用属人管辖权。[②]

如果在由美国主体为协议一方签署的有关美国境外交易的协议中约定,依据美国境外法律于美国境外法院解决任何相关

---

① 修订后的证券法管辖条款规定,证券交易委员会可以在下述情形下追究证券欺诈,“即使证券交易发生在美国境外且仅包含美国境外投资者,但发生在美国境内的行为构成了促使违法的重大步骤”以及“发生在美国境外的行为对美国境内有可预见的重大影响”。《多德—弗兰克华尔街改革和消费者保护法案》,Pub. Law 111 - 203,H. R. 4173(111th Cong. 2d sess. 2010),参见《美国法典》第 15 编第 77 条 v 款(c)项,第 78 条 aa 款(b)项以及 80b - 14(b)。《多德—弗兰克法的域外管辖条款:是否有效,必需或足够?》,Richard W. Painter,1 Harv. Bus. L. Rev. 195(2011)。

② 参考案例:SEC v. Unifund,910 F. 2d 1028(2d Cir. 1990)。

争议，那么在根据具体情况合理选择管辖法院，并且在美国境外法律不会颠覆美国确保全面、公平的信息披露和防止剥削美国投资者之政策的情况下，该约定可以得到美国法院的支持。[①]

① 参考案例：Bonny v. Lloyd's，3 F. 3d 156（7th Cir. 1993）和 Roby v. Lloyd's，996 F. 2d 1353（2d Cir. 1993）。

# 第十章

# 州监管

正如在本书第一章中所述，州证券法通常被称为“蓝天法”。最通常的解释借用堪萨斯州一部制定法的立法目的，即保护堪萨斯农场主免受向他们兜售一片片蓝天的工业家们的欺骗。同样地，州证券法业已表明是用于防止“不会比有这么多英尺蓝天可供兜售更靠谱的投机方案”[①]类似情形的发生。另一个解释是被称为“蓝天艺术家们”的市场营销者在19世纪80年代向严重干旱的地区推销解救方案。一位堪萨斯州证券法的起草者把该部法律称为“蓝天法”，目的是便于追忆起这些“造雨者”。[②]

在1996年之前，每部联邦证券法均专门保留了州对证券的监管权力。但在同一年，国会通过了《全国证券市场改善法案》，对相当大部分州监管领域行使优先监管权，更多细节留待本书以后论述。

每个州都有一些专门监管证券交易的法律。早期的司法见

---

① 参考案例：Hall v. Geiger - Jones Co. ,242 U. S. 539,550(1917)。

② 参见 Rick A. Fleming,100 Years of Securities Law：Examining a Foundation Laid in the Kansas Blue Sky,50 Washburn L. J. 583,584 - 586(2011)。

解将该类法律的立法目的描述为防止发生“不会比有这么多英尺蓝天可供兜售更靠谱的投机方案”之后，这些法律被称为“蓝天法”。[①]

、　然而，该类“蓝天法”在州与州之间差异很大，它们一般包括以下三种类型的条款(不是每部法律都包含全部三个类型)：(1)禁止证券销售中存在欺诈；(2)要求经纪商和交易商完成注册；以及(3)要求对拟在本州内销售的证券按照本州规定进行注册。

1956年，美国统一州法协会的委员们发布了一部《统一证券法案》供各州采用。该法案充分体现了此前已经存在的州法模式和不同州监管思路的差异。该法案包含四部分：(1)反欺诈条款；(2)经纪商—交易商注册条款；(3)证券注册条款；(4)定义、豁免和行政管理及责任条款。各州自主选用认为适合本州的条款。

超过30个州已经采用实施了大部分或者部分《统一证券法案》的条款，但是以下几个因素阻挠着迈向统一化的步伐。首先，一些最重要的商业发达的州，包括纽约州、加利福尼亚州、伊利诺伊州和得克萨斯州并没有采用该法案的任何条款。其次，采用该法案的州几乎全部对内容做了实质性的改动。最后，州行政管理者和法院对法案中相同的语言表述也作出了不同解释，产生了明显与法律字面解读相矛盾的实务行为。

然而，《统一证券法案》的公布和实施已经产生了比此前更合理和更具连贯性的证券监管模式。这个进步也获得了北美证券管理者协会的助力。该协会是州和州级证券行政管理者协

---

① 参考案例：Hall v. Geiger – Jones，242 U. S. 539(1917)。

会，随时对各种实体性和程序性问题发布“政策声明”，并指示每个会员应在什么程度上遵守该类政策。

1985 年，该协会发布了一个修订版的《统一证券法案》，修订目的是满足：(1)更新执照和注册流程以反映联邦和州证券监管的进步；(2)加快资深发行人的注册流程；(3)加强州证券行政管理者的权力。此处的条款索引是该法案 1985 年版本。后续也存在对该法案的修订。

## 第四十六节　证券的注册

除了新英格兰州和大西洋中部各州，大多数州仅有证券注册的基本条款，几乎每个州均要求任何证券在本州销售之前应主动进行注册。这意味着，除了遵守联邦《1933 年证券法案》之外，拟做全美国发行的承销商联合体，必须遵守超过 40 个州的“蓝天法”关于证券注册的规定。

### 一、注册程序

大多数要求证券须进行注册的州规定了两种可相互替代的注册方法：“通知”和“赋予资格”。有些州规定了第三种方法，即同时向证券监管委员会申请注册的“协作”注册方式。

一般来说，只要满足稳定性和达到收益偿债能力比率的某些测试要求，证券就可以通过“通知”来注册。注册是通过提交一份包括符合法定测试、对拟注册证券的描述和发行条件的报告来完成的。除非州行政管理者采取行动阻止，否则证券注册在特定期间届满后自动生效。

1985年《统一证券法案》用相似的被称为“申报注册”的程序取代了“通知注册”程序。为了满足该程序的要求，发行人公司须展业至少36个月，同时拥有一只按照《1934年证券交易法案》第12条注册过的证券，并且满足净资产和证券公开交易量的某些要求。① 与“通知注册”程序不同，因为如能够满足本节第二部分讨论的“业绩”标准，则通过申报程序注册的申请不能被州行政管理者拒绝。②

除了要求正式提交按照《1933年证券法案》向证券交易委员会提交的募集说明书复印件之外，通过“协作”注册在实质上与“通知”或“申报注册”相似。③

### 二、注册标准

按照《1933年证券法案》，证券交易委员会无权同意或不同意证券的销售，但是与之不同的是，尽管关于证券和发行人的信息已经被完整披露，大多数州法还是会授权州行政管理者对注册申请行使否决权。同意或者否决注册所依据的标准，从仅因为存在欺诈而否决注册，到行政管理者查明发行条款“公平、公正和公允”之前有权禁止任何证券发行。即使这些本来就非常模糊的标准，各个州的解释也存在巨大差别。

为了各州方便采用，1985年《统一证券法案》提供了供选择的文字表述，如果州行政管理者查明本次发行可能“有欺诈购

① 参见《统一证券法案》第302条。

② 参见《统一证券法案》第302条(b)款(2)项。

③ 参见《统一证券法案》第303条。

买者的嫌疑”,或是“不公平、不公正和不公允”,或是出现“将导致产生不合理承销费用、发起人利润或期权权益”时,就会授权其否决注册。[①] 北美证券行政管理者协会和中西部证券行政管理者协会也发布了大量的“政策报告”,决定某只特定证券是否获准注册发行时,指明实行何种报酬水准或同公司内部人之间哪些协议安排将被认为不够公平的标准。

## 三、注册豁免

被《1933 年证券法案》豁免注册的主要证券类型也获得了大多数州法的豁免,其中包括政府证券、由各类机构发行的融资工具和遵守特殊监管法公司(如银行和公共服务运营商)发行的证券。但是,一个重要类别的证券虽被大多数州法所豁免,但并不被《1933 年证券法案》豁免,即在主要股票交易所或纳斯达克挂牌交易的证券。[②]

## 四、联邦优先监管权

1996 年,国会禁止州监管几个重要类别的证券:

(A)已经或将要在纽约证券交易所、美国证券交易所或纳斯达克全国市场系统挂牌的证券(大多数州已经豁免监管这些类别证券)。

(B)由投资公司(共同基金)发行的证券。

(C)由以下《1933 年证券法案》条款豁免的证券:

(a)《1933 年证券法案》第 3 条(a)款豁免的,除了第 3 条

---

① 参见《统一证券法案》第 306 条(a)款(5)项和(6)项。

② 参见《统一证券法案》第 401 条(a)款(7)项和(8)项。

(a)款(2)(市政债券)、第3条(a)款(4)(非营利组织),或者第3条(a)款(11)(州内发行);

(b)《1933年证券法案》第4条(a)款(1)或第4条(a)款(3)豁免的,发行人按照《1934年证券交易法案》提交报告的证券;

(c)《1933年证券法案》第4条(2)款制定的证券交易委员会规则(规则506)豁免的;

(d)只向"合格购买者"发行的证券(该类购买者的条件由证券交易委员会界定)。

尽管禁止各州对上述类别的证券行使监管或者强制披露信息,但是他们仍然有权力向其收取费用或者发起反欺诈调查程序。[①]

**私募**。传统上,大多数州的法规没有引用与《1933年证券法案》类似的豁免,即"发行人不涉及任何公开募股的交易",尽管许多州规定对"单独私下交易"或"公司成立前认购"有豁免。1985年《统一证券法案》豁免不涉及公开招徕且结果在本州内的、最终只向不超过25名购买者销售的发行,并且该购买者购买目的是投资而非转售。[②]《D条例》(见本书第十节第三部分)中"合格投资人"可在州法条款找到对应规定,向经纪商—交易商或其他财务或机构投资者的证券销售提供普遍豁免。[③] 北美证券行政管理者协会在1983年发布了"统一的有限发行豁免",超过20个州采用。根据这个文件,任何满足证券交易委员

① 参见《1933年证券法案》第18条。

② 参见《统一证券法案》第402条(11)款。

③ 参见《统一证券法案》第402条(10)款。

会《D条例》测试要求的发行，也将获得州注册豁免待遇。

**二级市场交易。**州证券法不接受《1933年证券法案》第2条(a)款(11)项关于“承销商”的概念，这导致认定发行人之外的人在为了销售必须按照联邦法进行证券注册时，发生诸多困难(见本书第十节)。多数州法律豁免“独立的非发行人交易”和其他非发行人销售已按照《1934年证券交易法案》注册的证券，或者在“标准手册”(如穆迪和标准普尔手册)中列明的证券。[①] 按照《统一证券法案》，证券注册维持有效期1年(除非注册被撤销或中止)，并且符合在该期间“同一级别已经发行证券全部被认为是基于所有非发行人交易目的而注册”的要求。[②]

## 第四十七节　经纪商—交易商的注册

几乎每一个州都要求证券的经纪商—交易商以及他们的代理向州代理机关注册。大多数州的制定法也包含关于不予注册、撤销注册或者施加其他惩戒的条款。[③] 这些条款涵盖的范围虽不同，有些州定义的术语“经纪商—交易商”包含销售自己证券的发行人，但是大多数州没有这样的规定。[④] 1996年，国会禁止各州对经纪商—交易商涉及的如下事项进行监管，即自有资本金、证券保管、交易保证金、财务责任、交易记录留存和财务

---

① 参见《统一证券法案》第402条(2)(3)款。

② 参见《统一证券法案》第305条(i)款。

③ 参见《统一证券法案》第212条和第213条。

④ 参见《统一证券法案》第101条(2)款。

及运营报告。①

关于投资顾问的监管。1996年立法规定了对于管理资产超过2500万美元的投资顾问有优先于州的监管权力，对所在州监管的管理资产低于2500万美元的投资顾问豁免监管。

## 第四十八节　反欺诈条款

几乎每一个州的证券法都包括一般性反欺诈条款，并授权适格的政府官员寻求司法救济令或者提起刑事犯罪指控。欺诈的定义通常被表述为非常概括性语言。《统一证券法案》采用了《1934年证券交易法案规则》10b-5的语言表述（见本书第十八节），并使之适用于“任一证券的发行销售、证券卖出、发行购入和证券买入”。②

## 第四十九节　对违规行为的惩戒

大多数州的证券法规定了一系列惩戒措施，惩罚违反注册条款或反欺诈条款的行为。除了对违法行为追究刑事责任之外，《统一证券法案》授权州行政管理者行使调查权、发传票并发起禁制令申请程序。③ 1985年制定的《统一证券法案》通过授

① 参见《1934年证券交易法案》第15条(h)款。
② 参见《统一证券法案》第501条。
③ 参见《统一证券法案》第601条至第604条。

权颁发中止及停止销售令，强化了行政管理者的权力。[①] 这些条款的短板是，大多数州从事行政监管和执行证券法的职员人数较少。有鉴于此，实际上对违反者最大的惩戒措施就是让其承担民事责任。

## 第五十节　民事责任

传统的州证券法通常规定所有"违反任何法律条款"证券卖出交易是"无效"的，购买者有权申请撤销该交易并要求返还所支付价款。赋予该项撤销权的情形包括：可能违反技术操作层面的行为、证券未注册的行为及违反了反欺诈条款的行为。因而，承担技术操作上未能符合某个特定州证券法条款风险的公开发行人或者经纪商—交易商，将赋予该州全部购买者一项绝对权利，即如果价格下降了，将按照购买者要求返还购买价款。在很多州，该权利的可执行性获得以下保证，即发行人或经纪商—交易商须为该项义务出具履约保函。

《统一证券法案》从"无效性"概念转向沿用《1933 年证券法案》第 12 条的规定。任何发行或销售证券：(1)违反注册条款或任何其他重要条款；(2)采用虚假陈述或遗漏重大事实的手段，须按照法律规定向购买者返还证券的购买价款，或在购买者不再持有该证券时向其赔偿损失。[②]

**责任人。**很多州证券法不仅追究"卖方"的民事责任，其

① 参见《统一证券法案》第 602 条。
② 参见《统一证券法案》第 605 条。

追究对象甚至可以包括任何“参与”卖出交易或者提供“帮助”的特定群体。《统一证券法案》追究合伙人、执行官和卖方董事的民事责任，无论他们在销售中是否提供帮助。同样追究其他“在销售中提供重大帮助”的雇员、经纪商—交易商和代理人的责任，但是对履行“尽职调查”义务的责任人准予抗辩权。①

**隐含责任。**在州法没有规定违反交易中购买者享有明确诉讼权利情形下，很多法院默示支持撤销交易权。但是《统一证券法案》包含一个特定条款，即“如果该法案中没有专门规定，本条款不创设任何诉讼理由”。② 因为该法案没有创设针对违反其一般性欺诈条款的诉讼权利，所以该规定排除了针对欺诈的拓展默示诉权的可能，但由于联邦法院已经根据《1934 年证券交易法案规则》10b－5 的规定承认该默示诉权（见本书第十八节），因此遭受欺诈的买方不享有按照《统一证券法案》起诉的权利。

**集体诉讼的优先管辖权。**1998 年《证券诉讼统一标准法案》强制规定，涉及公开交易证券的大多数集体诉讼应当起诉至联邦法院，这在本质上对按照州证券法起诉的大量私人诉讼案件行使了优先管辖权。《证券诉讼统一标准法案》的优先管辖权也适用于与欺诈相关的索赔，但对依据其他理论例如案件性质转化、违反合同或者违反信义义务而发起的诉讼，则没有排除州法的管辖权。

---

① 参见《统一证券法案》第 605 条（d）款。

② 参见《统一证券法案》第 609 条（b）款。

## 第五十一节　司法管辖问题

大多数州的证券法适用于本州内全部证券的发行或销售，但未包含明确条款界定什么时间的发行和销售才被认定为“在本州”内。由于很多证券交易涉及买家在一个州而卖家在另一个州的情况。当发生该交易适用具体哪个州的法律或当与交易相关联的州超过一个时，哪个州的法律管辖本次交易将难以确定。例如，在 A 州出版报纸所载的证券发行广告也在 B 州流传，此时能否算作在 B 州发行？如果 A 州的经纪商通过电话向 B 州的顾客报价，该顾客接受报价并向 A 州的经纪商邮递了一张支票，此时如果该经纪商和该证券在 A 州注册但没有在 B 州注册，该交易应该被认定无效吗？

**选择适用法律。**因为大多数按照“蓝天法”提起的民事诉讼的诉讼请求是要求撤销交易，法院传统上倾向于适用合同索赔的法律冲突原则。这些法院认为，如果按照合同签署地或履行地所在州的法律来认定其效力的话，则该类证券交易合同不应认定为无效。[1] 按照该路径，发行人或经纪商—交易商可以向制定了严格“蓝天法”的州居民发行和销售证券，而不需要遵守当地“蓝天法”条款，只需确定该合同严格在该州内签署并履行即可保证合同的生效。更新的路径是：当客户在其所在州内被招徕购买证券时，不管该笔交易最终是在哪个州交割，须遵守

① 参考案例：Robbins v. Pacific 415 Eastern，8 Cal. 2d 241，65 P. 2d 42（1937）。

客户所在州的证券法。[1] 沿用该路径处理时，法院也会通过在合同中约定的形式，按照另一个州（接受报价者所在州）的法律作出解释，此时就不可能绕开接受报价者所在州法律的管辖。[2]

当发生以下情形时：(1)当卖出者的要约在该州作出；(2)购买者的承诺在该州作出并接受（因为很多要约卖方接受了对买方的要约邀请），须在该州进行注册，这表明《统一证券法案》采用了第二种路径。如果一份要约是来自该州或指向该州并在该州收到，那么该卖出要约应被认定为在该州做出。该种情形的一个例外，即州外报纸上或无线电台发出的广告不被认为是在本州内作出的要约。当承诺首次被返回到达本州的要约发出人，应被认为是在该州接受要约。[3] 然而，当采纳上述做法的州变更了《统一证券法案》语言表述时，即使上述界定非常详细，仍然可能引起解释问题。[4]

**合宪性问题**。在 Merrick v. N. W. Halsey, 242 U. S. 568 (1917)案中，最高法院未经讨论表决，即认定以州“蓝天法”管辖由州外的经纪商—交易商发到该州的要约，不构成对州际商业活动的违宪干涉。在 Travelers Health Ass'n v. Virginia, 339 U. S. 643(1950)案中，最高法院认为（大法官以5∶4表决通过），针对该协会通过邮件向弗吉尼亚居民推销证券并且鼓励弗吉尼亚会员向该协会的办公室提交朋友们的名单，“正当程序条款”没有禁止弗吉尼亚按照“蓝天法”发布针对内布拉斯加协会的业务停止令。关于州法监管并购业务的合宪性问题，该等州监

---

① 参考案例：Green v. Weis, 479 F. 2d 462(7th Cir. 1973)。

② 参考案例：Boehnen v. Walston, 358 F. Supp. 537(D. S. D. 1973)。

③ 参见《统一证券法案》第801条。

④ 参考案例：Kreis v. Mates, 473 F. 2d 1308(8th Cir. 1973)。

管法律在20世纪70年代被广泛采纳（见本书第十五节第二部分）。

**属人管辖权**。如果在一个州内没有维持任何经营机构的运转，那么向该州居民发行和销售的发行人或经纪商—交易商应当在何种情形下被该州法院管辖？很多州“蓝天法”要求州外的证券注册申请人提交一份正式的接收传票送达通知同意书。[①] 针对未注册证券的销售违反州法情形时，很多州规定了“替代”传票送达方式。按照这些规定，在该州销售证券的州外主体若违反该州法律，将被推定其不可撤销地委托了一名州政府官员，作为自己所涉基于该违法行为诉讼程序的代理人。[②] 与其他“长臂”制定法相同，按照最高法院在 McGee v. International，355 U. S. 220（1957）案中确立的法则，这些条款的合宪性已经获得持续性认可。

---

① 参见《统一证券法案》第414条（g）款。

② 参见《统一证券法案》第414条（h）款。参考案例：Paulos v. Best Securities，260 Minn. 283，109 N. W. 2d 576（1961）。

# 译后记

原著是美国证券法著作中的佼佼者。以简明、流畅、通俗易懂且体系全面为特点，成为了解美国证券法最好的教材之一。原著自 1978 年出版以来，一直畅销不衰，广受法学院学生及法官、检察官、律师和公司法务人员的欢迎。到 2020 年 11 月，已经修订至第 12 版。

“他山之石，可以攻玉。”作为最成功的先行者，美国证券法见证了制度监管给资本市场带来的活力。资本市场需要严格监管，否则就会发生如 1929 年美国及更早的法国所遭遇的经济重创。为了实现我国的现代化、科技创新强国的目标，须依赖资本市场的效率和公平，这离不开证券法律制度的完善。希望本书能够对中国证券法律制度的完善，进而保障资本市场的有序繁荣发展有所裨益。

鉴于原著具有简明、流畅、通俗易懂的特点，译者翻译时也试图保留上述特色。衷心希望这个译本能够受到广大读者的欢迎，也热烈欢迎读者多提宝贵意见，以便再版时改进、完善。崔焕鹏翻译原著前言、第一章、第二章、第三章、第四章、第五章、第十章，张剑文翻译第六章、第七章、第八章、第九章。肖岩完成本书的审阅。

感谢中国著名证券法学家朱锦清老师百忙之中为本书作序，使译本增色不少。感谢法律出版社和冯高琼编辑为本书的顺利出版所付出的心血。作为译者，能将本经典著作翻译给国内同仁，也倍感荣幸！

译者

2024 年 3 月 16 日

**图书在版编目(CIP)数据**

美国证券法 / (美) 托马斯·李·哈森
(Thomas Lee Hazen) 著 ; 崔焕鹏, 张剑文, 肖岩译. --
北京 : 法律出版社, 2024
书名原文: Securities Regulation in a Nutshell,
12th Edition
ISBN 978-7-5197-7936-8

Ⅰ. ①美… Ⅱ. ①托… ②崔… ③张… ④肖… Ⅲ.
①证券法-美国 Ⅳ. ①D971.222.8

中国国家版本馆 CIP 数据核字(2023)第 103772 号

**美国证券法**
**MEIGUO ZHENGQUANFA**

[美] 托马斯·李·哈森 著
崔焕鹏 张剑文 肖 岩 译

责任编辑 冯高琼
装帧设计 李 瞻

**出版发行** 法律出版社
**编辑统筹** 法规出版分社
**责任校对** 张红蕊
**责任印制** 耿润瑜
**经　　销** 新华书店

**开本** A5
**印张** 11　**字数** 256 千
**版本** 2024 年 5 月第 1 版
**印次** 2024 年 5 月第 1 次印刷
**印刷** 三河市龙大印装有限公司

地址:北京市丰台区莲花池西里 7 号(100073)
网址:www.lawpress.com.cn
投稿邮箱:info@lawpress.com.cn
举报盗版邮箱:jbwq@lawpress.com.cn

销售电话:010-83938349
客服电话:010-83938350
咨询电话:010-63939796


**书号**:ISBN 978-7-5197-7936-8
**定价**:58.00 元
凡购买本社图书,如有印装错误,我社负责退换。电话:010-83938349